美国黑帮

上帝的归上帝，教父的归教父

尚文　编著

哈尔滨出版社
HARBIN PUBLISHING HOUSE

图书在版编目（CIP）数据

美国黑帮：上帝的归上帝，教父的归教父 / 尚文编著. —哈尔滨：哈尔滨出版社，2017.4

ISBN 978-7-5484-3044-5

Ⅰ. ①美… Ⅱ. ①尚… Ⅲ. ①黑社会-介绍-美国 Ⅳ. ①D771.288

中国版本图书馆 CIP 数据核字（2016）第 288715 号

书　　名：美国黑帮——上帝的归上帝，教父的归教父

作　　者：尚　文　编著
责任编辑：杨　磊　滕　达
责任审校：李　战
装帧设计：Amber Design 琥珀视觉

出版发行：哈尔滨出版社（Harbin Publishing House）
社　　址：哈尔滨市松北区世坤路 738 号 9 号楼　　邮编：150028
经　　销：全国新华书店
印　　刷：辽宁星海彩色印刷有限公司
网　　址：www.hrbcbs.com　www.mifengniao.com
E－mail：hrbcbs@yeah.net
编辑版权热线：（0451）87900271　87900272
销售热线：（0451）87900202　87900203
邮购热线：4006900345　（0451）87900345　87900256

开　　本：787mm × 1092mm　1 / 16　印张：14　字数：220 千字
版　　次：2017 年 4 月第 1 版
印　　次：2017 年 4 月第 1 次印刷
书　　号：ISBN 978-7-5484-3044-5
定　　价：32.80 元

前　言 | PREFACE

凡有光的地方，必有暗影，凡吹嘘其自由之地，必有龌龊。世界上没有绝对的光明，也没有绝对的黑暗。世界上有一个国度人人向往，但是人们并不知道这个国度是否真的像传言中那么美。世界并不如人们想的那样美好，可以说在任何国家，都有犯罪行为存在，有所区别的，只是这个国家的犯罪组织是什么样的而已。

也许在日本，犯罪组织是合法的；也许在意大利，犯罪组织已经可以替代政府行使职能；那么在美国的犯罪组织又是什么样的呢？在这个潜伏着黑暗的世界，人们看不到美国黑帮，美国黑帮却无处不在！黑帮成员几乎插手了美国的一切，他们操控酒精饮品等所有物品的贩卖，他们控制每一场赛马的结局，他们掌握了国家银行的生死，他们让普通民众构筑他们黑暗的犯罪城市。他们就是黑影，笼罩着美国；他们就是主宰，掌控着美国。美国黑帮从最开始的孱弱团体，成长为最强大的犯罪组织！

其成长的历史波澜壮阔，却又隐藏在黑暗之中。而今天，我们可以通过电影等形式去了解美国黑帮，借助任何艺术形式表现出的都不尽真实，而且我们从电影等艺术作品中看到的并不是美国黑帮的纪录片，而是美国黑帮的黑暗性质。

那罪恶的黑暗是难以复制的，虽然每个美国黑帮崛起的经历未必相同，但是这些黑帮崛起过程之中体现出的残忍、狡诈、暴戾、有组织性大体都是相同的。如今，我们能够端坐在家中，通过荧屏去重温那条黑暗的道路，去感叹那让人惊心动魄的过往！

这条黑暗之路遍布荆棘，唯有勇者才能活着享受荣耀。

《教父》之所以成为影视经典，是因为这部电影真实地讲述了美国黑帮成员的组织结构，并将这些黑帮成员的真实生活情境再现。在电影中，我们看到的不是穷凶极恶的犯罪分子，而是极具人格魅力的黑帮家族。

当然，影视作品只是影视作品，它们不能完全代表美国黑帮的真实情况。而且影视作品的表现力是有限的，真实的美国黑帮要比那些作品更加绚烂。这些黑帮成员既凶残，又讲道义，既敌对，又联合。美国当局对这些黑帮的态度也如《教父》等电影中表现的一样，既对这些黑帮恨之入骨，又不得不和黑帮苟合。真正的美国黑帮，是美国历史的沉淀产物，是美国移民国家的独特产物，也是世界都无法规避的文化历史中极大的一分子。

一部《教父》，一部《美国往事》，就足以培养起我们对黑帮成员的集体想象：他们组织严密，阶级分明，机谋中不乏侠气，残忍中尚存信义，并且，还有所为有所不为。和平年代，一些激素分泌容易过剩的男人，主要靠足球和黑帮影片来寄托自己的英雄崇拜情结。

美国黑帮，不论其曾经多么惊心动魄，不论其过往多么扣人心弦，黑帮总是黑帮，总是被光明之下的人们所摈弃的。虽然美国黑帮的辉煌已经随风变成了往事，但美国黑帮又是真实不虚地存在着的，即便美国黑帮现在处于衰败之中，但仍然存在。

我们厌恶罪恶，我们拒绝犯罪，但是这并不妨碍我们去了解美国黑帮的过往。当然，如果你对曾经那阵血雨腥风也有着浓烈的兴趣，那么不妨翻开这本书，本书将从爱尔兰黑帮开始叙述，为你展现最完整的美国黑帮，带你去回味那飘散着烈酒浓香、残酷血腥的美国往事。

美国黑帮简史

最初的美国黑帮是在美国坦慕尼厅腐败的政治体系之下诞生的。为了争取到政客所需要的选票，最早来到美国的爱尔兰人无所不为。爱尔兰黑帮就像滚雪球一样不断壮大，爱尔兰人最终也成为美国黑帮彪悍的代名词，他们是美国黑帮的开山鼻祖，他们就是美国最初的黑帮形式。

爱尔兰黑帮就像是最初的罪恶血液，他们欺压那些和自己流着同样血液的同胞，只为了能够获得更好的地位。不过早期的爱尔兰黑帮只不过是美国政客们手中的提线木偶，虽然在几十年后，爱尔兰人得以摆脱木偶的身份，能够操控坦慕尼厅的各项决策，但在当时那个年代，坦慕尼厅被德裔移民和本地人牢牢把控着。尽管爱尔兰黑帮一直都是政客的爪牙，但是他们还是为美国黑帮的发展种下了黑色的种子。

这黑色的种子为日后的美国黑帮提供了生活的蓝本，这也令那些后来居上的意大利人和犹太人能够很快学会爱尔兰黑帮的生活模式，并加以改良。意大利人和犹太人继爱尔兰人之后来到了美国，这些意大利人和犹太人比爱尔兰人更加凶狠，更加机敏，也更加独立。他们迅速取代了爱尔兰人在美国的地位，成功地和当时执掌美国政权的坦慕尼厅勾结在一起。

不过这些意大利人可不会像那些爱尔兰人一样听话，他们人数众多，其中不乏因犯罪而逃出意大利的不法之徒。在接触到早已在美国壮大的爱尔兰黑帮之后，这些意大利人开始重操旧业。他们或是制造假币，或是敲诈勒索。爱尔兰人突然发出了疑问，怎么有一群比他们还强盗的强盗凭空出现了？

这些强盗在一开始还表现出对政客的恭敬，但是只需要一个契机，他们就会扭过头去咬住那些还在坦慕尼厅内数着选票的政客的咽喉。罗马神话之中把意大利人视作狼的后人，这群意大利人正如狼一样坚忍地等待机会。

终于，1920年美国进入了禁酒时期，意大利黑帮凭借这一股东风，不断积累着财富，并用这些财富收买政客。贪污腐败惯了的政客习惯性地接受美国黑帮的行贿，但他们慢慢发现，这些黑帮成员羽翼渐丰，已经拥有足够的实力摆脱政客的控制。

事到如今，这些政客不得不承认，美国黑帮像一群暴发户一样成了有钱的买主，而政客为了能够获得更好的仕途，却不得不巴结这些暴发户。几十年来的关系就此发生了改变，美国黑帮挣断了坦慕尼厅的枷锁，开始自由发展。

禁酒时期就是美国黑帮茁壮成长的黄金时代，美国黑帮控制了纽约、克利夫兰、芝加哥、大西洋城……美国黑帮以酒起家，随后，他们又控制了美国的各个行业，美国黑帮的罪恶触手已经伸向了美国的各个角落。

服装业、建筑业、公会、娱乐界……这些都成为美国黑帮的领地，虽然美国黑帮在早期并没有形成像西西里黑手党那样的家族教父，但是各个黑帮的老板依然在黑帮之中拥有绝对的权力，他们可以在自己掌控的地盘内获得他们想要的一切。美国的行政力量和司法力量已经无法控制这些黑帮成员，美国黑帮已经变成了罪恶的庞然大物！

不过，禁酒时期并没有持续太长时间，1933年富兰克林·罗斯福废除了《禁酒令》。有人认为美国黑帮离开了酒精饮品的利润就不会再兴风作浪，但是早在禁酒时期结束的几年前，美国各地的黑帮就通过会议确定了日后的行动准则。

美国各个黑帮决定建立一个有组织的委员会，借此来约束黑帮成员，并且能够更合理地分割从各个行业之中获取的利润。美国黑帮俨然从暴发户发展成了有组织的犯罪集团，就像是股份公司，而每个黑帮的老板都是这个公司的股东。

这个“犯罪公司”最大的股东是位于纽约的五大犯罪家族，它们继承了禁酒时期美国黑帮所积累下的财富，成为美国的影子政权。

在早期，各个国家的移民都居住在纽约曼哈顿的“五点区”，这里肮脏、破败，可以说是移民的难民营。然而正是这样破败不堪的五点区，成为美国黑帮的奠基之地。在这里发展出的意大利五点帮也成为日后美国黑帮各个老大的摇篮，众多能够在日后影响美国黑帮格局的黑帮老大都曾经是街头帮派意大利五点帮的一员。随后，意大利人开始了美国的犯罪之旅。

那个右手只有一根手指的朱塞佩·莫雷洛来到了美国，他随身携带着西西里黑手党的凶残作风，朱塞佩·莫雷洛不仅把他的假币作坊搬到了美国，他还把那令人恐惧的木桶扔到了美国各个角落。也正是凭借着制造假币和实施了多起木桶谋杀案，莫雷洛犯罪家族才迅速在美国崛起，而莫雷洛犯罪家族也作为美国第一个有组织的犯罪家族，为以后的美国黑帮犯罪家族起到了带头的作用。

同时，犹太人也开始了在美国的种种活动，“大脑”阿诺德·罗斯坦开始在美国各地赌博、贿赂、操纵体育赛事，并且他还和坦慕尼厅的政客交往甚密。可以说，阿诺德·罗斯坦是美国黑帮历史上最著名的犹太人，同时他也是美国有组织犯罪的启蒙导师。而在他的身后，越来越多的著名的黑帮人物开始了各自充满传奇色彩的一生。

迂腐的吉姆·科洛西莫死了，与此同时，禁酒时期开始！吉姆·科洛西莫的死就像是一朵烟花，照亮了整个芝加哥，照亮了整个美国。美国禁酒时期也被称作咆哮怒吼的20年代，在这个疯狂的年代，纽约、芝加哥、费城、大西洋城……美国所有城市的黑帮组织都在从加拿大、法国、英国走私数量庞大的酒精饮品，这些私酒给他们带来上百倍的利润。

美国的禁酒时期就是美国黑帮最茁壮的发展时期。阿尔·卡彭和他的“芝加哥打字机”令人恐惧；大西洋城的“努奇”开始操控整个城市；肥胖的“乔老板”白手起家成了纽约最大的老板；学富五车的萨尔瓦多·马兰扎诺则带着西西里黑手党的最高旨意漂洋过海来到美国……

这是一场盛世狂欢，美国黑帮在走私贩卖私酒的时期摆脱了政府的束缚，他们不再是政府的爪牙，他们转而变成了政府的主人。美国黑帮开始操控政界，警察都变成了黑帮老大的手下。私酒引起的骚乱在美国各地上演，令人疯狂的富贵荣华能够让人在一夜之间从街头混混变成上流社会的精英。

狂欢过后，人们开始理智，禁酒时期总要过去，在海滨城市大西洋城，美国各地的黑帮老大共同奠定了未来美国有组织犯罪的基石。而在不远的纽约，“乔老板”和“小恺撒”这两个陈腐古板的老人家却还在剑拔弩张，纽约变成了他们的战场，他们固执地认为这场战斗的结果将决定日后美国黑帮的总体格局。

终于，朱塞佩·马塞里亚握着他的黑桃A倒下了，萨尔瓦多·马兰扎诺像个皇帝一样登基，宣布他将掌控所有的美国黑帮。然而不久之后，他也倒下了，笑到最后的是最有运气的“幸运小子”查理·卢西亚诺。西西里联盟委员会就此成立，美国黑帮已经从政府的打手、浮夸的暴发户过度到有组织有纪律的铁板一块。

但是这不意味着美国黑帮就此成为登峰造极、无法摧毁的存在，很快查理·卢西亚诺这个美国教父就被关进了监狱，随后他更被遣返回了意大利。而他留在美国的犯罪事业，也开始随风飘散到各地。

美国黑帮在拉斯韦加斯的沙漠之中建造了一座世界级的赌城；在古巴和总统共同经营赌场和饭店；在意大利开始毒品的贸易往来……美国黑帮已经成为有体系的健全的犯罪组织，与世界各地的黑帮之间都有着难以分割的联系。

然而这种联系却经不住时间的考验，纽约五大家族作为美国黑帮的代表在短暂的平静过后开始互相攻伐。杰诺维斯犯罪家族、甘比诺犯罪家族、卢切斯犯罪家族、博南诺犯罪家族、科伦坡犯罪家族，这五大家族在彼此不间断地消耗着力量，直至他们之中出现了叛徒，直至美国司法机关将他们一网打尽。

目录

CONTENTS

第一章　美利坚的黑暗之花

爱尔兰人用最疯狂的举动让美国成为暴乱的国度，犹太人用最精明的大脑游走于政界，意大利人用最正宗的犯罪行为去腐蚀美国的治安。而对这些浑然不知的政客们还在夜夜笙歌，等到他们觉察到异样的时刻，他们将惊觉美国在暗地里已经被一只罪恶的黑手所掌控。

目录 CONTENTS

第二章　地下王国的建立

美国的《禁酒令》宣告了一个时代的开始，这是黑暗混乱的时代，美国暗流涌动。在这股暗流之中，有一个城市就叫作狂乱，那就是芝加哥。这座城市已经成为某人的领土，市长也不过是黑帮手中的棋子。芝加哥已经不属于美国，这里属于阿尔·卡彭！

目 CONTENTS 录

第三章　秩序的建立

咆哮怒吼的 20 年代就是美国黑帮的乱战时代。在这个大时代里，有远见的人都能预见这个时代的结束；目光短浅的人，却还在为蝇头小利而沽名钓誉；而有运势的人，则潜伏在暗影之中。查理·卢西亚诺慢慢成长着，他将左右整个美国黑帮的格局。

目录 CONTENTS

第四章　美国教父

卡斯塔拉马雷战争已经让美国千疮百孔，几乎所有黑帮老大都认为应该结束这场战争。但是冲锋在前的人永远无法品尝最终的胜利，只有安静躲在一旁、运筹帷幄的人才能控制全局。查理·卢西亚诺悄无声息地解决了美国黑帮的共同难题，成为美国黑帮的教父。

目

CONTENTS

录

第五章 跨国犯罪

美国的黑暗势力不断壮大，那些躲在暗处的枭雄将美国的经济命脉握在手中，但是他们不会满足于此。他们开始把视线放到荒无人烟的不毛之地，看到了埋在那里的黄金。他们把视线放到曾被美国政府扶持的古巴，他们暗中支配着当地总统，让那个国家成为他们的印钞机。

目 CONTENTS 录

第六章　黑帮的耻辱

美国军队的军官已经被维托·杰诺维斯所迷惑，甚至认为他是勤奋无私的，他们以为维托·杰诺维斯放弃领取薪水，义务为祖国服务，向美国政府提供了最为宝贵的帮助。美国政府则认为维托·杰诺维斯是可以信赖的、忠诚的。

目录

CONTENTS

第七章　美国家族

繁荣之时，他们控制各地工会、商业区、金融……各个犯罪家族的教父享受着皇帝般的荣光，任何敢阻挡他们道路的人都将被驱除，甚至他们还曾经涉嫌暗杀总统。但是衰败之时，他们内斗不断，血流成河。警方派出的卧底将各个犯罪家族破坏得千疮百孔。

第一章

美利坚的黑暗之花

黑色的土壤

今晚我们在这里埋掉了不少选票。

——电影《纽约黑帮》

1492年10月12日可以说是世界历史上重要的一天，当天上午，意大利航海家克里斯托弗·哥伦布的船队在经过了30多天的漫长航行后，在西半球美洲大陆登陆。这是欧洲人首次登陆美洲大陆，因此也有人说，哥伦布发现了新大陆。

欧洲人登陆美洲大陆之后，按照当时殖民帝国的惯例，在美洲大陆建立了多个殖民地。他们开始从本土印第安人手中夺取土地和资源，开始源源不断地向美洲大陆输送殖民者。可以说早期的美洲历史就是欧洲人在美洲大陆的强盗历史。

有很大一部分殖民者都是被欺骗而来的，他们认为来到美洲大陆之后会过上比在本国更好的生活。但是事实告诉他们，他们只是殖民地统治者的臣民而已。

18世纪中叶，英国政府与其在美洲大陆的殖民地之间产生了裂痕，且双方矛盾日益加剧，最终大多数殖民者的脑海中形成了独立的念头。1773年，波士顿倾茶事件激化了双方矛盾;2年后，美国独立战争开始。

美国建国之后，成为一个完全摒弃了欧洲基础的新世界，因此在美国出生的第一批人总是对身上还带着些许欧洲气息的父辈们不屑一顾。但是美国在发展的过程中又急需人力，所以这造成了美国的移民风潮比当初的殖民热浪更加吸引人。

为了吸引其他地区的人到美国来，美国在宣传上无所不用其极。到美国的移民曾经说过："我来美国是因为我听说这里满大街铺的都是黄金。到达之后，我发现了三件事情：第一，美国的大街不是用黄金铺成的；第二，大街上其实什么也没有铺；第三，指不定哪天我自己就成了铺街的材料。"

19世纪，由于美国各大工业城市的形成，美国的政治组织发生了改变和巩固。美国的三权分立有效地遏制了专制，确保了民主的可行。但是由于这种政治组成，政客们将数目庞大的移民视作单纯的选票。而能够获得选票就将获取权力。政客们清楚这种简单的逻辑，便让黑帮着手利用各种方式操控选民。也可以说，潜在的美国黑帮就是这样从美国的政坛中孕育而出的。

最早期的美国黑帮其实是在美国政客的操纵之下诞生的。而这些政客也在纵容黑帮的同时利用黑帮为自身牟利，其中可作为代表的就是在当时控制着纽约的民主党，而民主党的总部名为坦慕尼厅，因此在19世纪末至20世纪初，美国人已然将坦慕尼厅视为贪污腐败的聚集地。

由于坦慕尼厅的政客具有将新来的移民安排到相对应的各个行政区域的权力，因此纽约便被潜在地划分成不同的势力范围，每个势力范围都有自己的所谓"老板"，这些"城市老板"的任务就是让自己所控制的区域内的选民能够将选票投给坦慕尼厅挑选出来的候选人。而这些服从命令的选民就可以在该区域内获得在市政府、警察局、消防局或者其他市政单位工作的机会。

这种由"城市老板"和下级选民共同组建的体系产生了一个极为复杂的网络，它通过选票将当时社会地位不高的新移民与最高层次的政治权力勾结在一起。因为坦慕尼厅负责安排新移民，所以它可以尽快让新移民加入美国国籍，并在合适的时候为这些新移民提供些微帮助，或者给其中一部分人提供他们非常需要的工作机会。

而除了这些，坦慕尼厅还能够为那些格外听话的新移民提供庇护和娱乐。可以说坦慕尼厅的政客出手十分阔绰，他们经常召开各种宴会。在坦慕尼厅如此混乱却又成体系的操控下，美国最早期的黑帮开始向成熟的犯罪组织过渡。

其实早在坦慕尼厅控制美国部分地区政权之前，美国本土就已经有黑帮存在，只不过当时的黑帮几乎是一盘散沙。1845年到1855年间，

◆ 由于坦慕尼厅把控着纽约的移民，因此坦慕尼厅的政府官员在暗中用利益诱使选民投票，造成了美国早期的腐败。图为美国民主党早期的办公场所坦慕尼厅

由于爱尔兰本地大量种植的马铃薯普遍患上了枯萎病，导致为期10年的爱尔兰“马铃薯大饥荒”，所以很多爱尔兰人在这一时期来到了美国，这些移民希望能在新的国度过上好的生活。他们就这样住进了纽约曼哈顿下城被称为“五点”的区域。该地区的生活条件非常恶劣，我们如今根本不能想象当时他们生活的环境是多么恶劣。这些人终日生活在恐惧中，受人欺负的爱尔兰人为了保障自己的生活，结成了街头黑帮。这种在“五点”区域发展的黑帮之中最有代表性的是被叫作“死兔帮”的爱尔兰黑帮。

“死兔帮”的名字来源于苏格兰盖尔语，原意为“暴躁易怒的大块头”，因为该词语发音与英语中“dead rabbits”相近，所以美国人称该地区的爱尔兰黑帮为“死兔帮”。19世纪中叶，爱尔兰黑帮为了生存与美国本土的黑帮不断交恶，矛盾日益激化。虽然在美国除了印第安人之外，并没有纯粹的本地人，但是作为首批移民，这些自诩为本地人的移民后裔在纽约包厘街附近组成了名为“包厘街男孩”的黑帮组织。而“死兔帮”与美国本土的黑帮“包厘街男孩”之间的争斗也在无意之中影响了坦慕尼厅在该地区的权力更迭。

1857年7月4日，“包厘街男孩”在美国独立日这天表达了自己对爱尔兰人的不满，他们在小巷中同“死兔帮”成员展开激斗，战斗范围迅速扩大，变成了近千人的械斗。当时该地区的“城市老板”试图劝阻双方，然而他却遭到了攻击。这次“死兔帮骚乱”过后，“死兔帮”的头目约翰·莫里西取代了他，成为该地区的“城市老板”。

电影《纽约黑帮》就是以这两个帮派的争斗为背景创作的，只不过导演为了突出矛盾激烈，把“死兔帮骚乱”的时间推移到了美国内战期间。而且还在两个帮派之间穿插了一个为父报仇的桥段。

在影片中，纽约城因为抵制征兵而爆发了暴乱，在暴乱的大背景下，“死兔帮”和“包厘街男孩”展开了大规模的械斗，最终，美国的军舰向纽约开炮，上千居民被炮火杀死。然而无论死了多少人，对这些政客而言都毫无关系，也许有关系的只是会少了许多选票罢了。

由黑帮头目担任“城市老板”，能够更好地达到坦慕尼厅的目的，因为这些“城市老板”的手下可不会苦口婆心地对选民进行劝说。黑帮成员会用各种下流卑鄙的手段去实现坦慕尼厅所期待的选举结果。这些黑帮势力在选举中无所不用其极，他们或是重复投票，或是制造假票。甚至他们还会用各种暴力手段强迫选民投票，或者阻止敌对的选民进行正常投票。当敌对的选民投票时，这些黑帮成员通常会用外面包上皮革的金属棍去袭击选民的头部和身体。更有甚者，同坦慕尼厅政见不同的候选者还将面临被绑架的危险。

坦慕尼厅如此混乱腐败的政治体系势必造成美国社会的动乱，有黑帮背景的“城市老板”为坦慕尼厅充当鹰犬，使用各种肮脏的手段去操控选举。而在选举中收获权力的政客则在各个方面为黑帮大行方便。政客、黑帮和普通选民之间逐渐形成了复杂又牢靠的关系网。彼此之间既能够从中获利，也能互相起到制衡作用。

在这种背景下，越来越多的爱尔兰人通过为政府效力摆脱了“五点”区域的贫穷。而且当时的美国城市十分混乱，这些早期的移民也为美国的城市建设贡献了力量。这些能够用流利的英语来交流的爱尔兰人更适合在飞速发展的美国获得自己的地位。

甚至可以说，爱尔兰人天生具有融入新社会的本领。当时的“马铃薯大饥荒”以及英国对爱尔兰的残暴统治，导致爱尔兰人格外团结，他们拥有良好的口才和不屈的性格，这些都让爱尔兰人在美国的各行各业占据一席之位。

短短几十年内，爱尔兰人已经在波士顿、纽约、芝加哥等美国大城市牢牢稳固了自己的地位，他们把控了这些城市的政界和商界。从美国社会的上流阶级到社会底层，爱尔兰人的势力无处不在。而他们所得到的权益也足以令所有人羡慕。因此爱尔兰人十分珍惜通过艰苦奋斗所获取的一切，当他们面对挑战时也自然会不惜一切。

当时到美国来的移民主要为爱尔兰人和德国人，1860 年之前，意大利还没有统一，自然也没有多少意大利移民。当时整个纽约的人口为 813669 人。在这之中，爱尔兰人为 203740 人，德国人则为 119984 人。爱尔兰和德国的移民数量加起来已经超过了当时纽约人口的三分之一。

这些移民全部挤在纽约曼哈顿下城的“五点”区域，地区狭小，人口众多，自然也会产生不同的阶级。能够获得坦慕尼厅赏识的毕竟只是少数，而更多的人不得不在这个肮脏狭小的区域内生存，而这自然也会滋长黑帮犯罪。据不完全统计，当年在纽约的职业犯罪分子约为 8 万人。但是实际数目可能比这还要多很多，因为纽约警方在1860年的警力不足，但仍然抓捕了 58067 名犯罪分子，而在这些人之中，超过 80% 都不是在美国出生的。

当时的纽约可以说是罪恶之都，规模较大的黑帮和坦慕尼厅相互勾结，在选举中徇私舞弊，威逼利诱。普通的移民只能通过各种非法手段去争取生存。各类大大小小的黑帮组织开始产生。这些黑帮之间不断地为了夺取地盘展开厮杀。他们在自己那片小区域内抢劫、偷盗甚至杀人，这些黑帮成员无法无天，更有黑帮组织在金钱诱惑下，与别人达成雇佣关系，为雇主提供各种非法服务。

尽管随着时间流逝，我们早已忘记“死兔帮”等爱尔兰早期黑帮所犯下的罪状，但是这些背井离乡苦苦挣扎的爱尔兰人的确是美国黑帮的源泉。而且简单了解爱尔兰黑帮在美国的状况也能够让我们更加了解为什么各个国家的黑帮在美国这片土地上都发展得更加庞大、更加邪恶。当时美国的政客为了一己私欲，在政治上不断庇护黑帮，滋长了美国残忍的犯罪组织的嚣张气焰。也正是纽约等大城市的爱尔兰黑帮奠定了美国黑帮发展的基础，而当时那片腐败堕落的黑色土壤，也为黑帮这朵黑暗之花提供了生长的最佳地点。

黑暗之花的种子

保罗·凯利是个聪明的人，但他所有的梦想都是邪恶的。

——黑帮成员在保罗·凯利葬礼上所致悼词

爱尔兰人正在美国为了自己的权益奋斗，而被世人所知的黑手党源头意大利却还在统一的道路上奋斗。1815年拿破仑战争结束，意大利回到封建专制的时代，国土也被欧洲列强瓜分统治。法国人、西班牙人以及奥地利人控制了当时的意大利，当时的意大利只有一个独立王国撒丁王国。

意大利人民生活在欧洲各国的压迫之中，而意大利的西西里岛所遭到的压迫尤为严重。因为这座小岛位于地中海上，是海上交通的枢纽，战略位置十分重要，所以这座岛不断地遭到列强的搜刮。18世纪中叶，西西里岛处于当时的波旁王朝统治之下。王朝认为西西里岛是个遥远、野蛮的地方，西西里岛唯一的价值也许就是按时上缴的税收。

苛捐杂税让西西里岛的人民永远过着饥荒般的日子，当地农民的处境已经不堪忍受。即便是朱塞佩·加里波第在1860年把西西里岛解放之后，西西里岛上的人民也没有过上好日子，岛上的农民仍旧没有获得尊重，他们的生活没有任何改变。

在这种严苛情况下，无数年轻的西西里岛居民不愿在贫瘠的土地上劳作一辈子还一无所得，于是这些年轻人纷纷禁不住诱惑，成为岛上的“坏人”。他们从小偷小摸开始，逐渐步入了犯罪的深渊。他们在狱中同自己的“前辈”交流，等到重获自由，他们有的就成为富有活力的黑帮成员。

西西里岛居民自古以来就是崇尚自由并热衷暴力的人群，有记载说西西里岛上最古老的黑手党组织“我们的事业”起源于1282年的“西西里晚祷起义”。虽然我们不知道现代黑手党是否真的同那次起义有关，但西西里岛的确是现代犯罪组织的发源地。

早在1860年之前，西西里岛上的犯罪分子们就聚集在一起，成为一个个“家族”，最初的家族出现在巴勒莫附近的农村，位于家族上层的一般是当地的男爵、农场主、牧师等高层人士，他们利用犯罪，来获取暴利。西西里岛居民在高额税收和黑手党压迫下，日子变得更加紧张。同时，西西里岛上的人口数量也在激增，19世纪初，岛上的居民已经达到了200万。这个人口数量已经超过了岛屿能够维持的上限。

由于贫穷和物资匮乏，大量的西西里岛居民选择向其他国家移民。1870年至1910年是移民人数最多的时期，在这个时期岛上三分之一的居民迁居到其他地区。这些西西里岛移民起初只是迁居到意大利北部城市，随后更多的人漂洋过海到了美国。而在移民人员之中，部分黑手党成员也随之来到了美国，并在这里生根发芽。

而早在意大利黑手党登陆美国之前，美国就已经有了早期的意大利黑帮。经过“死兔帮骚乱”，爱尔兰黑帮成为坦慕尼厅的重要打手。但这种情况也只持续到1860年。从那年开始，意大利人开始向美国移民，而且这些意大利人之中不乏天生具有犯罪嗅觉的罪犯。他们看到爱尔兰人和当地政府的勾结后，自然也想到了同样的做法。

同早期的爱尔兰人一样，这些新移民过来的意大利人和犹太人刚到美国后的生活并不如意。甚至他们的境遇还不如当初的爱尔兰人，因为爱尔兰人在语言上毕竟是有优势的。但是这些意大利人和犹太人在身无分文、目不识丁的情况下还不能流利地用英语同美国当地人交流，这造成大量的新移民只能在诸如新奥尔良等登陆城市聚集。

他们在聚集地内使用相通的语言，在沟通上并没有障碍。甚至他们慢慢地开始改变这个区域，意大利人和犹太人在当地兴建自己的剧院，发行自己的报纸。如果他们再在“五点”区域发行货币的话，也许就更加完美了。也许正是因为意大利人和犹太人早期的这种合作无间的关系，才导致了日后意大利黑帮和犹太黑帮成为主宰美国的黑帮的局面。

当然在意大利人和犹太人刚到达美国的时候，还有很多爱尔兰黑帮正处于成熟阶段，他们大多都效仿“死兔帮”与坦慕尼厅之间的关系，在进行犯罪的同时也与政界搞好关系。19世纪70年代，爱尔兰黑帮“天斯”成为纽约最强的黑帮组织，该帮派牢牢把控着曼哈顿地区的非法营生。但是这个帮派的存活时期非常短暂，19 世纪末，曼克·伊斯曼的犹太帮“伊斯曼帮”将其取代，这也宣告着爱尔兰人在美国黑帮的主导地位已经受到了挑战。

尽管爱尔兰人并不愿看到意大利人或者犹太人成为犯罪组织的头目，但是爱尔兰人的黑帮组织的确对此无能为力。几乎是同时，一名用“保罗·凯利”这个类似爱尔兰人名字做假名的拳击手也在“五点”区域成立了早期的意大利裔帮派——“五点帮”。保罗·凯利原名保罗·安东尼尼·瓦卡雷利，早期曾是名次重量级拳击手，他之所以把名字改成保罗·凯利，是由于当时移民到美国的意大利人很受歧视，所以民众不会支持一名意大利拳击手。

五点帮和伊斯曼帮是 20 世纪开端美国纽约最大的两个帮派，双方在纽约街头不断发生大大小小的摩擦，而这种摩擦也在逐渐升级。终于，双方的交锋达到了白热化。1903 年 9 月 17 日，控制包厘街西侧的五点帮和纽约东城区的霸主伊斯曼帮展开激烈的枪战。枪战造成了黑帮成员的死伤并伤及了普通民众。

纽约的“城市老板”在坦慕尼厅的指示下，把保罗·凯利和曼克·伊斯曼叫到了一起。尽管这两个帮派老大都是为坦慕尼厅工作的，也都在选举的时候出过力气，但是双方的交战已经引起了很不好的影响，再这样下去，很有可能会波及坦慕尼厅。坦慕尼厅举办了一次拳击比赛，以此来结束双方的斗争。

虽然双方都接受了坦慕尼厅的建议，但是比赛并没有任何结果，保罗·凯利本身就是拳击手，而曼克·伊斯曼身材高大，双方互不相让。不过根据两个帮派的表现，坦慕尼厅还是在平局的结果下选择重点支持五点帮。

1904 年 2 月 3 日，曼克·伊斯曼企图抢劫一名男子，坦慕尼厅也在此时彻底停止了对曼克·伊斯曼提供帮助。“五点帮”终于成为独霸纽约的帮派。而在 20 世纪初期，“五点帮”也吸引了大批年轻的犯罪分子。

尽管五点帮仅仅在同伊斯曼帮的争斗过程中辉煌了几年，但是它为美国黑帮遗留的“财产”却是丰厚的。五点帮可以说是首个在美国影响深远的意大利裔黑帮，它同其前辈爱尔兰黑帮一样同坦慕尼厅搞好了关

◆ 美国五点帮是意大利移民来到美国之后的首个成规模的犯罪组织，许多日后在美国黑道叱咤风云的人物都曾加入这个帮派。图为五点帮的普通帮众

系，但也像那些爱尔兰黑帮一样维持的时间不是很长。但是这粒种子还是为美国黑帮培养了数名日后雄霸美国黑暗世界的大佬。

对比而言略显失败的伊斯曼帮虽然没有让帮中的众多青年成长为日后的老板，但是犹太人的精明却被传承了下去。虽然有人质疑曼克·伊斯曼的犹太血统，但是其作风的确是犹太人的行为方式。

犹太黑帮好勇斗狠，但是并不是傻子。相反，犹太人在任何时候都能够保证自己的理智。在曼克·伊斯曼之后，"大脑"阿诺德·罗斯坦成为另一个成功的犹太黑帮老板。人们普遍认为，伊斯曼帮是 19 世纪最后的纽约黑帮，正是由于其在纽约的发展，才造成了阿诺德·罗斯坦等人的崛起。

阿诺德·罗斯坦本人更像是一名商人和赌徒。他曾说过，除了天气以外，他可以赌任何东西，因为天气是他唯一不能确定的事情，阿诺德·罗斯坦还曾参与制造了 1919 年最大的体育界丑闻"黑袜丑闻"。由于他平日里随身携带用于结算的钞票，因此也被人称作"大钞"。在早期的美国黑帮中，他被视为最具有绅士风度的，甚至日后的美国黑帮教父"幸

◆ 犹太人阿诺德·罗斯坦聪明狡诈，他被众多黑帮老大所推崇，但是他更像是名商人，而不是黑帮老大

运小子”查理·卢西亚诺公开表示，他从阿诺德·罗斯坦的身上学到了很多。

阿诺德·罗斯坦精于赌博，他和纽约坦慕尼厅也有关系，这也让他了解各种腐败丑闻，让他得以在黑帮中混得风生水起。虽然他通过赌博、贩毒等积累了大量的财富，但是可惜的是，这名美国黑帮早期最卓越的犹太人并没能够成为美国黑帮的教父，而且他的结局也很令人唏嘘。1928年，在一次失败的扑克赌博之后，他拒绝支付赌金，最终被债主雇的黑帮成员谋杀了。

在这些早期的美国黑帮成员之中，保罗·凯利可以算是比较幸运的，尽管在黑手党登陆美国后他的五点帮也失去了势力，他也不得不加入了约翰尼·托里奥的帮派。后来，从意大利移民来的“扳子手”朱塞佩·莫雷洛开始在美国从事做假钞等犯罪活动。保罗·凯利在与朱塞佩·莫雷洛相交之后，经他的帮助移居哈莱姆。

而这个右手残疾、身材矮小的朱塞佩·莫雷洛则是美国第一个黑手党家族的老板，在美国黑帮五大家族出现之前，他领导的莫雷洛犯罪家族也被称为第一家族。直到此刻，美国黑帮才有了从依附于腐败政府的爱尔兰黑帮过渡为实力雄厚的美国黑手党的趋势。

莫雷洛犯罪家族

巨大财富的背后,都隐藏着罪恶。

——电影《教父》

朱塞佩·莫雷洛于1867年5月2日出生于意大利西西里岛的科莱奥内，这里是美国黑手党的起源地，在日后闻名世界的电影《教父》中，导演和编剧也用了这个地名，借此向美国黑手党的起源致敬。

在朱塞佩·莫雷洛五岁的时候，他的父亲卡洛杰罗·莫雷洛就死去了。当时朱塞佩·莫雷洛的母亲安吉拉·皮亚扎才25岁，根本无力养育儿子朱塞佩和女儿玛丽埃塔。幸运的是，在朱塞佩·莫雷洛不到六岁的时候，安吉拉·皮亚扎就遇到了博纳多·特拉诺瓦，后者不仅是朱塞佩·莫雷洛的继父，更是他的黑道领路人。

人们猜测，博纳多·特拉诺瓦很可能是在1880年之后才加入黑手党的，这也有助于其继子朱塞佩·莫雷洛和他在相同的组织。由于朱塞佩·莫雷洛右手畸形，只有一根小指，看起来就如同一只鸡爪子，因此当他成为黑手党成员后，获得了“扳子手”或者“独爪手”的外号。

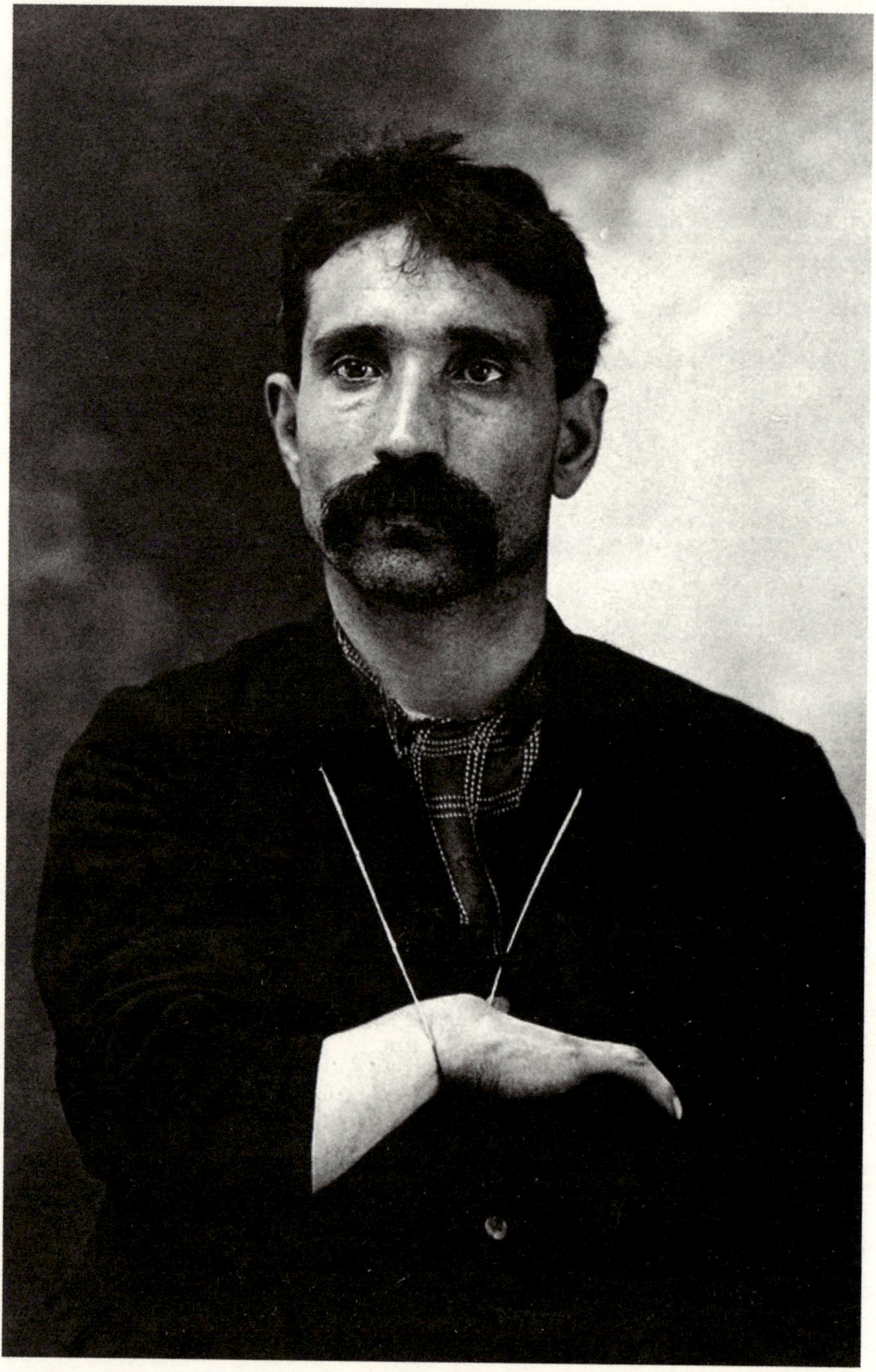

◆ 莫雷洛犯罪家族的老板朱塞佩·莫雷洛。他天生患有残疾，他那鬼爪一样的右手成为他的特征

最初，朱塞佩·莫雷洛只是干干当时西西里岛上最有利可图的盗牛活动。但是朱塞佩·莫雷洛所表现出的狡猾、残忍等特质都决定了他将是名出色的黑手党成员。西西里岛的农民常年过着贫困的生活，因此耕牛已经算是西西里岛普通农民最大的财产。为了保护这些牛，避免在西西里岛上造成不可控制的骚乱，西西里岛政府设立了田地警卫队。

这些田地警卫队的任务是保护农民不受土匪抢劫，保护牛群不被盗走。而维护科莱奥内地区的秩序并不属于这些田地警卫队的工作范畴，负责科莱奥内地区安全的是国家警察。由于当时的政府并不是很放心西西里岛，所以没有打算让西西里岛本地人来负责当地的安全，因此负责当地安全的国家警察基本是意大利本土的人，他们对西西里岛上的情况一无所知。

但是田地警卫队成员和这些从意大利本土调来的国家警察完全不同，他们大多数都是本地人，熟悉本地的情况，了解各个贵族和他们背后隐藏的实力。并且除了队长之外，这些田地警卫队成员并没有固定的薪酬，这也造成了他们为了获得更好的收入和当地的黑手党合作。

虽然田地警卫队一般都会对盗牛活动适度放行，但是在田地警卫队之中也有不被腐败侵蚀的人物存在。当地田地警卫队队长乔范尼·维拉是田地警卫队中的另类，他是黑手党的死敌，曾抓捕了许多黑手党成员。

当地的黑手党头目对这个田地警卫队队长感到头疼，因为在科莱奥内这样一个不大的地方，双方都知道彼此的根底。黑手党已经知道了乔范尼·维拉接下来将对他们采取行动。因此科莱奥内的黑手党必须提前下手。

科莱奥内的黑手党想了两个解决乔范尼·维拉的办法，其中最简单的就是将其杀害，但是这样会引起国家警察的注意；而另外的办法就是阻止其再次被选为田地警卫队队长。但是就在选举之前，黑手党推出的选举人却因为胆怯退出了。没有办法，黑手党只好选择用最简单的办法。

而负责实施该办法的就是“扳子手”朱塞佩·莫雷洛，他了解乔范尼·维拉每晚的行踪，所以决定在这位队长回家的路上伏击。这是朱塞佩·莫雷洛的首次谋杀，他在距离乔范尼·维拉很近的地方开枪，但是只有一发子弹射穿了乔范尼·维拉的肺叶，这样的伤势没能让目标当场死亡。

在随后的调查中，警方在现场发现了凶器，也有目击者声称见到朱塞佩·莫雷洛出现在现场。不过幸运的是，那把手枪就在警方的眼皮底下消失了，而有关的目击者也在几天之内被谋杀。甚至在最后，执着地想要寻找朱塞佩·莫雷洛的犯罪证据的警察皮特罗·米隆也在巷子里被勒死。由此，警方结束了一切对朱塞佩·莫雷洛的起诉。

这次谋杀大大提高了朱塞佩·莫雷洛在科莱奥内黑手党的地位，他的一些建议也得到了黑手党头目的认可。为了获得更多的财富，朱塞佩·莫雷洛提议制造假币。1889 年，朱塞佩·莫雷洛开始制造假币，但是当时在巴勒莫，已经有一个更大的黑手党家族涉足假币行当。因此朱塞佩·莫雷洛的假币团伙所获取的利润并不多，但相应地也没有面临多大的风险。

但是警方在 1892 年开始对巴勒莫的黑手党家族进行调查，并牵扯出了朱塞佩·莫雷洛的假币犯罪团伙。终于，警方在 1892 年 9 月发出了对朱塞佩·莫雷洛的逮捕令。1894 年夏天，意大利政府对朱塞佩·莫雷洛进行了缺席审判，判处他 6 年零 45 天的单独关押。然而这个判决并没有对朱塞佩·莫雷洛起到任何影响，因为他早就已经到达了美国。

朱塞佩·莫雷洛在纽约最初的几年过得很不如意，他们全家都从意大利搬到了美国，而这么多人的生计是很严重的问题。朱塞佩·莫雷洛和他的继父曾在美国做过农活，也自己开过煤场，办了两家意大利酒吧和一家红枣工厂。但是这些正当行业都在美国遭到了失败。朱塞佩·莫雷洛不得不重新干起了自己最擅长的工作——制造假币。

在距离纽约市中心不远的 106 街道 329 号楼的一处公寓内，朱塞佩·莫雷洛安装了一台简陋的印刷机，简陋的设备导致他只能制作带有瑕疵的假币。但是这也足够了，因为这些假币主要是晚上在酒吧、赌场等热闹场所投放。

朱塞佩·莫雷洛原计划在 1900 年的新年开始销售假币，但是在 1899 年 2 月底，他的女佣莫莉·卡拉汉在打扫房间的时候无意中见到了印刷机。这名女佣控制不住自己的好奇心，偷偷检查了印刷出来的产品。第二天，这个人就无声无息地消失了。

这起谋杀案过后不久，朱塞佩·莫雷洛开始制造并销售假币。他很聪明地从来不出现在进行犯罪活动的区域附近。朱塞佩·莫雷洛利用几个身份低微的小混混去流通假币，从中获利。1900年，警察在执法的时候也只能抓住那些下层人员，却对朱塞佩·莫雷洛束手无策，因为根本没有直接的证据能证明他和假币制造团伙的关系。

但是即便如此小心，朱塞佩·莫雷洛还是受到了波及。由于警方将他手下的几个小混混都抓捕入狱，这令朱塞佩·莫雷洛意识到这些人并不靠谱，利用这些小人物来实施犯罪很不保险。而身为意大利人，朱塞佩·莫雷洛相信只有在西西里人中才能够找到忠诚、坚定又富有智慧的合作伙伴。

新世纪之初，伊格纳齐奥·卢波加入了莫雷洛犯罪家族，由于"卢波"在意大利语中有"狼"的意思，因此人们也叫他"豺狼卢波"。这个人比朱塞佩·莫雷洛年轻10岁，生于巴勒莫。早年他曾在纺织品店内工作，但他在1898年杀了名叫萨尔瓦多·莫雷洛的竞争对手而被迫离开西西里。

"豺狼卢波"家里很有钱，足以让其刚到纽约就通过做生意来养活自己。1901年，伊格纳齐奥·卢波已经成为意大利聚居地内最有声望的食品杂货店的老板。他的本部位于意大利聚居地中心的莫特街，是座七层楼的建筑，同时"豺狼卢波"还拥有豪华崭新的送货车和价值十几万美元的存货。当时的《纽约时报》曾评论："整个社区都对其库存商品量惊叹不已。"

实际上，伊格纳齐奥·卢波刚到美国就与朱塞佩·莫雷洛联手，"豺狼卢波"可以利用日益强大的莫雷洛犯罪家族的力量为其明面的商业活动开路。作为回报，伊格纳齐奥·卢波则为朱塞佩·莫雷洛提供了更隐蔽、更安全的活动基地。这使他们可以以此为根据地去剥削那些刚到美国来的移民。

朱塞佩·莫雷洛把通过制造假币和敲诈等手段得来的钱交给了伊格纳齐奥·卢波，伊格纳齐奥·卢波则通过商业活动将这些钱改头换面。在"扳子手"和"豺狼卢波"的合作下，黑手党的洗钱计划开始了。与此同时，莫雷洛犯罪家族开始大力发展其非法事业。他们用肮脏的手段打击伊格纳齐奥·卢波的竞争对手，毒死其他店面用来拉货的马匹，炸毁商店，甚至谋杀。

布鲁克林区有个肉店店主，名叫盖塔诺·科斯塔，由于他不愿意支付莫雷洛犯罪家族勒索的1000美元，从而被枪杀在自己的店里。而做意大利酒类和食品生意的萨尔瓦多·曼泽拉则很幸运，尽管他遭受了四年的勒索后最终破产，但是他还是活了下来。当他出庭做证的时候，他说“豺狼卢波”会按时到他的店里，强迫他在空白的收据以及交货单上签字。如果他不那样做，那么他和他妻子的性命都将难以得到保障。

虽然莫雷洛犯罪家族罪行累累，从制造假币到杀人勒索无所不为，但是该家族却一直没有被警方捣毁。因为朱塞佩·莫雷洛曾在1900年险些入狱，所以他对犯罪活动中可能出现的漏洞尤为注意。每当发现潜在的漏洞出现时，他会第一时间将其堵住。

同时，朱塞佩·莫雷洛也吸取教训，他的犯罪团伙中几乎全是西西里岛人，而且在这些团伙之中形成了一条规定，不论发生任何事情，都要和朱塞佩·莫雷洛与伊格纳齐奥·卢波保持距离，犯罪团伙绝不能留下任何把警方引到这两个人身边的蛛丝马迹。

但是有时候这些黑帮成员并不是那么守规矩的，其中有个名叫朱塞佩·卡塔尼亚的西西里人，他是“豺狼卢波”的合作伙伴，也负责把莫雷洛犯罪家族制造的假币投放出去。但是这个人有个很严重的缺点，酒后失言，管不住自己的嘴巴。由于他这个缺点，朱塞佩·莫雷洛和伊格纳齐奥·卢波决定将其清除掉。

1902年，几个在河里游泳的男孩发现了两个很大的麻袋，其中一个装着浸透血渍的衣服，另一个则装着朱塞佩·卡塔尼亚的尸体。当时的情景惨不忍睹，死者的脚踝部位已经被扳到紧贴背部的位置，被一根绳子捆得结结实实的，身上的血几乎流干。朱塞佩·卡塔尼亚的死亡令人感到恐惧，他的头几乎被完全割断。

有人说，朱塞佩·卡塔尼亚最后是和伊格纳齐奥·卢波在一起的。因此人们认为“豺狼卢波”就是杀害朱塞佩·卡塔尼亚的凶手。实际上，“豺狼卢波”涉嫌超过60宗谋杀案，但是警方并没有确凿的证据来指控伊格纳齐奥·卢波。他一如既往地为莫雷洛犯罪家族进行杀人、勒索等犯罪行动。

纽约当局早已觉察到莫雷洛犯罪家族正在慢慢成长，但是他们只能抓捕那些底层的犯罪分子，因为没有任何证据能表明朱塞佩·莫雷洛或者伊格纳齐奥·卢波参与到制造假币以及杀人的罪行当中。但是他们不可能永远安全，任何意外都可能导致他们被警方带走。

1902 年 12 月底，莫雷洛犯罪家族的两名成员在投放假币的时候被发现。伊萨多·克罗赛维拉和朱塞佩·迪·普里莫被捕后拒不合作，警方使用了各种手段，威逼利诱都不奏效，这两个人不愿意透露任何和家族有关的事情。但是警方还是通过离间，让朱塞佩·莫雷洛以为朱塞佩·迪·普里莫已经出卖了家族。

朱塞佩·迪·普里莫的姐夫贝内德托·马多尼亚正在水牛城进行非法活动。朱塞佩·莫雷洛让贝内德托·马多尼亚想办法到匹兹堡去保释两名因投放假币而入狱的黑手党成员，但是贝内德托·马多尼亚不仅没有办好这件事情，他还写信给朱塞佩·莫雷洛，并汇去了 1000 美元，希望朱塞佩·莫雷洛能够提供帮助，以便将朱塞佩·迪·普里莫保释出来。但是因为朱塞佩·莫雷洛没能成功将朱塞佩·迪·普里莫保释，所以贝内德托·马多尼亚开始不停地发表自己的抱怨。

面对这样既不能完成任务又喋喋不休妄加指责的手下，朱塞佩·莫雷洛决定让他消失。1903 年 4 月 14 日，凌晨 3 点左右，获准面见朱塞佩·莫雷洛的贝内德托·马多尼亚回到了纽约，他当时正在普林斯街的一家小餐馆就餐。而这也将是他最后的晚餐。

朱塞佩·莫雷洛带着几名得力的手下来到这家小餐馆，用刀将贝内德托·马多尼亚杀死。他们就像杀死朱塞佩·卡塔尼亚那样，将贝内德托·马多尼亚的脖子割开，野蛮地折叠他的尸体。然后这些杀人犯又找来一个大桶，将被折磨得不成人样的贝内德托·马多尼亚塞了进去。虽然死者的腿和手臂还在外面，不过这不要紧，因为莫雷洛犯罪家族根本没想过隐藏尸体。

第二天，这个装有尸体的大桶就被人发现了，事实上，这已经不是莫雷洛犯罪家族首次用大桶来装尸体，因此这一系列的案件也被纽约警方称为“大桶谋杀案”。有经验的警察都能想到这些谋杀案是莫雷洛犯罪家族的手笔，甚至当 1903 年的“大桶谋杀案”被发现的时候，他们也逮捕了包括朱塞佩·莫雷洛在内的 13 名黑手党成员。

1903 年 4 月 19 日，“大桶谋杀案”第一次庭审开始了，朱塞佩·莫雷洛等人声称他们是艰难地生活在美国的下层人员，但是他们所聘请的都是曼哈顿最有名的律师。有报道称，这些律师的律师费是由莫雷洛犯罪家族成员强行在美国各个城市收取来的。这表明了莫雷洛犯罪家族的

◆ 早期莫雷洛犯罪家族经常使用这种手法谋杀，但是因为没有足够证据，警方难以将莫雷洛犯罪家族治罪。图为1918年纽约警方在一个木桶内发现一具男性尸体

影响力已经远远超过了警方的想象。甚至在波士顿，有七名西西里人跑到警察局寻求保护。

在审讯过程中，这些嫌疑犯都否认参与了这次凶残的谋杀案。朱塞佩·莫雷洛坚决否认认识死者，面对大多数问题，他也只是说不记得了；而"豺狼卢波"虽然显得很有礼貌，但就连记者都能听出来，他在不停地撒谎。

因为警方在第一时间就抓捕了嫌疑犯，所以他们其实并没有任何实质性的证据去证明这些人和谋杀案有关。而那些证人则在出庭瞬间集体失忆，他们不是否认自己的证词，就是被吓得说不出话。甚至对案件影响最大的几个证人不是突然逃跑就是人间蒸发。庭审最后不了了之，在没有任何证据的情况下，警方只好将朱塞佩·莫雷洛等人释放。

但是这不代表他们可以高枕无忧，有些人还是紧紧抓住他们不放，试图要找到能将莫雷洛犯罪家族绳之以法的证据。这个人名叫约瑟夫·彼得罗西诺，是纽约警察局警员，为人老练，知道如何引诱犯罪分子说出

◆ 为了打击黑帮势力，1909年，约瑟夫·彼得罗西诺在意大利搜集黑帮犯罪证据。图为约瑟夫·彼得罗西诺（左侧站立者）和他在意大利组建的警察小队

真话。有人称他为“纽约的福尔摩斯”。他在调查纽约黑手党的时候无意中发现了莫雷洛犯罪家族谋杀犯罪的线索，随后他开始针对该家族进行调查。

1901 年，约瑟夫·彼得罗西诺在调查的时候逮捕了一名西西里人，这个被捕的男人就是日后的意大利的传奇教父维托·卡希奥·费尔罗。当时维托是到美国来同朱塞佩·莫雷洛进行生意上的协商的。1904 年，维托回到了意大利，但这次美国之行也让他记住了约瑟夫·彼得罗西诺。

1908 年，伊格纳齐奥·卢波同约瑟夫·彼得罗西诺发生口角，在众目睽睽下，约瑟夫·彼得罗西诺将“豺狼卢波”痛打了一顿，然后把他扔进了垃圾堆里。这位传奇的纽约警员就这样同美国和意大利两个黑手党头目结下了仇怨。

事实上，即便约瑟夫·彼得罗西诺没有招惹维托或者“豺狼卢波”，黑手党也是不会放过这样一个总是盯住他们不放的警员的。1909 年，约瑟夫·彼得罗西诺到西西里巴勒莫去进行黑手党的调查。3 月 12 日，他被谋杀了。

西西里和美国的黑手党都认为约瑟夫·彼得罗西诺的死是件值得庆祝的事情，然而莫雷洛犯罪家族却在同年也遭到了真正的打击。朱塞佩·莫雷洛因制造假币被逮捕，这次他没能逃脱美国法律的制裁，虽然警方只是掌握了他制造假币的罪证，但这不妨碍他们将这个美国第一犯罪家族的老板送入监狱。

朱塞佩·莫雷洛一直被关到了1920年，当他出狱的时候，恰好赶上了美国发布的《禁酒令》生效，而在他被关起来的10年间，莫雷洛犯罪家族的境遇远没有他掌权的时候那么顺风顺水。甚至他本人也被其他黑手党同伙视为前进路上的障碍。为了维系自己创造的犯罪家族，朱塞佩·莫雷洛无奈之下只能选择屈居人下，为朱塞佩·马塞里亚担当智囊。

第二章 地下王国的建立

禁酒时期

本修正案签署一年之后，将禁止任何形式的酒精饮品的销售、运输或者进口行为。

——《美国宪法第十八修正案》

美国的黑帮在开始的阶段只能够说是当地政府的打手，早期的爱尔兰黑帮必须看坦慕尼厅的脸色行事。一旦黑帮的举动太过火，很容易遭到政府的打击。意大利人和犹太人到美国后，曾试图改变这一状况，因此五点帮和伊斯曼帮的交火十分激烈。他们尽管还在替坦慕尼厅做事，但是私下的交锋愈演愈烈，黑帮正在试着通过争夺地盘来扩大自身的影响力，从而摆脱政府的制约。

随后而来的朱塞佩·莫雷洛则属于一个外来的野蛮黑帮，莫雷洛犯罪家族不和政府打交道，他们只是纯粹地为了自己的利益去犯罪。美国政府当然不会允许这样单纯的犯罪团伙出现，所以即便在证据不足的情况下，也要将莫雷洛犯罪家族的头目抓到监狱中。

随后，美国的黑帮似乎又回到了政客的手中。然而此时美国国会批准执行的一项修正案却打破了美国黑帮的格局。正是这项修正案让美国黑帮成长壮大，摆脱了政府的控制，也让这些黑帮头目成为美国的地下国王。

1919 年 1 月 16 日，美国国会批准《美国宪法第十八修正案》;10 月 28 日，又通过了对修正案进行详细解读的《沃尔斯泰德法案》。该修正案确定，在美国酿造、运输以及销售酒精饮品的活动都是违法的，这预示着美国禁酒时期的开始。

第一次世界大战后，美国妇女权利有所提升，她们不堪忍受酗酒的

◆ 第一次世界大战后，妇女权益获得提升，她们的诉求得到多方面的认可，也正是基于这种认可，美国进入了禁酒时期。图为妇女和儿童高举呼吁禁酒的标语

家人对其实施的家庭暴力，因此呼吁禁酒。同时，美国当地的清教徒也反对饮酒。最终在共和党的争取下，美国国会批准了《美国宪法第十八修正案》，也被人称为《禁酒令》。

1920 年 1 月 16 日，美国正式进入禁酒时期，当天晚上，人们尽情畅饮剩下的酒精饮品。大多数人都将其视为狂欢的节日，他们以为禁止酒类流通后，对社会会产生良好的影响。但是事实上酒这种东西根本不可能被完全禁止。

禁酒时期开始后，的确对人们的生活起到了一定影响，但是禁酒是如此不现实的。当时各地都有人在私自酿酒，地下酿酒厂的生意甚至比禁酒时期之前还要火爆，人们通过酿造私酒，来获取无法想象的利润。当然，随着《禁酒令》的发布，酿酒所需要的原材料也受到了限制，然而这些私自酿酒的人才不会在乎这些，他们从医院或者工厂偷取医疗酒精和工业酒精。制造出粗制滥造的酒后，他们又通过各种手段对酿造出的酒进行染色，让这些酒的外观发生改变。同一时间酿造出的酒可以被当作朗姆酒或者威士忌来贩卖。

美国当局对这种情况也有所察觉，当时美国每年最多有 5600 万升的工业酒精被偷，禁酒探员们为了杜绝这些犯罪分子偷盗工业酒精，不得不采取非常手段。1926 年，当时的美国总统约翰·卡尔文·柯立芝决定用投毒的手段来阻止人们偷盗工业酒精，他允许人们在工业酒精之中加入有毒的甲醇。但是私自酿酒的人可不管这些，这些犯罪分子花钱找了几个化学家对这些酒精进行提纯，然后再酿造成酒。政府不得已又在工业酒精中加入了马钱子碱、汽油、汞以及苯等有毒物质。

酿造私酒的这群黑帮成员索性在最后只对这些酒精进行简单的处理，随后就把酿造好的酒拿出去卖。据统计，1926 年，纽约共有超过 1200 人因酒精中毒住院，400 人因喝了有毒的酒而丧命。

但是即便如此，还是有人愿意花大价钱去购买毫无安全保障的私酒。也正因此，越来越多的不法之徒开始进行贩卖私酒的非法事业。他们从走私贩卖酒精饮品的过程中获取了大量的利润，在当时，贩卖私酒是成本最低、收益最大的敛财手段。除了私自酿酒以外，美国各地都有地下酒吧，只要你小声向看门人请求，他们就会把你放进去。当然，这些看门人不会不加选择地把人放进地下酒吧。看门人的工作就是对要求进入地下酒吧的人员进行甄别，从中判断出哪些是真正需要买酒的，哪些像是禁酒探员。

当然地下酒吧也不是获取酒的唯一途径，那些愿意花钱买酒的人还

◆ 禁酒时期美国有很多地下酒吧，为那些需要酒精饮品的人提供烈酒。图为禁酒时期的一家地下酒吧

可以从其他地下组织那里获取私酒。也有人在钻法律的空子，在自己家里建立私人吧台，贩卖个人存放的私酒。还有很多人通过合法的途径买到了酒。有些人会借着宗教的名义通过正常渠道获取少量的酒，因为美国大多数人信奉天主教，而天主教在做礼拜或者祷告的时候会用到圣餐，有些人就以筹备圣餐的名义去积攒酒。

除了借用宗教的名义，还有许多医院为"病人"开具虚假的药方，故意在药方中增加了酒的比重，达到间接贩卖私酒的目的。在小说《了不起的盖茨比》中，主角盖茨比也正是靠着开连锁药店私下贩酒而发家的。除此之外，一些烘焙工坊经营者也在购买原材料的时候特意要求索取更多的葡萄酒，他们声称这些酒是制造面包的材料，但实际上大部分的酒还是被他们贩卖了。

同时，加拿大、法国等地也源源不断地运来了走私酒，这些廉价优质的酒很快成为私酒之中利润最大的一部分。但是并不是所有人都能够有幸贩卖这些纯正的酒。美国走私酒的渠道已经被各个黑帮牢牢把控住了，这些黑帮成员将马车改装，外表看上去只是装卸木材的车，内部却藏着满满一车的私酒。美国的黑帮正是在禁酒时期不断发展壮大的，它们通过从各地走私贩卖酒，在极短的时间内迅速积累了财富，摆脱了政府对其的制约。

走私酒的泛滥给当时已经处于腐败深潭的美国政界带来了更大的腐败，那些通过走私获取大量金钱的老板上下打点，收买警察以及地方官员为其卖命。这些黑帮老板在保证安全贩酒的同时，也采取非法手段去提高酒的价格，打击自己的竞争对手。这些都造成当时美国的治安混乱不堪。

20 世纪 20 年代被视为美国黑帮的黄金年代，许多当年在五点帮当过小弟的年轻人都借着这个年代成长为独霸一方的黑帮巨头。这些巨头包揽了走私、酿造、销售的流程，他们在贩卖私酒的事业中获益良多。禁酒时期的美国永远都存在非法饮酒的人，而这些人也愿意花费比以前高出数倍的价格去购买私酒。

《禁酒令》的结果是令人意想不到的，在禁酒时期，美国暗中生产、走私、贩卖的酒比禁酒时期之前还要多。屡禁不止的黑市酒业在这种大背景下达到了空前的繁荣，为了获取高额利润，黑帮巨头们对竞争对手敲诈勒索、暴力挟持，无所不用其极。为了能够让自己的事业更加稳定，

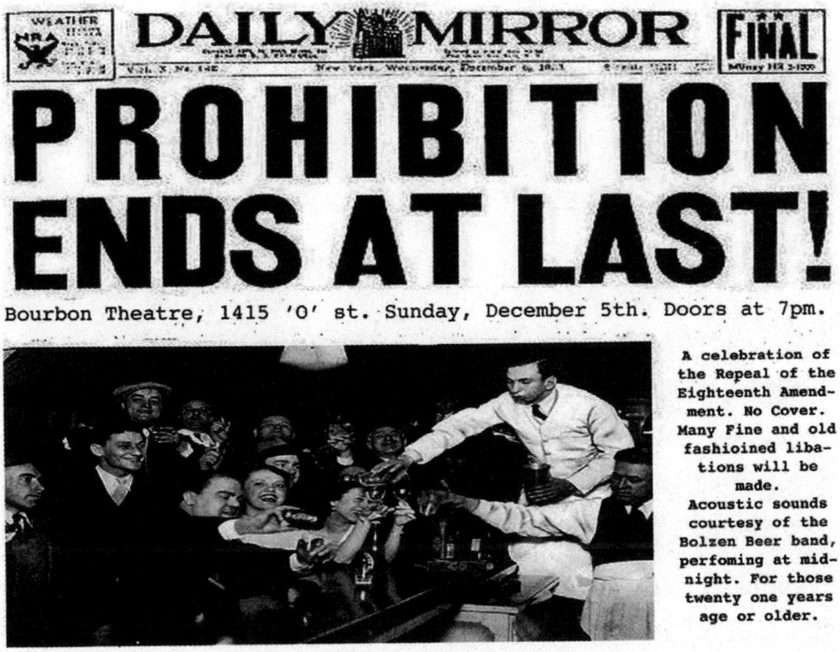

DAILY MIRROR FINAL

PROHIBITION ENDS AT LAST!

Bourbon Theatre, 1415 'O' st. Sunday, December 5th. Doors at 7pm.

A celebration of the Repeal of the Eighteenth Amendment. No Cover. Many Fine and old fashioined libations will be made. Acoustic sounds courtesy of the Bolzen Beer band, perfoming at midnight. For those twenty one years age or older.

◆ 英国《每日镜报》对美国废除《禁酒令》的报道

他们和政府官员勾结，又在另一层次助长了美国腐败的滋生。而因为酒已经被法令禁止，也造成了美国失去了相当大份额的税收，这也对美国国库造成了无法弥补的影响。

1933 年 2 月 17 日，美国国会通过了《布莱恩法》，将《禁酒令》规定的限度放宽，调整为允许买卖酒精含量在 3.2% 的饮品。这样的做法只不过是为当局找回一些面子罢了，事实上此时的《禁酒令》已经成为一个笑话，它除了助长了美国黑帮、削减了美国税收以外几乎没有任何影响。同年 12 月 5 日，《美国宪法第二十一修正案》通过，正式废除了《美国宪法第十八修正案》。《美国宪法第十八修正案》也成为美国历史上迄今为止被废除的唯一一条修正案。自此，美国禁酒时期宣告结束，美国禁酒时期共持续了 13 年 10 个月零 19 日。

在这 13 年内，美国黑帮风起云涌，许多曾经的老大被杀死，许多帮派被吞并，当然，还有更多的黑帮头目在禁酒时期成为美国黑帮的老板。也正是在禁酒时期过后，美国黑帮才有了秩序，美国才真正出现了在全国都备受尊敬的教父。

烈酒、子弹和权势

吉姆·科洛西莫在他的咖啡厅前被人谋杀，凶手是名不知身份的黑帮成员。

——《纽约时报》1920 年 5 月 12 日

美国的禁酒时期是个机会，是美国政府为那些黑帮头目提供的机会。但是也并不是所有人都能够抓住这个机会。禁酒时期之前，纽约和芝加哥是美国犯罪活动的中心。纽约的局势相对而言比较太平，当时势力最大的是阿诺德·罗斯坦的帮派，但是他个人觉得贩卖私酒的利润不如控制各种赌局和贩卖毒品，所以他很快放弃了私酒营生，不过即便他自己不贩卖私酒，也几乎从不饮酒，但他也不反对其他人去贩卖私酒。

其余在纽约发展的帮派都不同程度地参与到了私酒贩卖的勾当里，莫雷洛犯罪家族已经不再属于朱塞佩·莫雷洛，这个曾经的美国第一家族老板已经成为朱塞佩·马塞里亚的智囊，而朱塞佩·马塞里亚是个十足的传统黑手党暴徒，也正是他贪得无厌的性格才引起了日后美国黑帮的一场大战。另外的几个势力在禁酒时期初期都比较弱小，弗兰基·耶鲁的主要势力盘踞在布鲁克林，迈耶·兰斯基当时还没有组建成规模的犹太帮，达茨·舒尔茨此时也是单干的私酒贩子。

但是并不是任何地区都像纽约这样泾渭分明地徐徐发展，禁酒时期开始后，芝加哥就笼罩在不和谐之中。造成芝加哥混乱的原因有很多，其中芝加哥最大的黑帮老大对贩卖私酒毫无兴趣，并且还阻碍其他想要通过贩卖私酒发展实力的年轻人。除此之外，芝加哥北城区的爱尔兰黑帮势力要比纽约强大，在纽约，勉强可以与意大利人争锋的只有布鲁克林港区的白手帮等少数黑帮，另一个比较有名的爱尔兰黑帮成员欧文·麦登则把主要的精力放在了棉花俱乐部等娱乐场所的经营上。但在芝加哥，这些仇视意大利人的爱尔兰黑帮却要强大凶狠得多。

当时芝加哥黑帮的老大是吉姆·科洛西莫，1878 年出生于意大利的卡拉布里亚，他是最早移民到美国来的意大利人。吉姆·科洛西莫和他

◆ 被称为“钻石吉姆”的吉姆·科洛西莫是早期芝加哥的黑帮老大。图为吉姆·科洛西莫和他的律师

的意大利同胞一样，刚到美国的时候处境非常不好，当时他只能靠扫马路来维持生活。在这个阶段，他不断从事扒窃、拉皮条、勒索等非法活动，然后慢慢成为当地工会的首领，这让他能够接触到当地的官员。这些官员给了吉姆·科洛西莫更大的权力，以便在该地区获得更多的税收。吉姆·科洛西莫就像早期的爱尔兰人那样，成为政客的打手。

1902年，吉姆·科洛西莫因为婚姻而获得了一个“贤内助”。他娶了芝加哥当地的妓院老板维多利亚·莫里斯科，开始了操控妓院的勾当。他凭借自己在社会上的名气，声称可以帮年轻女孩介绍工作，这些年轻女孩被他许诺的待遇所吸引，但是一旦她们跟随吉姆·科洛西莫来到芝加哥，就会遭到非人的对待。在对这些女孩进行监禁和虐待之后，吉姆·科洛西莫会把她们送到自己经营的妓院中去。禁酒时期之前，吉姆·科洛西莫凭借所谓的“白奴”获取了大量资金。

由于吉姆·科洛西莫喜欢穿白色西服，在胸口佩戴钻石胸针，并随身携带钻石，所以他被称为“钻石吉姆”。但是当时他在黑帮的名声还不是很好，黑帮成员普遍把他视作投机主义者，所以很多黑帮成员都写信勒索吉姆·科洛西莫。1909年，又有三个黑帮成员写信勒索吉姆·科洛西莫。“钻石吉姆”找来了他妻子的表弟，被叫作“狐狸”的约翰尼·托里奥。约翰尼·托里奥从纽约乘坐列车赶往芝加哥，随后在交易地点将那三个黑帮成员击毙。

约翰尼·托里奥凭借这次出色的表现，成功获得了吉姆·科洛西莫的信任。当初约翰尼·托里奥只是五点帮的一员，但是五点帮的规模十分有限，甚至以现在的眼光来看，五点帮头目保罗·凯利都登不上台面。由此可知，约翰尼·托里奥在五点帮是不会有太大的前途的。

虽然约翰尼·托里奥成为吉姆·科洛西莫的副手，但是他们的关系却只维持了10年左右。禁酒时期早期阶段，约翰尼·托里奥通过贩卖私酒为吉姆·科洛西莫赚取了比妓院丰厚得多的财富，但是“钻石吉姆”却拒绝同“狐狸”分享收益。与此同时，吉姆·科洛西莫还为了迎娶一个19岁的歌女而打算和维多利亚·莫里斯科离婚。吉姆·科洛西莫这样的做法斩断了他和约翰尼·托里奥之间的血缘关联。

在约翰尼·托里奥看来，“钻石吉姆”已经变得懒惰、贪婪、懦弱。吉姆·科洛西莫不愿意在贩卖私酒上投入太多，因为他已经依靠妓院获取了大量财富，他不愿意冒险踏入新的领域。但是这种古板的思想无疑堵住了约翰尼·托里奥等年轻人的财路。

像吉姆·科洛西莫这样顽固不化的人毕竟是少数，美国新泽西州的伊诺克·路易斯·约翰逊抓住了禁酒时期的机会，在大西洋城只手遮天。在美国电视剧《大西洋帝国》中，伊诺克·路易斯·约翰逊曾经邀请阿诺德·罗斯坦、查理·卢西亚诺、吉姆·科洛西莫和约翰尼·托里奥到大西洋城商谈私酒份额，剧中的“钻石吉姆”就像历史上那样没有表现出太大的兴趣。通过这个鲜明的对比，可以看出“钻石吉姆”目光短浅，已经无法跟上时代的步伐。

约翰尼·托里奥很清楚如果能在这个时间走私、贩卖私酒将带来巨

◆ 约翰尼·托里奥。他被人称为“狐狸”，他的表姐后来嫁给了吉姆·科洛西莫，他也因此获得了掌控整个芝加哥的契机

大的利益，但是吉姆·科洛西莫多次对私酒表现得极为淡漠。恰好此时约翰尼·托里奥和吉姆·科洛西莫的关系出现了裂痕，这令约翰尼·托里奥终于下定了决心。

约翰尼·托里奥找来了他在五点帮内认识的弗兰基·耶鲁，让他枪杀了吉姆·科洛西莫。“钻石吉姆”在他自己的咖啡厅内被弗兰基·耶鲁射中了头部。1920年5月11日，吉姆·科洛西莫成为禁酒时期第一个被谋杀的黑帮老大。

弗兰基·耶鲁早年是由约翰尼·托里奥介绍进入五点帮的，所以他们的关系非比寻常，除了帮助约翰尼·托里奥谋杀“钻石吉姆”，弗兰基·耶鲁对这个朋友最大的帮助莫过于给约翰尼·托里奥带来了一个富有朝气的年轻人，这个当时才21岁的小伙子在日后接管了约翰尼·托里奥的犯罪帝国。

阿尔·卡彭于1899年1月17日出生于那不勒斯，早年移民到美国后也在五点帮内活动，随后他到弗兰基·耶鲁经营的哈佛酒店当服务员。在调戏了弗兰克·加鲁西奥的妹妹后，阿尔·卡彭被弗兰克·加鲁西奥在脸上留下了刀疤，这也成为阿尔·卡彭日后的标志。弗兰基·耶鲁把阿尔·卡彭带到了芝加哥，但是阿尔·卡彭在禁酒时期的早期只是在约翰尼·托里奥的妓院做一些简单的工作。

约翰尼·托里奥接管了吉姆·科洛西莫的犯罪组织后，全力投入了走私犯罪之中，他先是将芝加哥的大批酿酒厂收入囊中，然后又以芝加哥黑帮老大的身份划分了各个黑帮的势力范围。芝加哥各个帮派都对这个新上任的老板表示尊敬，他们强迫当地的酒吧去买约翰尼·托里奥的酒，并对约翰尼·托里奥走私、贩卖酒的渠道加以特殊保护。

约翰尼·托里奥从走私、贩卖私酒中获益匪浅，20世纪20年代初，他每年都能通过造酒、贩酒、赌博和色情行业获得1000万美元的纯利润。虽然约翰尼·托里奥的生意越做越大，但是有不少他的手下开始蠢蠢欲动。

迪昂·奥巴尼曾经是约翰尼·托里奥犯罪组织的一员，他表面上是个花店老板，但实际上他是名爱尔兰裔的黑帮成员，而当时意大利人已经夺取了爱尔兰人旧有的势力，所以迪昂·奥巴尼像其他爱尔兰人一样，对意大利人充满了厌恶。

这个花店店主有一半的收入都来源于他的花店，看起来倒显得很敬业。迪昂·奥巴尼并不参与色情活动，他表现得像个古板的爱尔兰人一样，从不出售劣质酒，他只贩卖从加拿大进口的威士忌。但是迪昂·奥巴尼的举动越来越过分，他在暗中支持地区候选人的同时培养了一批凶狠的枪手，去对付那些可能影响他生意的人。

他的手段慢慢变得残忍，他的目标也指向了同伴。在迪昂·奥巴尼的允许下，他手下有“甲壳虫”之称的乔治·摩兰等人开始抢劫同伴贩运的私酒。对这种不理智的做法，约翰尼·托里奥感到很为难，他试图劝说迪昂·奥巴尼停止这样的做法，但是迪昂·奥巴尼依然我行我素。

迪昂·奥巴尼非但没有收敛，他还将目标对准了昔日的上司约翰尼·托里奥和日益受到重用的阿尔·卡彭。禁酒时期开始的时候，他们三个人共同享有西本酒厂的股份，后来这个酒厂被租给乔治·弗兰克酒厂，用于生产合乎法规的非酒精饮料。当然这只是约翰尼·托里奥和阿尔·卡彭贩卖私酒的掩护。

1924 年，芝加哥北城区已经脱离了约翰尼·托里奥的掌控，这里几乎每天都会发生抢劫私酒的事情，各个帮派老大之间也是明枪暗箭地争斗不休。这时候迪昂·奥巴尼找来了约翰尼·托里奥和阿尔·卡彭，声称想要退出北城区的纷争，因此他希望以 50 万美元的价格转让他在酒厂的股份。

约翰尼·托里奥和阿尔·卡彭很高兴地答应了迪昂·奥巴尼的建议，因为他们也想赶走迪昂·奥巴尼这个脾气古怪的合作伙伴。如果迪昂·奥巴尼退出了芝加哥北城区，那么北城区将成为他们两个人的领地。

三个人约定于 1924 年 3 月 19 日在酒厂会面，以便迪昂·奥巴尼将酒厂内属于他的最后一批私酒运走。然而这是迪昂·奥巴尼的一个阴谋，他从潜伏在警方内的眼线得知，芝加哥的禁酒探员将在 3 月 19 日对西本酒厂进行突击检查。当晚，包括约翰尼·托里奥在内的 29 人被禁酒探员逮捕。

被抓后的约翰尼·托里奥被判处九个月的监禁，但在交付了保释金后，约翰尼·托里奥获得了缓刑。早在被捕的时候，约翰尼·托里奥就怀疑这是迪昂·奥巴尼在搞鬼。果然，他从其他人那里听说，迪昂·奥巴尼曾向朋友吹嘘他不费吹灰之力骗取了约翰尼·托里奥 50 万美元。

“狐狸”约翰尼·托里奥得知真相后当然不会让迪昂·奥巴尼好过，

而且迪昂·奥巴尼和警方勾结的举动已经违背了黑手党不同警方合作的原则。于是他立刻私下联系了当时西西里联盟的主席迈克尔·莫洛。虽然西西里联盟只是美国的意大利黑帮们推出的傀儡，用于平息各个黑帮势力的纷争，本身并没有任何实权。但是约翰尼·托里奥等人当时还是很尊重意大利黑帮的处事原则的，他们在遇到严重的事情时还是会适当遵从当时的西西里联盟主席的处理方法。

但是当时芝加哥已经出现了很多血腥的争斗，迈克尔·莫洛不愿意让芝加哥卷入黑帮战火之中，于是他极力劝说约翰尼·托里奥，让他暂时忍让。约翰尼·托里奥鉴于迈克尔·莫洛的威望，只好答应不对迪昂·奥巴尼实施报复。

约翰尼·托里奥当然不可能善罢甘休，他知道迈克尔·莫洛年事已高，并且他不愿意背着违背西西里联盟主席的骂名去报复。过了大约半年，迈克尔·莫洛于1924年11月去世。约翰尼·托里奥决定让迪昂·奥巴尼付出代价。

11月10日，弗兰基·耶鲁带着约翰·斯卡利斯和阿尔伯特·安塞尔米来到了迪昂·奥巴尼的花店，他们在前一天预订了要送给迈克尔·莫洛的花圈。迪昂·奥巴尼伸出手表示欢迎，这时候有着丰富刺杀经验的弗兰基·耶鲁死死地抓住了他的手腕，另外两名枪手拔出枪，在他身上连开了六枪。

由于射击距离很近，所以迪昂·奥巴尼的遗体很难辨认，他的脸都被高热的子弹灼伤了。迪昂·奥巴尼的死开启了芝加哥黑帮大规模的争斗。虽然当时约翰尼·托里奥和阿尔·卡彭都来参加了他的葬礼，但是芝加哥北城区都知道是谁杀了迪昂·奥巴尼。

接替迪昂·奥巴尼的是海米·韦斯，他1989年出生于波兰，和迪昂·奥巴尼的私人感情很好。当他接管了芝加哥北城区黑帮后，急于为老朋友报仇。他搞到了一批汤普森冲锋枪，并命令“甲壳虫”乔治·摩兰等人共同参与复仇行动。

虽然海米·韦斯已经成为芝加哥北城区黑帮的老大，但是海米·韦斯却表现出和一个老大不符的疯狂。由他掀起的芝加哥南北区战争历时六年，其间死伤上百人。面对如此疯狂的敌人，“狐狸”约翰尼·托里奥也显得胆怯了。在迪昂·奥巴尼的葬礼之后，约翰尼·托里奥就把芝

◆ 迪昂·奥巴尼死后，约翰尼·托里奥把芝加哥的事务都交给他去处理，自己暂时离开了芝加哥。图为芝加哥黑帮老大阿尔·卡彭

加哥的事务都交给阿尔·卡彭打理，他自己则暂时去了外地。

也许约翰尼·托里奥是个成功的领导者和战略家，但是他不是名勇士。面对海米·韦斯这样的狂徒，只能够用子弹和鲜血才能分出高下。1925年1月12日，海米·韦斯和乔治·摩兰等人偶然在第55大街的路边餐馆门口发现了阿尔·卡彭的汽车，他们掏出了机枪，疯狂地对汽车进行了扫射。阿尔·卡彭的司机被打伤，但是在餐馆内的阿尔·卡彭却没有事。

1月份，约翰尼·托里奥在阿尔·卡彭遭到袭击后就返回了芝加哥，也许他是不放心芝加哥的事业，也许他是担心阿尔·卡彭的安全。不管他是因为什么回到芝加哥的,我们都可以确定,这个决定差点葬送了他的性命。

1925年1月24日，回到芝加哥的约翰尼·托里奥陪同家人外出购物，但是在回家的时候却遭到了袭击。海米·韦斯、“甲壳虫”乔治·摩兰和文森特·德鲁西从一辆汽车里跳了出来。他们认为约翰尼·托里奥就在车子里，于是手持霰弹枪和手枪朝他的汽车开火，但是猛烈的子弹也只是打伤了约翰尼·托里奥的司机。

正好走到门口的约翰尼·托里奥还来不及躲进屋子，也遭到了他们的射击。海米·韦斯等人射中了约翰尼·托里奥的帽子和脖子，他们以为射中了约翰尼·托里奥的要害，但其实子弹从帽子穿过，并没有打中约翰尼·托里奥的头。

尽管如此，约翰尼·托里奥的脖子和肚子还是被射中了，正当“甲壳虫”乔治·摩兰想要结果他的时候，枪里居然没有子弹了，而且此时附近开过了一辆卡车，芝加哥北城区黑帮众人担心是约翰尼·托里奥的援手，于是仓皇离开了现场。事实上这只是辆碰巧路过的车辆而已。

约翰尼·托里奥很快就被人发现，他被送到了医院并奇迹般地幸存了下来。阿尔·卡彭在收到消息后马上赶到了医院，并在病房周围布置了全天候的警卫，以防芝加哥北城区黑帮在约翰尼·托里奥住院时对他进行暗杀。在美国电影《教父》中，老教父中枪住院的场景和约翰尼·托里奥此时的情况颇为相似，在当时这种经历也可以说是黑帮老板们都有过或者接触过的。

芝加哥最大的黑帮头目被枪击，警察自然要上门询问，尽管他们迫切想知道发生了什么,但是约翰尼·托里奥和阿尔·卡彭信守黑手党的“缄默原则”，拒绝向警方透露任何事情。四个星期后，约翰尼·托里奥痊愈出院，随后他必须要履行早先因西本酒厂被查处而被判处的九个月监禁。约翰尼·托里奥被关进了伊利诺斯州的莱克监狱，并同监狱的典狱长成为朋友。他在监狱里的日子很安逸，他的朋友们也专门为其安排了警卫来确保他的安全。但是他在这几个月的监禁中越发意识到芝加哥的形势已经超出了他的掌握。

约翰尼·托里奥找来了阿尔·卡彭，向他说了自己准备退隐的想法，并且他准备把芝加哥的事务全权交托给阿尔·卡彭。出狱之后，约翰尼·托里奥就离开了美国，返回家乡意大利。而阿尔·卡彭将在日后成为芝加哥的教父，同时出生于那不勒斯的他也将是意大利黑帮中首个非西西里出身的黑帮老板。

"芝加哥王"

我要杀你，我铲除你，把你的生命变成死。

——威廉·莎士比亚《如愿》

约翰尼·托里奥离开了芝加哥，阿尔·卡彭以26岁的年纪接管了约翰尼·托里奥留下的黑帮事业，但是目前摆在他面前的难题十分明显，芝加哥黑帮局势已经十分混乱。当初约翰尼·托里奥将芝加哥划分成了各个势力范围。但是随着弗兰基·耶鲁暗杀迪昂·奥巴尼，芝加哥的格局遭到了破坏。阿尔·卡彭接掌权力之后，获得了吉纳兄弟等意大利黑帮的支持；而海米·韦斯则获得了芝加哥西城区等黑帮的支持。由此时开始，芝加哥似乎又回到了早年意大利人和爱尔兰人争斗的年代，双方为了夺取更大的利益而不停交战。

芝加哥北城区的爱尔兰黑帮率先发动了攻势，他们追杀阿尔·卡彭的支持者，首先遭到毒手的就是吉纳兄弟。1925年5月26日，芝加哥北城区黑帮的海米·韦斯、乔治·摩兰和文森特·德鲁西在高速公路上追杀吉纳兄弟的老大安杰洛·吉纳，而当时安杰洛·吉纳是西西里联盟的主席，芝加哥北城区黑帮的这种做法简直是公开向意大利人宣战。他们在高速公路上肆意妄为，最终导致安杰洛·吉纳的汽车撞在了哈德森大道和奥格登大道之间的电线杆上。安杰洛·吉纳被送到了医院，当警方询问他时，安杰洛·吉纳谨守黑手党的原则，没有说出凶手。不久之后，他就在医院去世。

6月13日，迈克·吉纳在同警察的枪战中被枪杀；7月8日，安东尼奥·吉纳也被人谋杀。剩下的吉纳兄弟不得不投奔阿尔·卡彭，以寻求庇护。原本吉纳兄弟是个独立性很强的帮派，它的领导层由六个兄弟构成，他们野蛮凶悍，和警方也有很好的关系，因此约翰尼·托里奥还在芝加哥的时候，就对他们礼让三分。但是由于私酒拥有巨大的利润，导致吉纳兄弟已经渐渐脱离了约翰尼·托里奥划定的经营区域，开始在其他人的地盘内以更低的价格销售私酒。这种行为在早年就遭到了迪昂·奥巴尼的抗议，所以吉纳兄弟和芝加哥各个黑帮的关系都不是很好，因此率先在芝加哥混战中牺牲的也是他们。

阿尔·卡彭虽然很仁义地接受了吉纳兄弟，但这也不代表他是个心怀慈悲的人。正相反，阿尔·卡彭是个心狠手辣、处事果断决绝的狠角色。尽管芝加哥北城区的爱尔兰黑帮步步紧逼，但是阿尔·卡彭的反击更为猛烈。

由于约翰尼·托里奥已经宣布将芝加哥黑帮交付阿尔·卡彭，因此海米·韦斯的怒火集中到了阿尔·卡彭的身上。芝加哥几乎成为一处战场，阿尔·卡彭也表现出了战士的本能，他极力扩大自己在芝加哥的地盘，逐步吞并芝加哥其他区域的黑帮。当时芝加哥郊区高地是一处意大利社区，该区域由势力较小的西西里黑帮掌控，他们的业务也只是向酿造和贩卖私酒的商贩收取保护费而已。但是阿尔·卡彭依旧将他们清除，夺取了他们的生意。

与此同时，海米·韦斯也没有停止他对阿尔·卡彭的打击。在经过一系列规模不大的骚扰性质的进攻后，海米·韦斯在1926年9月20日做出了更加疯狂的举动，这次海米·韦斯的目标居然是阿尔·卡彭本人。当天八辆芝加哥北城区黑帮的货车从街头开过，他们的目的地是霍桑旅馆，当时阿尔·卡彭正在这里吃午饭，除了他以外餐厅里还有大约60多人。

最前头的货车一头撞进了霍桑旅馆，然后车上的枪手开始对餐厅扫射，随后，芝加哥北城区黑帮的枪手们向旅馆内打出了超过1000发子弹，把旅馆打得千疮百孔。但是神奇的是，这次声势浩大的袭击并没有杀死任何人，只有几个倒霉的路人被流弹击伤。

这次袭击证明海米·韦斯拥有很准确的情报来源。但是相对地，他手下的这些枪手素质很差，如此大规模的袭击居然都不能将阿尔·卡彭杀死。海米·韦斯的袭击并没有停止的迹象，他曾经绑架阿尔·卡彭的司机，希望得知阿尔·卡彭的行踪，但是司机并没有出卖自己的老大，因此这名司机也被海米·韦斯杀死。

◆ 1926年9月20日，海米·韦斯手下的枪手对霍桑旅馆进行突袭，意图杀死阿尔·卡彭。图为位于芝加哥的霍桑旅馆

海米·韦斯的举动是如此疯狂，即使是凶悍的阿尔·卡彭也感到心惊，因此他发出讯号希望同海米·韦斯进行和解，但是双方积怨已深，而且利益的冲突是根本不可能缓解的。因此，阿尔·卡彭最终下定决心要除掉海米·韦斯。

虽然迪昂·奥巴尼早已经被杀死，但是他的花店仍然被用作芝加哥北城区黑帮的总部。阿尔·卡彭可不像海米·韦斯那样有勇无谋，他不会让自己的子弹白白浪费。阿尔·卡彭先在花店的对面租了套公寓，并且在公寓内安置了一名配备机枪的枪手，让他时刻关注花店的动态。1926年10月4日，海米·韦斯和他的司机、保镖以及一名政治家和一名律师从花店门前经过，阿尔·卡彭埋伏好的枪手不失时机地开火，将海米·韦斯和他的保镖射杀。

尽管海米·韦斯像头野兽一样迫使约翰尼·托里奥离开了美国，多次让阿尔·卡彭陷入危机，但是这头不聪明的野兽所采用的方式多为野蛮的对决。阿尔·卡彭稍加设计就将他轻易解决。

杀死了海米·韦斯，阿尔·卡彭再度成为芝加哥最大的黑帮老大，他再次召开了芝加哥黑帮会议，要求各个帮派和平共处，忘掉过去发生的所有不愉快，所有帮派必须保证只在自己的地盘活动。也就是说，海米·韦斯的继承人“甲壳虫”乔治·摩兰不能再为了他的两个已经死掉的兄弟和阿尔·卡彭交战。而且双方必须退回自己的势力范围，不再发生纠纷。对于阿尔·卡彭的建议，所有人都不敢有任何意见，这样的局面也是所有人都愿意见到的。会议结束后的两个半月内，芝加哥没有出现任何谋杀事件，似乎阿尔·卡彭的威信已经确立了。

解决了海米·韦斯和芝加哥的相关事项，阿尔·卡彭也开始着手扩张自己的犯罪帝国。1926 年 12 月，阿尔·卡彭前往纽约，与引导他走上犯罪道路并把他介绍给约翰尼·托里奥的弗兰基·耶鲁会面。他们就从加拿大走私威士忌等问题进行了协商，业务顺利完成后，弗兰基·耶鲁邀请阿尔·卡彭参加在纽约布鲁克林阿多尼斯俱乐部举办的圣诞晚会。

但是弗兰基·耶鲁在晚会之前就警告阿尔·卡彭，有些人可能会在晚会上捣乱。当时弗兰基·耶鲁觊觎布鲁克林区，想通过这个区来获得更大的利益。而这个布鲁克林区一直以来都属于爱尔兰黑帮的势力范围，所以由爱尔兰人组成的“白手帮”现在和弗兰基·耶鲁处于水火不容的地步。阿尔·卡彭了解到布鲁克林的情况后，立刻通知位于芝加哥的手下到纽约来。

白手帮的首领叫作理查德·罗纳根，他在一次电车事故中失去了自己的右腿，所以人们叫他“假腿”罗纳根。1926 年 12 月 25 日晚间，理查德·罗纳根带着五名手下闯进了阿多尼斯俱乐部，这些爱尔兰人当众胡言乱语，他们调戏服务生，肆意要酒喝，并大声辱骂在座的意大利人。当他们看到三名爱尔兰少女出现在俱乐部里时，他们大声叫嚷，让她们回到爱尔兰人这边。

就在此刻，俱乐部的灯熄灭了。同时俱乐部内传出激烈的枪声。俱乐部内一片骚乱，顾客趁乱从出口逃出了俱乐部。等到警察来到的时候，他们在街角发现一具爱尔兰人尸体，在遍地碎玻璃和桌椅碎片的俱乐部里找到了理查德·罗纳根和另一名手下的尸体。有一名幸运的白手帮成员侥幸生还，但他说自己是路过被击中的。

有人说理查德·罗纳根是阿尔·卡彭亲手射杀的，但是因为证据不足，阿尔·卡彭又一次避免牢狱之灾。这次事件被称为阿多尼斯俱乐部大屠杀，布鲁克林区的势力平衡被这次事件打破，爱尔兰人已经丧失了和意大利人争锋的本钱。而阿尔·卡彭也凭借这次凶残的杀戮让纽约黑帮记住了他这个“芝加哥王”。

说阿尔·卡彭是“芝加哥王”也许言过其实，但是芝加哥的地下市长这个称号他是当之无愧的。1927 年 4 月，在阿尔·卡彭的支持下，威廉·哈里·汤普森成功当选为芝加哥市市长。作为他的支持者，阿尔·卡彭在选举中花费了 25 万美元。

这个芝加哥市长外号叫作“大比尔”，在其作为市长的四年中，他从阿尔·卡彭的各种违法行为中分取利润，并且让警察忽视芝加哥腐败的现状。然而仅仅在他当选一个月后，美国最高法院通过了一项特别的《沙利文法案》。该法案规定，贩卖私酒也需要像其他合法生意一样向美国政府缴税。这条法案看起来很荒诞，有谁会为了违法的行为去上税呢？但其实这条法案是打击走私和贩卖私酒的最有力武器。一旦这些贩卖私酒的人被调查出偷税漏税，那么他们将面临非常严重的罚款和长时间的刑罚。但是他们根本不可能缴税，因为那样做的话就会自己证明自己在进行违法事业。

阿尔·卡彭的犯罪集团从事走私、赌博、贩卖私酒、色情等各个行业，简单统计，阿尔·卡彭很可能从中获利超过 1.05 亿美元。但是阿尔·卡彭是个异常谨慎的人，他一辈子只签过一张支票，他在任何场所都使用现金结账，因此想要抓捕阿尔·卡彭十分困难。

不得不说，阿尔·卡彭是个谨慎、凶狠、冷酷无情的黑帮老板，他会用任何手段去达成自己的目的，不管这手段多么恐怖。芝加哥市长“大比尔”威廉·哈里·汤普森在任一年就已经把芝加哥弄得乌烟瘴气。在他任期内，城市内到处充满着腐败堕落，芝加哥市政府也已经欠下了 3 亿美元的债务，人们迫切希望他下台。

1928 年，芝加哥市民都在等待 4 月份的市政选举，但是早在 1 月份，恐怖就已经笼罩了整个城市。芝加哥的官员们已经对威廉·哈里·汤普森的举措不满，因此他们准备在选举中撤掉这个无能的市长。但是阿尔·卡彭等黑帮成员当然不会让这样一个合格的保护伞下台。在短短的几个月内，黑帮成员策划了 62 起爆炸案件，至少有两名政客被手雷炸死。由于芝加哥人把手雷称为“菠萝”，因此这次普选也被戏称为“菠萝普选”。威廉·哈里·汤普森就在这种恐怖、荒谬的情况下保住了市长宝座。

确保了本地势力范围，争取了纽约的利益，稳固了保护伞的权力，阿尔·卡彭真正成为芝加哥的地下王者。但是这个芝加哥的地下市长也不是事事顺心的，有些人认为他的锋芒已经过去，贸然地冒犯了他的权威，这些人也将付出不可挽回的代价。即便这个人是将阿尔·卡彭带上黑帮道路并将他介绍给约翰尼·托里奥的弗兰基·耶鲁，阿尔·卡彭也不会表现出任何心慈手软。

阿尔·卡彭的私酒生意越来越红火，在芝加哥的风头也盖过了其他的黑帮老大。而且阿尔·卡彭还是个喜欢炫耀的人，因此他成为美国最为人所知的黑帮老大。作为他的领路人的弗兰基·耶鲁见到这种情况，自然心生不满。而且当时弗兰基·耶鲁想要争取西西里联盟主席的位置。一旦他能够成功当上主席，那么他在美国黑帮中的地位将得到很大的提升，这不仅会为他带来金钱上的收益，还能够让他获得超然于其他黑帮成员的地位。

但是作为芝加哥最大黑帮老板的阿尔·卡彭却不认为弗兰基·耶鲁适合担任西西里联盟的主席。也许他在内心一直提防自己的这个导师，阿尔·卡彭知道弗兰基·耶鲁是个著名的杀手，他的野心是无法得到满足的。因此，阿尔·卡彭为了限制弗兰基·耶鲁的发展，促使安东尼奥·隆巴多得到了西西里联盟主席的位置。

由于阿尔·卡彭的插手，弗兰基·耶鲁错失了成为西西里联盟主席的机会，因此他们的关系开始恶化，于是他开始暗中算计阿尔·卡彭。弗兰基·耶鲁知道阿尔·卡彭的酒主要是从加拿大走私来的威士忌，因此他在布鲁克林区劫走了阿尔·卡彭用来运威士忌的船只和货车。起初阿尔·卡彭并不确定这些是弗兰基·耶鲁做的，于是他派一名手下去调查，但是做贼心虚又杀人无数的弗兰基·耶鲁居然杀人灭口。

也许弗兰基·耶鲁开始只是为了表示自己对阿尔·卡彭的不满，因此才劫走了阿尔·卡彭的酒，但是他并没有杀死阿尔·卡彭的打算，他可能只是想要教训一下羽翼丰满的徒弟罢了。但是在阿尔·卡彭看来，这是不可原谅的背叛行为，他已经处于上位，是不容冒犯的芝加哥黑帮老大，自然不能容忍弗兰基·耶鲁一而再再而三的挑衅。

1928 年 7 月 1 日，阿尔·卡彭的手下给弗兰基·耶鲁打电话，谎称他正在家照看女儿的妻子出了意外。弗兰基·耶鲁焦急地驾驶自己的林肯轿车往家赶。但是当他驾车经过布鲁克林第 44 大街的时候，遭到了一辆别克轿车的追杀，别克轿车里有四名持枪的黑帮成员，他们不停地向弗兰基·耶鲁射击。弗兰基·耶鲁的林肯轿车在他中弹之后失去了控制，

◆ 1928年7月1日，阿尔·卡彭手下四名杀手将弗兰基·耶鲁枪杀。图为躺在路边的弗兰基·耶鲁的尸体

撞进了路边的建筑之中，而弗兰基·耶鲁的尸体也被甩了出来。

弗兰基·耶鲁算是纽约布鲁克林区最大的黑帮老大，而且他也是杀死“钻石吉姆”和迪昂·奥巴尼的凶手，这个传奇黑帮老大的葬礼在当时可以说是黑帮历史上最隆重的。而作为弗兰基·耶鲁的得意门生以及涉嫌杀害他的阿尔·卡彭自然也出现在了葬礼上，不过极具讽刺意味的是，这个脸上带着刀疤的“芝加哥王”居然在葬礼上痛哭不已。也许身为黑帮老大的他必须处理掉弗兰基·耶鲁，但是从个人感情来看，弗兰基·耶鲁可以说是他的恩师。

弗兰基·耶鲁虽然死了，但是他在布鲁克林区的帮派不会善罢甘休。有传言说当时的西西里联盟主席安东尼奥·隆巴多也参与了对弗兰基·耶鲁的暗杀计划。1928 年 9 月 8 日，这个西西里联盟主席在散步的时候被人枪杀。随后，他的继任者则被乔·艾洛杀死，继任者为朱塞佩·吉安达。

乔·艾洛是个十足的西西里恶棍，他认为能够在美国成为黑帮头目的必须是西西里人，因此当阿尔·卡彭在 1925 年推举安东尼奥·隆巴多成为西西里联盟主席后，他就处处针对阿尔·卡彭。因为阿尔·卡彭并不是西西里人，由他举荐的人成为西西里联盟主席，这简直是对西西里人权威的冒犯。而且事实也证明，阿尔·卡彭的确通过操控安东尼奥·隆巴多来间接控制整个西西里联盟。

早在1925年，乔·艾洛就开始了针对阿尔·卡彭的举措，他先是断绝和安东尼奥·隆巴多以及阿尔·卡彭在生意上的往来，随后又与芝加哥北城区黑帮联盟，希望借此打击阿尔·卡彭日益强大的势力。但是1926年海米·韦斯也被阿尔·卡彭除掉了，而且阿尔·卡彭还强制划定了芝加哥的势力范围。所以乔·艾洛只能暗中和“甲壳虫”乔治·摩兰合作。乔治·摩兰虽然不能公开打破芝加哥的局势，但是他可以暗中支持乔·艾洛的行为，并为其提供情报以及暗杀阿尔·卡彭的打手。

但是不得不说，芝加哥北城区黑帮手下的能力实在太差劲了，乔·艾洛至少有数十次可以杀死阿尔·卡彭的机会，但都让阿尔·卡彭轻松逃生。阿尔·卡彭最喜欢的餐厅是芝加哥第19区的“城市老板”约瑟夫·埃斯波西托的咖啡厅，乔·艾洛就曾经试图收买咖啡厅的厨师，他提出如果厨师能够在阿尔·卡彭或者安东尼奥·隆巴多的食物里投放氰化钾之类的剧毒，那么他将分别支付厨师35000美元和10000美元。

然而这名厨师并没有这样做，相反，他把乔·艾洛的暗杀计划告诉了阿尔·卡彭。作为报复，1927年5月28日，阿尔·卡彭命令手下袭击了乔·艾洛名下的面包店。枪手们用机枪向面包店扫射了超过200发子弹，并打伤了乔·艾洛的弟弟。

乔·艾洛不会善罢甘休，1927年下半年，他又找来了多名杀手企图暗杀阿尔·卡彭。但是这些杀手都被阿尔·卡彭身边的保镖解决了。其中大部分杀手都被文森佐·吉巴尔迪解决。文森佐·吉巴尔迪和早年到达美国的大多数意大利人一样，也有个很欧洲化的名字“杰克·麦古恩”，以及一个简单但听起来极具杀伤力的外号“机枪杰克”。

经历了多次失败后，乔·艾洛并没有放弃对阿尔·卡彭的暗杀行动。1927年11月，他在阿尔·卡彭经常光顾的雪茄店对面埋伏了机枪手，准备效仿阿尔·卡彭干掉海米·韦斯的手段杀死阿尔·卡彭。但是阿尔·卡彭手下的弗兰克·尼蒂拥有很强大的情报网络，也正因此，阿尔·卡彭才能从危险中一次次逃脱。这次，阿尔·卡彭获悉了乔·艾洛的计划，他派人匿名举报，让警察把乔·艾洛等人抓了起来。

阿尔·卡彭的杀手等候在警察局附近，这些杀手并没有隐藏自己的行踪，他们明目张胆地对乔·艾洛进行恐吓。乔·艾洛此时终于知道自己远不是阿尔·卡彭的对手，他恳求阿尔·卡彭饶了他的性命，他愿意出售自己的产业并离开芝加哥。但是阿尔·卡彭的手下拒绝了他的求饶。乔·艾洛被释放之后在警察的保护下暂时保障了自己的安全。

但是短暂的退让并不能打消乔·艾洛对阿尔·卡彭的敌意。尤其是在他当上西西里联盟的主席后，阿尔·卡彭之前能够从西西里联盟那里获得的便利几乎荡然无存。而且阿尔·卡彭怀疑乔·艾洛涉嫌参与杀害安东尼奥·隆巴多。为了警告乔·艾洛和渐渐变得猖狂的"甲壳虫"乔治·摩兰，阿尔·卡彭采纳了他的贴身保镖杰克·麦古恩的建议，准备在1929年的情人节将芝加哥北城区黑帮彻底扫清。

1929年初，一连几周，杰克·麦古恩都化装成街头推销员，对芝加哥北城区黑帮进行跟踪。经过跟踪，他发现芝加哥北城区黑帮常在当地一个货车运输公司的车库里进行私酒交易。他小心翼翼地记下这伙人来去的时间，经过多次验证，他断定，这个位于克拉克北大街2122号的车库正是"甲壳虫"乔治·摩兰和他的手下运输私酒的场所。

杰克·麦古恩派人伪装成私酒贩子给乔治·摩兰讯息，声称他的手上有批价格低廉、质量出众的威士忌。当时芝加哥的私酒基本已经被阿尔·卡彭垄断，芝加哥北城区黑帮只能从贩卖私酒中获取小份额的利益，因此，乔治·摩兰很高兴能够获得这批私酒。他约好在2月14日情人节那天的上午10点到克拉克北大街2122号的车库内进行交易。当天上午10点，乔治·摩兰临时有事会稍后到达，当时到场的有七人，其中五人是芝加哥北城区黑帮成员，另外两人也和乔治·摩兰的黑帮有关联。

当他们进入车库后，杰克·麦古恩的四名手下驾驶一辆偷来的警车也来到了车库。他们之中两人装扮成便衣，另两人则穿着偷来的警察制服。进入车库后，这四个人命令车库内的七个人面对墙壁站好。然后他们拿出了两支机枪、一支鸟枪和一支手枪，向七人射击。很快这七个人就倒在了血泊之中。

按照杰克·麦古恩的计划，枪击结束后，这四名假警察之中穿着便衣的两人就双手抱头，走在前面，而在他们身后的两名身穿警察制服的杀手则押解他们走出了车库。就这样，四名杀手在众目睽睽之下堂而皇之地坐上那辆偷来的警车逃之夭夭。而周围的目击者还以为是两名警察

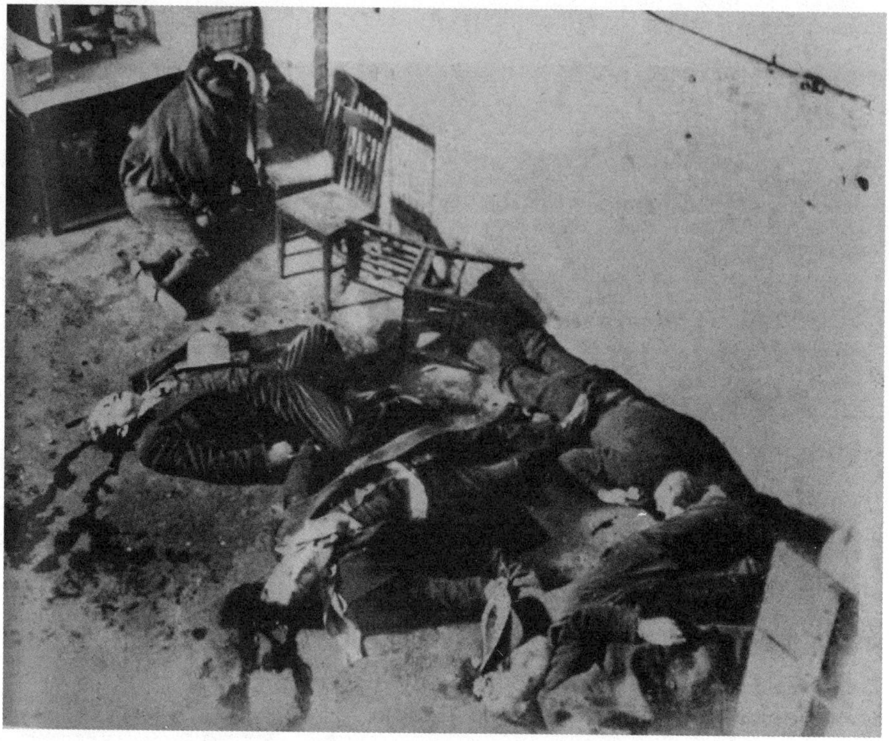

◆ 1929年2月14日，阿尔·卡彭手下的四名枪手伪装成警察，对芝加哥北城区黑帮帮众实施枪杀。图为情人节大屠杀的受害者

在抓捕贩卖私酒的黑帮成员。

杰克·麦古恩策划的“情人节大屠杀”并没有完全成功，因为在他的计划中，是要将乔治·摩兰一并枪杀的。但是由于“甲壳虫”临时有事，所以枪击发生时他并没有在场。而且在那七名受害者之中有一人的体貌特征和乔治·摩兰很像，所以这些杀手以为自己成功杀死了乔治·摩兰。

事实上乔治·摩兰在几分钟之后也到了现场，但是他看到车库附近的警车，就警觉地没有现身。事后有人问乔治·摩兰对此事的看法，乔治·摩兰愤怒地说：“只有阿尔·卡彭那个恶魔才会用这种残忍的手段杀人！”

当然警方也是这样认为的，但是阿尔·卡彭当时正在佛罗里达逍遥快活，另一个深受怀疑的杰克·麦古恩也正和他的女友在一起。因为当天是情人节，所以杰克·麦古恩和他女友的排场很足，有许多人都可以为他们做证。

情人节大屠杀虽然没能够杀死乔治·摩兰，但是突然死掉多名帮派骨干，这对乔治·摩兰来说也是难以承受的损失了。从此之后，乔治·摩兰的芝加哥北城区黑帮再也没有能力同阿尔·卡彭争雄。

芝加哥的黑帮交战终于落下了帷幕，阿尔·卡彭也成为“芝加哥王”。因为他在同芝加哥北城区黑帮交战几年间遭到了多次暗杀，所以他不得不在1928年把车子换成了具有防弹功能的凯迪拉克。阿尔·卡彭的这辆凯迪拉克可能是史上最早的防弹汽车之一，美国珍珠港遭到空袭后，这种防弹凯迪拉克成为当时美国总统富兰克林·罗斯福的座驾。

虽然阿尔·卡彭在1929年真正控制了整个芝加哥，但是新的危机又接踵而至，首先他要解决的就是帮派内部的不和谐声音。而他早先在对付弗兰基·耶鲁的时候就已经展现出了解决这类事情的最合理办法，那就是将任何对他个人有害的人铲除掉。

1929年初，曾在阿尔·卡彭手下工作的西西里联盟主席朱塞佩·吉安达密谋暗杀阿尔·卡彭，他收买了阿尔·卡彭手下的阿尔伯特·安塞尔米以及约翰·斯卡利斯。这两个人曾经暗杀了迪昂·奥巴尼，并参与了情人节大屠杀。他们策划煽动另一名杀手弗兰克·里奥，但是没想到弗兰克·里奥居然将他们的计划告诉了阿尔·卡彭。阿尔·卡彭很果断地抓来了这三个人，用棒球棍打碎了他们的头，然后把他们的尸体扔到了公园里。

1929年5月，美国绝大部分的黑帮老大集聚大西洋城，在该城市召开了大西洋城会议，该会议被认为是各个黑帮组织在美国举办的最早的犯罪组织峰会。在会议上，多个黑帮老大共同规划了日后黑帮的发展方向。而且他们还针对芝加哥发生的一系列影响重大的斗争想出了个处理办法。

由于阿尔·卡彭和芝加哥北城区爱尔兰人黑帮斗得不可开交，导致全美的打黑呼声越来越高，因此黑帮老大必须想出能够平息群众怒火的措施。在大西洋城会议上，黑帮老大们一致认为，阿尔·卡彭已经成为黑帮邪恶的代名词，他用纯粹的暴力去解决问题，已经为大家带来了更严重的问题。因此经过协商，大家一致同意削减阿尔·卡彭的势力。阿尔·卡彭也知道冒犯整个美国的黑帮可不是好玩的事情，因此他也同意把自己旗下的赌场交给约翰尼·托里奥领导的黑帮委员会，虽然这个美国黑帮的委员会只是刚刚有了个雏形，但是阿尔·卡彭对约翰尼·托里奥还是十分信任的。

不过会议上的另外几项决定却让阿尔·卡彭十分愤怒。大西洋城会议决定由阿尔·卡彭的仇敌乔·艾洛担任芝加哥的西西里联盟主席，并且为了转移社会舆论的压力，这些黑帮老大决定把阿尔·卡彭关进监狱。

当然，这并不是说他们准备为了所有人的利益而去谋害一个大老板，他们所说的关进监狱是希望阿尔·卡彭能够到监狱做客一阵，分散媒体的注意，降低芝加哥暴力事件的影响程度。大西洋城会议结束后的第二天，阿尔·卡彭和弗兰克·里奥在看完电影后被两名警察以私藏武器的罪名逮捕。其实这两名警察是阿尔·卡彭供养的警察中的蛀虫，为了让他们有勇气抓捕“芝加哥王”，阿尔·卡彭甚至还支付了他们每人 1 万美元来作为“片酬”。当然，这场戏只不过是按照大西洋城会议商定好的剧本执行罢了。

阿尔·卡彭很轻松地住了几个月的牢房，他在监狱里的牢房简直可以用奢华来形容，对他而言，坐牢只不过是另一种形式的度假，他可以利用这个“假期”平息群众的怒火并好好规划自己的犯罪帝国。

当阿尔·卡彭出狱回到芝加哥时，他依然是“芝加哥王”、芝加哥的地下市长。此时芝加哥的外患已经被清除，阿尔·卡彭身边的内忧也都变成了死人，他的事业达到了顶峰。甚至阿尔·卡彭还向好莱坞伸出魔爪，由于他高调的行事风格，他已经成为公众认识的最有名的老大，所以也有导演准备拍摄和他相关的影视作品。

和阿尔·卡彭有深仇大恨的乔·艾洛以为成为西西里联盟的主席就可以幸免于难，但是他在这个位置上的时间只有短短一年。出狱后的阿尔·卡彭有恃无恐，他当然要和乔·艾洛清算清算了。1930 年 10 月 23 日，乔·艾洛被阿尔·卡彭的杀手杀死，当时他身中将近 100 发子弹，整个人几乎都从中间裂开。现在看起来，阿尔·卡彭才把所有敌人都清理干净了。

然而好景不长，阿尔·卡彭很快又迎来了新的敌人，而这个敌人的能力十分有限，但也正是这个敌人，让阿尔·卡彭真正地栽了。前文已经说过，美国为了对付这些走私贩卖酒的黑帮成员，出台了特殊的法案。黑帮成员必须小心谨慎，不能让禁酒局的禁酒探员发现蛛丝马迹，更不可以让人抓到他们税务上的漏洞。

当时的美国总统赫伯特·胡佛上台后，美国就爆发了严重的经济危机，为了缓解当时的窘迫，赫伯特·胡佛对内试图减税并追讨黑帮成员偷逃的税款。在总统的计划中，阿尔·卡彭首当其冲地成为调查对象。

情人节大屠杀震惊了整个美国，而且阿尔·卡彭的势力也已经让总统都感到恐惧，他在迈阿密的庄园让总统都感到吃惊。

为了调查阿尔·卡彭，禁酒局内组建了一支专门的小分队，但是由于禁酒局内大部分人都被阿尔·卡彭收买，而剩下的人又不得不面对阿尔·卡彭的威胁，所以这支小分队困难重重。小分队的领头人是艾略特·内斯，他出生于芝加哥，但是他的父母是瑞典移民。艾略特·内斯从小就对侦破案件很向往，并且他品行端正，充满正义感，是少有的既能干又不会和阿尔·卡彭同流合污的警察。

一开始他的小分队有50人之多，但是慢慢就缩减为15人的规模，最后，只有九个人坚持了下来。虽然这个小分队的人数只有区区九个，但是他们都是公正清廉、不畏惧黑恶势力的人。他们希望能够通过自己的双手将阿尔·卡彭这个芝加哥的地下市长绳之以法。他们跟踪从地下酒吧偷偷运出来的啤酒桶的去向，顺藤摸瓜找到了阿尔·卡彭酿造私酒的几家酿酒厂。尽管封停这几家酿酒厂并不能对阿尔·卡彭造成多严重的损伤，但是却沉重地打击了“芝加哥王”的气焰。

阿尔·卡彭试图用惯用的手段去收买艾略特·内斯，但是艾略特·内斯不为所动。他甚至召开了新闻发布会，公布了阿尔·卡彭想要收买他的意图，并义正词严地宣布，他绝对不会向黑帮成员屈服，更不会和他们同流合污。一时之间，艾略特·内斯成为美国的英雄，而阿尔·卡彭又一次成为媒体争相报道的对象，尽管这次不是他愿意的。

阿尔·卡彭和艾略特·内斯已经达到了水火不容的程度。某天中午，艾略特·内斯给阿尔·卡彭打电话，让他在当天中午从办公室的窗口向下看。于是阿尔·卡彭看到了有趣的一幕。40多辆卡车从大街上开了过去。这些车辆是艾略特·内斯查封酿酒厂的时候缴获的，他特意把这些车子擦拭一新，然后开到街上示众。

经过这番作为，阿尔·卡彭越发觉得必须除掉艾略特·内斯了。艾略特·内斯觉得他每时每刻都被人跟踪，他身边的同事也遭到了暗杀。但是神奇的是，艾略特·内斯居然躲过了阿尔·卡彭的一次次暗杀行动。甚至阿尔·卡彭为艾略特·内斯准备了汽车炸弹，但是这一切都被证明是毫无作用的。

最终，在充足的证据面前，阿尔·卡彭被指控偷逃个人所得税。

◆ 1931年，阿尔·卡彭因偷税漏税被捕入狱

人们通过统计认定，阿尔·卡彭从 1924 年到 1929 年的收入至少为 1038654.84 美元，偷逃的各项税款共计 215080.48 美元。当然，阿尔·卡彭在禁酒时期所得利益绝对比禁酒探员们统计出来的金额要多得多。阿尔·卡彭表示愿意补交税款以代替刑罚，但是这个想法却遭到了拒绝。

1931 年 6 月 5 日，阿尔·卡彭因偷逃个人所得税被起诉。10 月 7 日，“芝加哥王”被判处 11 年有期徒刑，并罚款 80 万美元。阿尔·卡彭首先被关在了芝加哥库克县监狱，他在这里依旧过着奢华的生活，并在监狱里控制犯罪集团。八个月后，他被转移到亚特兰大的州立监狱。1934 年，他又被转移到阿尔卡特拉斯监狱。早在入狱之前，阿尔·卡彭就已经患有梅毒，但是在 1939 年，他的梅毒症状变得更剧烈，于是他在又一次转移后获得了假释。1947 年 1 月 25 日，阿尔·卡彭在迈阿密的庄园内去世。

第三章 秩序的建立

黑帮帝国

只要我过得好，每个人都会过得好。

——伊诺克·路易斯·约翰逊

芝加哥的黑帮充斥着斗争和鲜血，但是其他地区在禁酒时期就显得平和多了。纽约的黑帮泾渭分明，互相之间的争斗较少。这种现象很奇怪，纽约的黑帮远比芝加哥要多，但是纽约并没有芝加哥那样混乱。严格来说，芝加哥只存在阿尔·卡彭的芝加哥犯罪集团和芝加哥北城区爱尔兰人黑帮这两个帮派，但是他们之间的斗争却无休无止地进行了多年。但是纽约帮派林立，却没有如此大规模的争斗。

纽约当然也有爱尔兰黑帮，其中既有富有商业头脑、掌控棉花俱乐部的欧文·麦登，也有曾在达茨·舒尔茨手下工作后来却到处暴力施为的“疯狗”文森特·科尔，以及占据布鲁克林区的白手帮。但是这些爱尔兰人都恪守原则，很少同意大利人发生纠纷，双方也没有太多的利益冲突。

棉花俱乐部是位于纽约哈莱姆的一家著名夜总会，为纽约民众提供最上乘的夜间娱乐。虽然这里对外宣称是只允许白人进入的俱乐部，但是诸如美国爵士乐灵魂人物艾灵顿公爵、格莱美终身成就奖获得者路易斯·阿姆斯特朗等黑人音乐家却在此登台。可见这个俱乐部在当时的影响力。但是实际上，棉花俱乐部从1923年开始处于爱尔兰黑帮老板欧文·麦登掌控之下。

这个爱尔兰人和他那些好勇斗狠的同胞不同，欧文·麦登在贩卖私酒的同时发现了夜总会巨大的潜在价值，他通过发展俱乐部，将这里变

◆ 位于纽约哈莱姆的棉花俱乐部

成了他贩卖私酒的平台。而且这个俱乐部也成为纽约的一种文化象征，它被视为艺术和黑帮的另类结合，也体现出了美国那个特殊年代所发展出的畸形产物。1983 年，曾经执导《教父》的弗朗西斯·福特·科波拉导演了《棉花俱乐部》，该影片即是以此俱乐部作为背景的。

当然，也不是所有的爱尔兰人都愿意像欧文·麦登一样去买下一家俱乐部，他们更愿意用枪去抢劫自己所需的一切。而且绝大多数的爱尔兰人都对意大利人抱有很深的仇恨。其中白手帮的表现就很突出。

这个帮派成立的时间很早，而它和意大利黑帮之间的仇恨也由来已久。1920 年 3 月 31 日，白手帮老大丹尼·米汉在家中被人枪杀，人们推测，枪杀他的是弗兰基·耶鲁手下的杀手。因为白手帮和弗兰基·耶鲁的帮派一直都在争夺布鲁克林区域的利益。这种争夺一直持续到 1926 年阿尔·卡彭介入双方的争斗为止。

禁酒时期开始阶段，美国黑帮有两位导师级人物，其中一个就是果断杀死“钻石吉姆”并将芝加哥犯罪集团交给阿尔·卡彭的“狐狸”约翰尼·托里奥。另一个则是美国黑帮中真正的绅士，对任何事都了如指掌的“大脑”阿诺德·罗斯坦。前者奠定了芝加哥犯罪集团的基础，而后者则培养了不亚于阿尔·卡彭的众多黑帮新星。

查理·卢西亚诺早年只是五点帮中普通的一员，他十几岁的时候就开始在街头收取小孩的保护费。但有一天他遇到了一个倔强的小孩，这个人将成为他一生的挚友和合作伙伴，也将成为美国犹太帮的创始人，这个人就是迈耶·兰斯基。但是这两个人当时都是年轻气盛的小伙子，完全没有想到自己会成为影响整个美国黑帮格局的大人物。

随后查理·卢西亚诺在朱塞佩·马塞里亚的手下做事，还曾枪杀过一名试图暗杀朱塞佩·马塞里亚的杀手，但是即便如此，他依然觉得自己没有受到重用，直到他遇到了阿诺德·罗斯坦。这个足智多谋的犹太人一直保持着谦和有礼的处世态度，查理·卢西亚诺受他影响很大。可以说，阿诺德·罗斯坦是查理·卢西亚诺的导师，他教会了查理·卢西亚诺应该如何做生意、如何敛财、如何待人处事……甚至阿诺德·罗斯坦还教会了查理·卢西亚诺如何同各界名流交流。

除了对查理·卢西亚诺的教导，阿诺德·罗斯坦还资助迈耶·兰斯基成立了他的第一家企业，虽然迈耶·兰斯基的这个企业表面上只是一家普通的卡车租赁公司，但实际上迈耶·兰斯基的卡车正是那些需要运输私酒的黑帮老大所渴求的。阿诺德·罗斯坦本人并不太热衷贩卖私酒，但是他清楚地知道如何利用社会的大趋势去赚取利润。

阿诺德·罗斯坦还时不时参与到查理·卢西亚诺的贩毒事业中。而查理·卢西亚诺也偶尔和迈耶·兰斯基共同从事走私。而此时和迈耶·兰斯基在一起的还有本杰明·西格尔，他们从很小的时候就认识了。但是本杰明·西格尔是个凶狠的犹太暴徒，他在禁酒时期早期阶段一直从事贩卖私酒和杀人越货的勾当，他在日后也成了迈耶·兰斯基的合作伙伴。

阿诺德·罗斯坦不仅帮助查理·卢西亚诺和迈耶·兰斯基这两个人，他还担任了路易斯·布查尔特和雅各布·夏皮罗的赞助人和私人顾问。这两个人是纽约夏皮罗帮的老大，他们的帮派势力在纽约并不出众，但是在日后，他们都将成为谋杀公司的一分子。

除了以上众人，阿诺德·罗斯坦还作为美国黑帮同坦慕尼厅联系的中间人，也可以说他是美国黑帮同政府之间关联的最后一根纽带。他经常出入上流社会，几乎没人会把他当成黑帮老大。阿诺德·罗斯坦在纽约黑帮中的导师地位是无法撼动的，他的理念也深深地影响着其他黑帮成员。

早年阿诺德·罗斯坦就设想过成立全国性质的黑帮委员会，用以调解各个势力之间的矛盾，但是他在生前并没能完成这个想法。在日后的大西洋城会议上，他的这个想法才粗具规模。而直到查理·卢西亚诺掌权，才真正建设了全美范围的黑帮委员会。

纽约当时虽然处于和平状态，但这种和平依然是无序的。虽然纽约并没有像芝加哥那样陷入不断的交战之中，但是小规模的争斗还是处处可见的，因为这些黑帮成员都希望能够扩大自己的势力范围，从而获得更多的贩卖私酒的利润。

其实早在1910年朱塞佩·莫雷洛被逮捕后，就有许多黑帮成员从莫雷洛犯罪家族分离出来，只不过他们都没有得到迅速发展的契机，只能缓慢地壮大自己。但是禁酒时期恰恰是黑帮成员的黄金时代。萨尔瓦多·德拉奎拉曾经是莫雷洛犯罪家族的一员，他在1910年组建了一个小的犯罪组织，随后慢慢吞并了布鲁克林区的黑帮，成为比较大的势力。这个人的野心很大，甚至曾经宣称他是继朱塞佩·莫雷洛之后最大的黑帮老板。虽然这样嚣张的做法并没有什么实际作用，但是他的势力的确是未来美国纽约五大家族之一的甘比诺家族的雏形。

当时实力最强大的纽约黑帮属于继承了莫雷洛犯罪家族的朱塞佩·马塞里亚，除了他的势力之外，还有许多小势力。也许正是因为禁酒时期并没有能够撼动朱塞佩·马塞里亚地位的黑帮存在，才导致了纽约一直处于相对和平的状态。

禁酒时期的美国可以说是众生百相，芝加哥因爱尔兰人和意大利人之间的仇恨而混战连连，纽约因朱塞佩·马塞里亚独霸而暂时安然无事，其他区域内则又有不同的情况。位于新泽西州的大西洋城是一个海滨旅游胜地，当然，如果这里有美酒的话，那将吸引来更多的游客。

但是当时美国已经通过了《美国宪法第十八修正案》，酒已经属于违禁物品，按照常理，大西洋城自然也不能例外。然而在大西洋城，一个只手遮天的人物公然藐视美国的法律，他允许大西洋城可以在周末公然贩酒。

这个人就是伊诺克·路易斯·约翰逊，绰号“努奇”。1883年，伊诺克·路易斯·约翰逊出生于新泽西州的大西洋城，在他22岁的时候，他就已经成为父亲史密斯·约翰逊的助理，而当时他的父亲是大西洋城梅斯兰丁的治安官。次年，伊诺克·路易斯·约翰逊同他在梅斯兰丁的爱人玛贝尔·杰弗里斯结婚。1908 年，伊诺克·路易斯·约翰逊接替了父亲的职位，成为大西洋城梅斯兰丁的治安官。随后，伊诺克·路易斯·约翰逊的职位稳步上升。1909 年，他被任命为大西洋城下属大西洋县的共和党委员会执行书记。从此，他踏上了重要的政治道路。1911 年，大西洋城的“城市老板”因腐败而下台，伊诺克·路易斯·约翰逊顺理成章地成为这座滨海小城的最高长官。然而好运并不总是伴随着他，1912 年，伊诺克·路易斯·约翰逊的妻子因病离世，在这之前滴酒不沾的伊诺克·路易斯·约翰逊自此成为一名酗酒者。

1917 年，新泽西州成为最先宣布全面禁酒的地区，但是大西洋城的经济支柱主要就是旅游业，市政官员们都清楚，一座旅游城市想要吸引更多的游客，主要就需要为游客提供一切他们所需要的东西。而当时美国人所需要的就是烈酒、景点和赌博。人们到大西洋城来度假，自然离不开威士忌和朗姆酒。

为了吸引更多的游客，并从中获利，伊诺克·路易斯·约翰逊的组织公然违背法令，允许大西洋城在周日出售酒类饮品，同时他还允许赌场与妓院正常营业。除了支持这些产业的发展以外，伊诺克·路易斯·约翰逊个人也在私下收受贿赂，导致了当地政府的腐败。

在伊诺克·路易斯·约翰逊掌控大西洋城的 30 年间，他除了担任治安官和财政长官，还拥有自己的报社，并担任银行经理、建筑公司主席以及一家费城啤酒厂的主管。虽然他拥有如此多的头衔，但是他却拒绝竞选参议员，因为伊诺克·路易斯·约翰逊认为，“城市老板”的尊严会被竞选所破坏，相比于竞选，他更乐于成为幕后老板。事实上，他在幕后支持了多个新泽西共和党人去竞选州长以及美国参议员。

作为大西洋城的财政长官，伊诺克·路易斯·约翰逊当然不是个只知道腐败政治的政客，他自己有一套完善的发展经济的计划。如今各个国家各个地区都存在选美比赛，殊不知其实大西洋城才是选美活动的诞生地。1921 年 9 月 7 日，来自多个城市的女孩们收到邀请来到了大西洋城，这些美人到此是为了参加一场为期两天的选美大赛。获胜者将得到诸如“纽约小姐”之类带有其家乡名称前缀的称号，而且除了称号之外，

◆ 伊诺克·路易斯·约翰逊。大西洋城的地下皇帝，操控着这个城市的一切

获胜者还将赢得一尊接近一米高度的“金美人鱼”奖杯。同时，大西洋城作为娱乐胜地，吸引了无数音乐家、演员、艺术家和各界名人。这里的饭店、演播厅和地下酒馆都是他们喜爱光顾的地方。

伊诺克·路易斯·约翰逊成功地让大西洋城成为“世界的游乐场”，同时他也把这座城市建设成了富有朝气的城市。他在1926年组织建设大西洋城会议厅，历时三年。这个能够容纳4万多人的会议厅在1929年5月正式投入使用，成为该市的地标建筑。

在建设城市的同时，伊诺克·路易斯·约翰逊更让他自己的权力和财富达到了顶峰，而其主要财富毫无疑问来自贩卖酒类饮品、允许开办赌场以及妓院。伊诺克·路易斯·约翰逊曾经这样形容大西洋城的这些生意：“我们有威士忌、葡萄酒、女人、歌舞以及老虎机。我不否认这些就在大西洋城里，但是我也不会因为这些东西的存在而向任何人道歉。如果大部分的人都不想要这些东西，那么它们根本不会存在。但是它们的存在恰恰证明了人们到底需要些什么，这些都是人们的需求。”

伊诺克·路易斯·约翰逊毫不掩饰自己的财富，他乘坐由司机驾驶的价值14000美元的豪华蓝灰色轿车，身穿昂贵的衣服，其中包括了一件价值1200美元的浣熊皮大衣，而当时普通工人的年工资大约只有1300美元。他出现在任何公共场合的时候都会穿着体面的西装，并且他衣服翻领上鲜红的康乃馨已经成为他的标志。伊诺克·路易斯·约翰逊居住在位于海滨大道上的丽思卡尔顿酒店的套房里，这个饭店在1921年开业。伊诺克·路易斯·约翰逊在丽思卡尔顿酒店举办了多次奢华宴会，人们管他叫“丽思沙皇”或者“丽思的囚犯”。

而事实则是，只要他过得好，美国的那些黑帮老大就会过得好。大西洋城是美国东海岸重要的运输通道，因此那些想要进行私酒贩卖的黑帮老大必须同伊诺克·路易斯·约翰逊搞好关系。因为在大西洋城，伊诺克·路易斯·约翰逊掌控一切。

伊诺克·路易斯·约翰逊和众多黑帮都有着千丝万缕的联系，他为黑帮提供走私的通道，以及负责在这条通道上的安全。1927年，伊诺克·路易斯·约翰逊接受“幸运小子”查理·卢西亚诺的邀请，加盟了美国东海岸最大的私酒贩运集团——由阿诺德·罗斯坦和约翰尼·托里奥构想出来的七家私酒联盟，这个联盟严格意义上来说并不属于任何黑帮，这个联盟的主要成员为查理·卢西亚诺以及迈耶·兰斯基等人。伊诺克·路易斯·约翰逊加入了他们，然后他利用大西洋城的港口专门从事走私酒的生意。

1933 年，美国总统富兰克林·罗斯福意识到《美国宪法第十八修正案》对美国经济造成了极其严重的破坏，并且禁酒还造成了社会的动乱。因此他宣布废除《禁酒令》。此时，伊诺克·路易斯·约翰逊也把自己的主要生意转向了房地产和金融。但是即便他看起来像个正经的生意人，可他依然牢牢把控着大西洋城的走私通道和各种见不得光的事业。

1935 年，伊诺克·路易斯·约翰逊在纽约遭到了绑架，绑匪是一个野蛮单干的亡命徒。随后纽约和费城的黑帮老大们主动积极地处理了这件事情，营救了伊诺克·路易斯·约翰逊。此后，各个势力的黑帮成员在大西洋城的生意都得到了伊诺克·路易斯·约翰逊的大力支持。现在很多人都认为，那次绑架是由日渐掌权的美国黑帮“少壮派”一手导演的戏码，其目的就是分割伊诺克·路易斯·约翰逊在大西洋城的利益，而结果也很简单，伊诺克·路易斯·约翰逊妥协了。

伊诺克·路易斯·约翰逊对大西洋城的控制被一点点削弱，而他的地位也遭到了其他政敌的觊觎。他的名字开始出现在美国著名记者威廉·伦道夫·赫斯特的文章中。而通过这些文章，社会舆论开始关注这个大西洋帝国的掌控者，同时也引来了国税局对他的关注。

1939 年 5 月 10 日，伊诺克·路易斯·约翰逊被指控偷逃各项税款共计 125000 美元，调查人员指控他每年都有大约 50 万美元的不明收入。1941 年，联邦法院以“偷税漏税”的罪名判处伊诺克·路易斯·约翰逊 10 年监禁，这个判决结果让兴盛了 30 年的“大西洋帝国”土崩瓦解。伊诺克·路易斯·约翰逊落得了和阿尔·卡彭同样的下场，都因偷税漏税而锒铛入狱。也许正如阿尔·卡彭为后人留下的遗产一样，你可以违法犯罪，但千万不能偷税漏税。

判决结果宣布的第二个月，伊诺克·路易斯·约翰逊就与同居多年的年仅 33 岁的舞蹈演员弗洛伦斯·奥斯贝克结婚。四年后，伊诺克·路易斯·约翰逊获准被提前释放，回到了大西洋城的伊诺克·路易斯·约翰逊选择在一家石油公司担任销售人员。

但是出狱后的他与妻子仍然常常参加当地的政治晚宴或政治集会，

为当地想要参加选举的政客提供意见，当地的名流仍然尊敬他，每次都让他坐在主席的位置上。每次出席活动，伊诺克·路易斯·约翰逊仍旧像以往那样，一丝不苟地穿上笔挺的西装，在西装翻领上夹上一朵红色康乃馨。

1968年12月9日，85岁的伊诺克·路易斯·约翰逊死在大西洋城一个养老院里。大西洋城报社特别为他写了悼词："他天资过人，不按常理出牌且冷酷无情，是天生的领导者。他终于带着一生的荣誉和骂名去世了。"

在伊诺克·路易斯·约翰逊充满传奇的一生中，最辉煌的时刻就是1929年他在大西洋城召开大西洋城会议时。这次会议是美国黑帮第一次全国性质的峰会，此次会议为日后的全美犯罪组织委员会奠定了基础。美国黑帮曾经举办了三次意义重大的会议，在这三次会议之中，大西洋城会议远比1946年的哈瓦那会议以及1957年的阿巴拉钦会议重要得多。

几乎所有美国黑帮老大都赶到了大西洋城，但是有两个思想最保守的黑帮元老没有参加。他们一个是朱塞佩·马塞里亚，另一个是从意大利赶到美国来的萨尔瓦多·马兰扎诺。他们两个是最传统的西西里人，查理·卢西亚诺等"少壮派"称这些老成不知变通的意大利黑手党为"胡子皮特"。

当时到大西洋城的黑帮老大包括已经金盆洗手并充当纽约黑帮顾问的约翰尼·托里奥；来自纽约的查理·卢西亚诺、弗兰克·科斯特洛、维托·杰诺维斯、文森特·曼加诺、阿尔伯特·阿纳斯塔西亚、迈耶·兰斯基、本杰明·西格尔、达茨·舒尔茨、路易斯·布查尔特、雅各布·夏皮罗、欧文·麦登、弗兰克·埃里克森；芝加哥的阿尔·卡彭、弗兰克·尼蒂、弗兰克·里奥；底特律的阿伯拉罕·贝因斯坦；克利夫兰的莫里斯·达利兹、列奥·贝尔科维奇以及费城等其他地区的犹太和意大利黑帮老大。

这次会议主要是由伊诺克·路易斯·约翰逊和七家私酒联盟发起的。七家私酒联盟这个组织是由意大利人和犹太人组建的独立组织，但是在当时，这个小团体的影响力很大，因为在顾问约翰尼·托里奥等人的领导下，这个组织已经成为美国东海岸最大的走私酒的团体，它掌握的金钱足以获得其他黑帮足够的尊重。此时美国黑帮正处于朱塞佩·马塞里亚和萨尔瓦多·马兰扎诺争霸的初期，这两个元老级的黑帮老大都希望

◆ 1929年5月，美国各个黑帮老大齐聚大西洋城，参加大西洋城会议

能够拉拢这个组织。

大西洋城会议举办的时候，正好七家私酒联盟的智囊、犹太黑帮的迈耶·兰斯基刚刚结婚，他正好利用来大西洋城的机会度蜜月，而度蜜月又可以为他们的会议做简单的掩护。

在会议初期，各个黑帮老大之间的气氛并不是很和谐。由于伊诺克·路易斯·约翰逊为他们订的布雷克酒店的主人信仰的是新教，因此当酒店主人看到这些名字里带有明显的爱尔兰人或意大利人的特征时，他就知道这些人肯定不是新教徒，因为爱尔兰人和意大利人大多数都是天主教徒。而且这些黑帮老大的衣着实在令人无法恭维，其中尤以阿尔·卡彭等人最为粗野。因此酒店主人拒绝为他们服务并出言不逊。

伊诺克·路易斯·约翰逊每次入住这家酒店的时候用的都是化名，所以他本人没想到会出如此大的意外。于是他很快赶到现场为他们解围。但是脾气火爆的阿尔·卡彭很生气，他当着各地老大的面和伊诺克·路易斯·约翰逊吵了起来。

根据查理·卢西亚诺日后的回忆：“约翰逊和卡彭当时公开吵开了，约翰逊比卡彭高一头，他们的声音就像汽笛一样，我想你在费城都可以听到他们的声音。他们之间的对话没有一句好话，约翰逊素来以善于讲脏话而闻名，而卡彭则向我叫嚷。最后，约翰逊用一只手把卡彭夹在腋下，扔进汽车，怒声高叫道：‘你们他妈的都跟我走！’”

虽然阿尔·卡彭总是称呼查理·卢西亚诺为他的表哥，但是查理·卢西亚诺并没有帮助这个实际上和他没有任何血缘关系的煞星的想法。阿尔·卡彭的怒气并没有平息，到了丽思卡尔顿酒店之后，他又撕下了墙上的壁画，劈头盖脸向伊诺克·路易斯·约翰逊扔了过去。

大西洋城会议从1929年5月13日一直进行到5月16日，作为东道主，伊诺克·路易斯·约翰逊为黑帮老大们提供大量的酒和娱乐。并且他还给每个携带家眷的黑帮老大都赠送了毛皮披肩。迈耶·兰斯基和他的新婚妻子住在总统套房里，享受着无穷无尽的法国香槟。从此可以看出伊诺克·路易斯·约翰逊在大西洋城的势力，因为在其他地方，最好的私酒大概也就是从加拿大走私来的威士忌了，其他黑帮老大几乎都没有贩卖过法国香槟。

每天清晨，各个地区的黑帮老大都在自己的房间内就餐，然后他们开始在海滨大道随意漫步，有些人还合坐在一辆带篷子的车子里，让服务员推着他们缓缓地在海边观赏风景，同时谈论着和天气相关的事情。一切都很和谐，似乎这些人真的只是来这里度假的。但实际上，你难道想让他们当着服务员的面去讨论生意吗？

在海滨大道尽头的地方就是大西洋城城区和郊区的交界处，当他们悠闲地漫步到这里时，他们会走下车子，脱掉脚上的鞋子和袜子，卷起了他们的裤腿，然后走上海滩，漫步在海边，这才开始低声说着那些秘密的事情。曾有一张照片描述了当时的场景，但在照片里看，阿尔·卡彭和伊诺克·路易斯·约翰逊的关系还算不错，也许是双方的生意谈得比较顺心吧。

在大西洋城会议的三天内，一切重大的决定都是这些黑帮老大在露天行走的时候做出的。他们在海滩上以及到切尔西郊区的漫步过程中交谈并做出安排。最后他们决定，停止一切在海外市场的对私酒的争夺，因为根据他们所获取的信息来分析，《禁酒令》很快就将失效。所以他们决定进行更深入的合作并按照配额分配所得，这样会让所有人都满意。一旦酒价降了下来，他们也将是赢家。

虽然此时阿诺德·罗斯坦已经不幸去世，但是这次大西洋城会议却实现了他曾经的构想。这次的大西洋城会议预示着西西里联盟委员会这个组织的开端，这个组织将不是由某个单独的人所控制的，它是由多个组织共同组成的一个共同经营的集团。这个组织的任何决定都将由各个黑帮老大之间平等地参与决定，以便形成全国性的犯罪组织。

随后大家又开始讨论，一旦《禁酒令》被废除，那么他们该如何适应新的潮流。很多人认为，一旦《禁酒令》被废除，那么他们应该参与到合法的经营中。因为不管怎么说，再也没有比他们更熟悉卖酒这个行当的人了，而且想必也没有多少人会和他们进行竞争吧。由于贩卖酒是他们黑帮帝国的基础，因此这些黑帮老大决定各自拨出部分钱款，用于购买各类酒厂和酒类进口特许证，以便为日后做准备。

除了卖酒上的生意之外，他们还谈论到在日后应该如何在赌博等产业上进行合作的相关事项。然而赌博不像卖酒那样灵活，每个地区的赌场基本都是各个黑帮老大的地盘，所以在赌博上进行合作的事情要比在卖酒上合作复杂得多。这些黑帮老大都在小心地保护自己的地盘。

大西洋城会议中关于赌博合作事项的僵局在一次巧合下被打破了，而打破僵局的却是“芝加哥王”阿尔·卡彭。阿尔·卡彭偶然在海滨大道上遇到了一个名叫摩西·安嫩伯格的人，这个人在芝加哥从事新闻媒体事业，而且他的家庭也是美国的富豪家族之一。其势力之大，足可以操纵那个日后坑害了伊诺克·路易斯·约翰逊的威廉·伦道夫·赫斯特。

这样的能耐在当时是很难得的，因为在芝加哥这样一个没有法纪的城市，即便是卖报纸，你也需要抢夺地盘，该市的媒体行业竞争很激烈。威廉·伦道夫·赫斯特也正是因为背后有摩西·安嫩伯格的帮助，才能让他的报纸具有巨大的影响力。

阿尔·卡彭同摩西·安嫩伯格交谈之后，双方都认识到这将是一个机会。他们就此决定开始把美国赛马彩票同《每日赛马集锦表》搭配起来出售，而基于这种合作，美国各个黑帮的老大也开始划分彼此在赛马赌博地盘的份额。

为了能够保证这个计划的可行性，黑帮老大们找来了昔日阿诺德·罗斯坦的合作伙伴弗兰克·埃里克森，由他来制订具体的细节。这也是美国黑帮同富豪家族之间的合作模式之一，由安嫩伯格家族提供情报，由黑帮从中牟取更多的利益。

除了规划卖酒事业、赌博合作之外，大西洋城会议上还通过了对阿尔·卡彭的制裁决定。这一点已在之前有关阿尔·卡彭的文章中有所提及。

大西洋城会议主要决定了三件事情：美国黑帮老大们都从各自支持的政客口中获知了《禁酒令》将被废除，为此，他们共同商定了日后的行动准则，以及新的组织的运行模式；其次，在保证卖酒利益的同时，开拓其他的领域，让各个区域的美国黑帮老大们能够获得相应的收入；最后，则是让阿尔·卡彭付出一定的代价去平息群众的怒火，因为他所造成的情人节大屠杀的影响实在太过恶劣。

虽然大西洋城会议确定了一旦《禁酒令》被废除，那么各个地区的美国黑帮就要按照计划行事，并且从现在开始，就要减少彼此之间的争斗。但是那两个没来参加会议的元老级黑帮老大却并不认同这个决定。朱塞佩·马塞里亚和萨尔瓦多·马兰扎诺为了争夺美国黑帮中教父的地位，在美国展开了一场旷日持久的战争。

卡斯塔拉马雷战争

你们也要听见打仗和打仗的风声，总不要惊慌。因为这些事是必须有的，只是末期还没有到。

——《圣经·新约》

某种程度上来说，卡斯塔拉马雷战争更像是意大利移民黑帮与意大利本土黑手党之间的较量。意大利移民黑帮最开始的代表人物是朱塞佩·莫雷洛，当他入狱后，萨尔瓦多·德拉奎拉从莫雷洛犯罪家族分裂出来，形成了势力较大的犯罪组织。他自称是朱塞佩·莫雷洛之后的“老板的老板”。“老板的老板”这个词的意思就是整个黑帮的教父级人物，当然这个词是从意大利黑手党中诞生的，但是放在美国黑帮内，这个“老板的老板”的意思却少了一些血缘关系。

1920年，刚刚出狱的朱塞佩·莫雷洛陷入了极其危险的境地。占据纽约曼哈顿地区的萨尔瓦多·德拉奎拉通过和其他黑帮老大沆瀣一气，对昔日的美国黑帮教父发出了追杀令。也许是害怕昔日的教父东山再起，所以萨尔瓦多·德拉奎拉才决定斩草除根。

但是莫雷洛犯罪家族已经没有往日的辉煌，在萨尔瓦多这个嚣张的教父面前，他们已经无力保护朱塞佩·莫雷洛。而且莫雷洛犯罪家族也在几经易手之后，落入了朱塞佩·马塞里亚手中。

朱塞佩·马塞里亚是个贪得无厌的家伙，这是所有人对他共同的印象。他是个贪吃鬼，总是在不停地吃，也正因此，他的身材矮胖。虽然他像禁酒时期的其他黑帮老大一样试图穿得光鲜体面，他在里面穿着丝绸的衬衫，外面是找人定做的套装，但是他生来就带着野蛮和粗俗，根本无法奢望在他身上体现出优雅或者潇洒。

当时跟随萨尔瓦多·马兰扎诺的乔·博南诺曾在自己的自传中描述自己和朱塞佩·马塞里亚见面时对他的印象："他的肚子从半开的背心里挺出来，他的衣领没有扣好，领带松了。一只衬衫的袖口也扣错了扣眼。我必须承认，他就是个脏兮兮的食客！当他进攻一盘意大利面的时候就像是一条流着口水的獒犬。他就餐的样子和野人一样，这是个庸俗、肿胀的人，他是那种吃饭时很紧张的人，他的内心肯定是不完整的。他内心的贪吃迫使他喂饱肚子，就像用暴徒心理增强自信。"乔·博南诺是正统的西西里人，因此他自视过高，很看不起朱塞佩·马塞里亚这样邋遢的人。

但是就是这样的一个人，却慢慢地成为美国黑帮举足轻重的人。早在1907年，他就因入室盗窃而被判刑，几年之后他再次因行窃被捕。可以说这些经历更像是个小蟊贼。但是很幸运地，禁酒时期到来之后，朱塞佩·马塞里亚很碰巧地控制了一处叫"场外交易所"的地方，这里是纽约酒商进行非正式的会面和交易的地点。因此掌控了该区域的朱塞佩·马塞里亚就能够掌控纽约的部分私酒交易。

几个月内，朱塞佩·马塞里亚这样一个粗鄙又矮胖的肮脏家伙就成为极具影响力的黑帮老大了。1921年，他和布鲁克林与曼哈顿的意大利人结盟，此时他的势力仅次于自称为"老板的老板"的萨尔瓦多·德拉奎拉。而且他拥有了一批名气响亮的副手。其中包括"黑道首相"弗兰克·科斯特洛、"幸运小子"查理·卢西亚诺、乔·阿多尼斯。

不得不说朱塞佩·马塞里亚拥有比外表重要得多的特性，他残酷无情，能够在第一时间给予对手致命的打击；他贪婪无度，永远没有满足

◆ 朱塞佩·马塞里亚。人称“乔老板”，纽约最大的黑帮老大，同时也是已经没落了的莫雷洛犯罪家族的庇护者

的时候。但是最让美国黑帮们叹为观止的是他的运气。他曾经遭遇了至少两次伏击，然而毫发无损，早期的黑帮是迷信的，很多人因此认为朱塞佩·马塞里亚得到了某种庇护。

此时的莫雷洛犯罪家族也已经日趋衰弱，自己的老板朱塞佩·莫雷洛也处于朝不保夕的困境中。在他们看来，朱塞佩·马塞里亚已经成为值得巴结的人，而且他是唯一有能力对抗莫雷洛犯罪家族头号敌人萨尔瓦多·德拉奎拉的人。为了保护自己，为了稳固自己一手创办的犯罪事业，朱塞佩·莫雷洛甘居人下，当他再次现身的时候，已经是朱塞佩·马塞里亚的智囊。

虽然这种联合更像是朱塞佩·莫雷洛在寻求保护，但是朱塞佩·马塞里亚从朱塞佩·莫雷洛那里获得了非常大的帮助。这个昔日的美国第一犯罪家族老大拥有丰富的犯罪经验和社会关系。通过“扳子手”，朱塞佩·马塞里亚迅速收拢昔日的莫雷洛犯罪家族人员，他的犯罪事业日渐膨胀。朱塞佩·马塞里亚通过自己掌控的莫雷洛犯罪家族以及特拉诺瓦兄弟，将自己的生意扩展到了哈莱姆，通过贩卖私酒积蓄了大量资金，为日后同各种人进行斗争打下了良好的基础。

特拉诺瓦兄弟可以算是朱塞佩·莫雷洛的兄弟，他们的父亲就是“扳子手”的继父，也是把朱塞佩·莫雷洛领到犯罪道路上的博纳多·特拉诺瓦。特拉诺瓦兄弟共有三人，其中最小的尼克·特拉诺瓦在1916年被杀。其余两人都在禁酒时期内得到了很好的发展。但是他们同朱塞佩·马塞里亚的合作，导致了萨尔瓦多·德拉奎拉对他们的报复。

1922年3月8日，有“哈莱姆之虎”称号的文森佐·特拉诺瓦遭到了萨尔瓦多·德拉奎拉手下杀手的伏击。文森佐·特拉诺瓦是兄弟中的老大，当时他正经过116街道的一家冰淇淋店，一辆放下了车顶的游览车悄悄跟随在他的身后，并在人行道上停了下来。有两个人从车子里探出了身子，他们的手里端着被锯短了的猎枪，用大型铅弹射中了文森佐·特拉诺瓦的肩膀、背部和肺部。尽管文森佐·特拉诺瓦被多次射中，但他还是在倒地的瞬间用一只手支撑住自己的身体，并用手枪向逃跑的杀手开枪，但在这之后，他很快就死了。

据说执行此次刺杀的是萨尔瓦多·德拉奎拉手下的头号杀手、绰号“幽灵”的翁贝托·瓦伦蒂。他在谋杀了文森佐·特拉诺瓦后，又试图杀死朱塞佩·马塞里亚。但是他充分见识到了朱塞佩·马塞里亚的运气。

翁贝托·瓦伦蒂一共进行了三次袭击，第一次比较失败，他选择在闹市区下手，双方共有五个人参与了枪战，一边是朱塞佩·马塞里亚本人和两个手下，另一边则是"幽灵"的两名手下。翁贝托·瓦伦蒂的这两名手下的准确性很差，几分钟内只打伤了几名路人，朱塞佩·马塞里亚则毫发无伤。

1922年8月9日，翁贝托·瓦伦蒂又派了四名杀手到朱塞佩·马塞里亚的家附近去伏击。然而朱塞佩·马塞里亚走出屋子的时候就发现了他们，随后他逃到附近的商店里，并躲开了隔着玻璃射过来的一颗子弹，以及两颗距离他非常近的子弹。当他回到家里时才发现，那两颗子弹居然在他的帽子上打穿了两个洞，几乎擦着了他的耳朵。幸运的朱塞佩·马塞里亚也因此获得了一个称号——"能躲子弹的男人"。这件事情也为他赢得了更大的威望，也让萨尔瓦多·德拉奎拉变得处于劣势。

8月11日，翁贝托·瓦伦蒂走进一家餐馆时遭到了伏击，虽然他试图向一辆出租车跑去，但杀手还是在他要跳上汽车前射中了他。一小时之后，翁贝托·瓦伦蒂死在了医院。据说杀死他的正是"幸运小子"查理·卢西亚诺。

1923年初，萨尔瓦多·德拉奎拉和朱塞佩·马塞里亚的争端渐渐平息，枪击案也减少了。但这不表示双方已经妥协，相反，朱塞佩·马塞里亚已经在与萨尔瓦多·德拉奎拉交战的过程中站稳了脚跟。

朱塞佩·马塞里亚仿佛突然沉寂了一般，但是1928年阿尔·卡彭杀死了弗兰基·耶鲁，纽约又失去了一个黑帮老大，这让朱塞佩·马塞里亚觉得自己扩张势力的时机来到了。于是他派手下在1928年10月10日黄昏杀死了萨尔瓦多·德拉奎拉。

萨尔瓦多·德拉奎拉早已失去了和朱塞佩·马塞里亚争雄的能力，他在1925年迁居到纽约最北边的布朗克斯。他自称已经当了18年老板的老板，但是他没想到自己会被人枪杀。当天他开车去看病，随后离开诊所。他在一处街角遭到了三名刺客的伏击，这些刺客小心翼翼，避免伤到其他人。当时陪在萨尔瓦多·德拉奎拉身边的是他的妻子和四个孩子。刺客们先把汽车引擎破坏，随后实施暗杀，萨尔瓦多·德拉奎拉共被射中九枪。

朱塞佩·马塞里亚除去了萨尔瓦多·德拉奎拉，他已经成为纽约最大的黑帮老大，因此人们开始称呼他为“乔老板”，他本人对这个称呼很满意，似乎美国所有的黑帮都已经处于他的操控之下，他已经成为美国黑帮的国王。

但是很多来自意大利的拥有显赫声誉的西西里传统黑帮们则对这个称呼嗤之以鼻。根据乔·博南诺的个人回忆录记载，他个人认为“乔老板”这个词“是一种新事物，事后看来，这个称呼正在将我们带到美国来的那些传统破坏掉。英语‘老板’这个词一开始只是我们所说的‘教父’的误读。然而遗憾的是，美国人认为‘老板’这个词应该具有更加广泛的意义。当然‘教父’和‘老板’是不应发生置换的。但是现在人们越来越频繁地用‘老板’这个称呼来代替‘教父’，这表明在美国，已经不再有家族的观念，‘老板’所代表的更多是经营上的从属关系，而这种关系在层次上要较我们意大利的血缘观念淡薄。因此‘老板’这个词代表的是新的现实”。

虽然“乔老板”已经重权在握，但是他犯了一个严重的错误，他企图扩张自己的犯罪帝国，而这种猖狂的独裁做法往往将引起强烈的反抗。尽管昔日的萨尔瓦多·德拉奎拉是个专横的老大，但是“乔老板”的野心要大得多。他希望自己掌握美国所有黑帮，让黑帮成为他个人的犯罪工具。

这一切构想都与其他的黑帮老大相悖，尤其是那些曾在大西洋城会议上达成共识的黑帮老大，他们已经就美国黑帮的势力分配做好了计划，而朱塞佩·马塞里亚的这种目空一切、唯我独尊的想法，却在侵蚀其他人的利益。他希望分享所有人的利益，掌控所有能够赚钱的生意。

起先，很多黑帮老大都认为“乔老板”这种异想天开只不过是短期的臆想，但是并不是所有人都认为朱塞佩·马塞里亚只是做个假样子。萨尔瓦多·马兰扎诺认为朱塞佩·马塞里亚已经成为美国黑帮的公敌，而这个从西西里岛来的黑帮老大认为美国黑帮一直处于无序状态，必须出现一个西西里人来领导，这才是真正的黑帮正统。

萨尔瓦多·马兰扎诺和大多数的黑帮老大不同，他是个真正的文化人，他早年的时候曾经希望做一个牧师，据说他会说七种语言，本来拥有很好的未来。但是在他年轻的时候，家里赖以为生的几头牛被人偷走，我们在介绍莫雷洛犯罪家族的时候已经介绍过，当时耕牛对于普通西西里农民家庭来说意义重大，这件事迫使萨尔瓦多·马兰扎诺放弃了成为牧师的初衷。

幸好萨尔瓦多·马兰扎诺比其他的西西里人要幸运得多，他的母亲是特拉帕尼省一个实力强大的黑手党教父的女儿，因此萨尔瓦多·马兰扎诺背叛了上帝之后，投入了黑手党的怀抱。有人猜测，他后来到美国发展犯罪事业，其实是受到了维托·卡希奥·费尔罗的指派，将美国黑帮整合在一起，统一接受意大利黑手党的指挥。根据这一猜测，我们大致可以推断萨尔瓦多·马兰扎诺在黑手党中的地位，用较通俗的语言来形容，他是类似钦差大臣的存在。虽然维托·卡希奥·费尔罗的想法很好，但是他本人很快就被墨索里尼率领的法西斯政权逮捕，所以萨尔瓦多·马兰扎诺已经不必听命于维托·卡希奥·费尔罗，他渴望一个只属于他自己的犯罪帝国。

萨尔瓦多·马兰扎诺来到美国之后，成为众多私酒贩子中的一员，他在纽约的北部广泛活动，结交了许多生意上的朋友，因此，他的生意在短期内就开始快速发展壮大。在萨尔瓦多·马兰扎诺自己的非法蒸馏厂内，储存有大量的酒精饮料，包括了从加拿大走私而来的威士忌等烈性酒。他的每一步都按部就班，在很多西西里人的眼里，萨尔瓦多·马兰扎诺是美国人之中最成功的典范。

和朱塞佩·马塞里亚这样的莽汉完全不同，萨尔瓦多·马兰扎诺就像是真正的贵族，他衣着得体，举止优雅，他的声音具有吸引人的魅力，能够让手下为之卖命。同时萨尔瓦多·马兰扎诺善于收买人心，他能够通过利用敌人自身的内部矛盾去创造胜利。

萨尔瓦多·马兰扎诺特别迷恋古罗马的尤里乌·恺撒，并且这个拥有大学学位的黑手党老大也热衷于在学历不高的美国同行面前炫耀他的学识。而在萨尔瓦多·马兰扎诺的家里，他甚至建了一个大的图书馆来存放包括神学在内的各种书籍以及各种恺撒的半身雕像。也正因为他对恺撒的这种痴狂，他赢得了“小恺撒”的绰号。

1930年，“乔老板”朱塞佩·马塞里亚已经着手准备吞并那些不服从自己的势力，当时同他进行结盟的或者听从于他的包括芝加哥的阿尔·卡彭、查理·卢西亚诺、维托·杰诺维斯和加埃塔诺·雷纳等人。

◆ 由于朱塞佩·马塞里亚企图吞并加埃塔诺·雷纳在布朗克斯区的生意，所以加埃塔诺·雷纳准备投靠萨尔瓦多·马兰扎诺。图为纽约布朗克斯区黑帮老大加埃塔诺·雷纳一家

其中加埃塔诺·雷纳曾经是莫雷洛犯罪家族的一分子，但是他在脱离日渐衰弱的莫雷洛犯罪家族后，组成了自己的犯罪家族。早年，加埃塔诺·雷纳垄断了布朗克斯地区的制冰生意，随后他也同特拉诺瓦兄弟中的西罗·特拉诺瓦一同进行洋蓟生意。1920 年，以加埃塔诺·雷纳为首领的犯罪家族牢牢地掌控了布朗克斯和哈林东部部分地区的犯罪活动，随后他同朱塞佩·马塞里亚组成了联盟，对抗从西西里来的并日益强大的萨尔瓦多·马兰扎诺。

然而他们之间的联盟关系并不牢靠，尤其是“乔老板”越发蛮横，甚至企图分享雷纳犯罪家族的利润，“乔老板”试着用武力迫使加埃塔诺·雷纳让出布朗克斯的一部分生意。然而加埃塔诺·雷纳拒绝了。1930 年 2 月 26 日，维托·杰诺维斯受命将加埃塔诺·雷纳枪杀，随后加埃塔诺·雷纳的二老板汤姆·加利亚诺和“三指布朗”汤姆·卢切斯投奔了萨尔瓦多·马兰扎诺。朱塞佩·马塞里亚不仅夺取了布朗克斯区的冰生意，还顺势占据了曼哈顿的服装生意中相当大的份额。

随后，“乔老板”真正开始了他疯狂的扩张道路，他以美国黑帮“老板的老板”自居，要求底特律和芝加哥等地区的黑帮老大们交出手中的部分生意，同他进行分享。这种要求是毫无道理且没有任何根据的。这些黑帮老大的所得都是自己用血汗争取来的，现在要平白无故地和“乔老板”分享，这简直是明目张胆的掠夺。因此这些黑帮老大开始准备反击。

由于对“乔老板”最强烈的抵抗由生于卡斯塔拉马雷的布鲁克林黑手党发起，因此后人称这场黑手党内部的战争为“卡斯塔拉马雷战争”。卡斯塔拉马雷地区的人是一群桀骜不驯的战士，他们是真正的西西里人，骨血之中充满着对任何人的不信任，他们信奉“不肯听从任何人的胡说”，当然他们也不可能对任何人屈服。

卡斯塔拉马雷战争是美国黑手党历史上重要的转折点，也是美国黑帮发展历史上最大的动乱时期。以朱塞佩·马塞里亚和萨尔瓦多·马兰扎诺这两人为首的犯罪组织在纽约大开杀戒，而在这场混乱过后，美国黑帮才真正获得了高度的统一，并发展出了有秩序的委员会制度。

虽然“乔老板”才是这场战争的主角，但是更多人认为，朱塞佩·马塞里亚之所以能够获得成功，都要归功于他的智囊，昔日莫雷洛犯罪家族的老板——朱塞佩·莫雷洛。战争初期，朱塞佩·马塞里亚等人的动作让人叹为观止。

当时纽约西部有两个很大的目标，他们都是在战争中站在萨尔瓦多·马兰扎诺那一方的黑帮老大。其中一个是底特律黑手党家族的老大加斯帕·米拉佐，他不仅是底特律的犯罪头目，同时他也在纽约布鲁克林操控着部分犯罪事业。有人认为，他的犯罪家族在后来同萨尔瓦多·马兰扎诺等人的犯罪组织混合在一起，共同造就了美国黑手党五大家族之中的博南诺犯罪家族。

在暗杀了加斯帕·米拉佐之后，朱塞佩·莫雷洛又将目标转向了另一个势力庞大的黑帮老大。这个人就是当时的西西里联盟主席乔·艾洛。之前已经说过，乔·艾洛是个典型的“胡子皮特”，他十分看不起那些年轻的黑帮成员的所作所为，又将自己的身份看得过高。朱塞佩·莫雷洛挑唆他同“芝加哥王”阿尔·卡彭产生摩擦，最终将其铲除。人们普

◆ 乔·艾洛早先曾因为看不起不是西西里人的阿尔·卡彭而和他发生连续不断的争执，卡斯塔拉马雷战争开始后，他更被朱塞佩·莫雷洛挑唆，加剧了他和阿尔·卡彭之间的矛盾，最终被阿尔·卡彭杀死。图为西西里联盟主席乔·艾洛

遍认为当时是阿尔·卡彭的枪手把乔·艾洛射成了两半，但也有人认为杀死乔·艾洛是朱塞佩·莫雷洛派人动的手。

解决了这两个人之后，朱塞佩·莫雷洛并没有打算停止对萨尔瓦多·马兰扎诺一方的持续打压。在对西西里人进行敲诈勒索的同时，朱塞佩·莫雷洛还谋杀了卡斯塔拉马雷人之中最富有的维托·邦文特。这种做法体现了“扳子手”朱塞佩·莫雷洛早期的行事风格，谋杀维托·邦文特，能够直接打击西西里人的士气，而同时对其加以勒索，更能够榨取敌人的资金。

受到打压的卡斯塔拉马雷人已经准备反击，萨尔瓦多·马兰扎诺几乎把他的家族打造成了一支军队，这支军队拥有复杂的情报网络和清晰的判断力。在萨尔瓦多·马兰扎诺的队伍中，有许多出租车司机，这些人能够一眼就看出谁是“乔老板”的得力助手，谁是“乔老板”的头号杀手。加埃塔诺·雷纳和加斯帕·米拉佐的不幸告诉萨尔瓦多·马兰扎诺，想要赢取战争的胜利，就要避免“乔老板”的暗枪。

同时，萨尔瓦多·马兰扎诺自己也承认在财力、物力、人力上都不如“乔老板”，因此他决定要将打击朱塞佩·马塞里亚团伙之中的领导人作为首要目标。“小恺撒”曾经对现状进行过分析，并且他对手下说：

"我们这里人数不多,但是在一个月之后,我们这里的人就会越来越多,我相信我们至少会有400至500人。是的,我们要更加努力,敌人的金钱比我们多很多,我们寡不敌众。

"我要求你们全部都驻守在纽约各处的公寓里,密切监视着你们能看到的一切。我们必须在各个街头布置观察员,这些观察员要有我们主要的指挥部的电话号码,他们必须能够在最短时间内给我们提供最有效的信息。我举个例子,一旦有观察员打电话过来说布朗克斯区出现了某个人,那么该区域的总部就要立刻做出行动。一旦电话打来,你们就要尽快做出反应。当然,你们的手里都有朱塞佩·马塞里亚的照片,记住,他是最重要的人。

"你们要牢记,我们必须集中所有力量去干掉敌人的主要领导人,事实上我认为我们必须干掉朱塞佩·马塞里亚本人!因为这个人贪得无厌,我们不可能和'乔老板'和平共处,如果我们不能干掉他,那么这场战争会僵持10年!"

"乔老板"的军师"扳子手"朱塞佩·莫雷洛早先依靠制造假币以及敲诈勒索起家,这个凶狠的人惯于用突然袭击的手段去攻击对手,他擅长找到敌人最疏忽大意的瞬间,以斩首行动瓦解对方的组织。

显然"小恺撒"萨尔瓦多·马兰扎诺也很惧怕敌人的伏击,他可不想像加埃塔诺·雷纳、加斯帕·米拉佐和维托·邦文特那样死得不明不白。他从美国各地运来了供给物品,其中包括了弹药、设备和食物。他还在纽约等地设立了几处堡垒,以供自己和保镖在这里休息,并凭借这些堡垒躲避朱塞佩·马塞里亚可能发动的突袭。

除了固定的防御堡垒之外,这个"小恺撒"还通过他和底特律人的关系搞到了两辆附加了装甲的轿车。阿尔·卡彭将他的凯迪拉克改造成防弹车后,越来越多的老板认识到自身安全是最重要的。这个轿车的两边安装了特殊的金属板和防弹窗,如果没有坐车的话,萨尔瓦多·马兰扎诺很少去任何地方,甚至当他在乘车外出时,他的轿车周围也要有护送队来保护,这令朱塞佩·马塞里亚很难对其进行伏击。

据说萨尔瓦多·马兰扎诺坐在汽车后座,在他的两腿之间有一个安装着机枪的旋转架,他随身携带两支手枪,在他的背后还插着用于自保的匕首。他的表现简直可以和上过战场的战士相媲美。萨尔瓦多·马兰扎诺避免一切意外，甚至连枪械的子弹他都要自己制作，他每天晚上上床睡觉之前都会做这种事情。

当然，最好的防守永远是进攻，萨尔瓦多·马兰扎诺不可能永远像个懦夫一样躲避随时可能出现的暗杀，他要用一个决定去改变整个战争的局势。此时对抗的双方已经陷入了势均力敌的局面，双方都已经对对方的样子了如指掌，甚至当他们在大街上闲逛的时候，都会突然拔枪对着旁边的路人狂射，因为那个路人实际上是一名敌人。卡斯特拉马雷这一边的人已经进行了多次伏击，然而由于人力不如“乔老板”，总体局势上还是他们略占下风。

为了平衡双方的实力，也为了能够解决人手不足的问题，萨尔瓦多·马兰扎诺吸收了很多新人到他的犯罪组织中来。同时，他也从纽约之外的地方调来几名杀手，准备随时反击。虽然萨尔瓦多·马兰扎诺骨子里是个传统古板的黑手党成员，但是由于朱塞佩·马塞里亚对他的压迫太具有威胁性，导致他无法保证这些新人的血统。虽然这些人之中的大多数还是来自卡斯塔拉马雷，但是其中也包括了约瑟夫·沃洛奇这样的那不勒斯人。

在这些杀手之中，有一个被称为神枪手的小伙子，他是一个来自密歇根州的年轻人，他的亲人几乎都因在禁酒时期卷入了黑帮之间的争斗而死亡。虽然他的名字叫作塞巴斯蒂安·多明戈，但是布鲁克林黑帮们喜欢叫人的绰号，因此他们都叫他“芝加哥来的巴斯特”。

塞巴斯蒂安·多明戈命途多舛，他刚到纽约的时候才22岁，但是他已经成为令敌人闻风丧胆的杀手。约瑟夫·沃洛奇是这样形容他的:“塞巴斯蒂安·多明戈就像是个大学生一样，但是他是我们这些人里面举枪最快的，打得最准的。他能够从任何角度向任何方向射击。他的专长是机枪，是个机枪大师。他喜欢将汤普森机枪藏在大提琴盒子里，然后从中拿出武器射杀目标。”

虽然约瑟夫·沃洛奇的描述很生动，但是也有人认为这个所谓的“芝加哥来的巴斯特”其实就是约瑟夫·沃洛奇本人。他曾经是加埃塔诺·雷纳家族的小喽啰，加埃塔诺·雷纳被杀后他成为萨尔瓦多·马兰扎诺的杀手。朱塞佩·马塞里亚和萨尔瓦多·马兰扎诺死后，他又加入了查理·卢西亚诺的犯罪组织，随后他加入了杰诺维斯犯罪家族，但是他一直是底层的黑帮成员，直到1963年，他作为告密者向警方介绍了不为人知的黑手党秘闻。因此有人认为，他为了获得宽大处理，把一些他做的事情嫁祸到虚构的人物身上。

且不管后世对这个塞巴斯蒂安·多明戈的猜想，按照约瑟夫·沃洛奇本人所说，萨尔瓦多·马兰扎诺很欣赏塞巴斯蒂安·多明戈。这个年轻的小伙子枪法一流并且值得信赖，而最为重要的一点，这个小伙子是个新鲜的面孔，“乔老板”那边并没有人见过他。

萨尔瓦多·马兰扎诺意识到，塞巴斯蒂安·多明戈可以在朱塞佩·马塞里亚的手下甚至是他本人觉察到危险之前，走到他们的面前将他们杀死。而此时，萨尔瓦多·马兰扎诺认为有一个聪明、危险但又愚蠢的人是他必须要铲除的目标。自大的朱塞佩·莫雷洛在卡斯塔拉马雷战争阶段一直按照惯例来行动，他的一举一动都有迹可循。只不过这只老狐狸能够嗅到危险，萨尔瓦多·马兰扎诺的杀手根本无法靠近他，但是现在塞巴斯蒂安·多明戈可以。

萨尔瓦多·马兰扎诺曾经说过，如果卡斯塔拉马雷人想要赢取战争，就必须在朱塞佩·莫雷洛这只老狐狸停止按照日常惯例来行动之前就动手。否则的话，一旦“扳子手”感到危险，这个家伙就可以躲在下水道里，永远依靠硬面包来存活。所以想要杀死朱塞佩·莫雷洛，机会只有一次！

1930年8月15日下午3时45分，两名杀手开车来到了朱塞佩·莫雷洛位于纽约哈莱姆的办公室。这间办公室位于116街道352号，早年“扳子手”的兄弟文森佐·特拉诺瓦就死在这条街上。

当时萨尔瓦多·马兰扎诺派出的两名杀手之中就有塞巴斯蒂安·多明戈，而另一人却不能确定他的身份。然而根据查理·卢西亚诺的回忆录记载，暗杀朱塞佩·莫雷洛是他的计划，负责暗杀的是阿尔伯特·阿纳斯塔西亚和弗兰克·斯卡莱斯。当然，所有黑帮老大的回忆录或者自传都不可避免地美化自己，而且普遍认为，查理·卢西亚诺的回忆录的可信度十分有限，因此相对而言，约瑟夫·沃洛奇的描述更加可信。

当时位于办公室内的有三个人，因为当时“乔老板”这边处于明显的优势地位，所以朱塞佩·莫雷洛并没有想到会遭到暗杀，他此刻正沉浸于自己对敌人所造成的巨大打击的胜利中，他对自己在卡斯塔拉马雷战争中的运筹帷幄十分满意。甚至朱塞佩·莫雷洛已经认为卡斯塔拉马雷人开始了全面撤退，也正因他的这种自信，在他的办公室楼道内并没有任何的安全措施，也没有警卫。

两名杀手来到了办公室门口，轻轻地敲了敲门，虽然当时屋子里的人并没有觉察到任何危险，也没有对陌生人的闯入做出任何反应，但是时刻谨慎的“扳子手”还是将门拉开了一条缝。杀手们用力推开了门，手里的枪不停向屋里射击。朱塞佩·莫雷洛表现得很顽强，他不停绕着办公室跑，杀手们又给了他几枪才让他倒地。

美国第一个黑手党家族莫雷洛犯罪家族的老板就这样倒在了地上，他的脸面向北方，双腿叉开，当时他的头上戴着顶帽子，他全身都有弹孔，脖子、腮部、左肩、右侧臀部、肋下、后背、大腿上都有。击中他的子弹有两颗打穿了他的肺，其中一颗划破了主动脉；第三颗子弹击碎了他的肠子，最后一颗切断了他颈部左侧动脉。这四颗子弹是造成他死亡的主要因素。

“乔老板”失去了他的智囊，朱塞佩·莫雷洛的死造成了双方实力的逆转，但是真正结束这场战争的并不是这个昔日美国第一个“老板的老板”的死亡，而是另一个幸运的小子。这个男人不仅杀死了“乔老板”，还将“小恺撒”杀死，自己则成为美国黑帮的教父。这个男人就是“幸运小子”查理·卢西亚诺。

“幸运小子”

让小伙子自己建功立业吧！

——英国国王爱德华三世

1897年11月24日，萨尔瓦多·卢卡尼亚出生于意大利西西里岛的莱尔卡拉弗里迪，这里是个贫困的小村庄，这个小男孩是他家庭中的第三个孩子，他一出生就取代了他的哥哥姐姐，成为家中的宠儿。日后，这个小男孩将成为美国黑暗世界的王者，他将成为美国现代有组织犯罪的奠基人，而那个时候，他的名字已经变成了查理·卢西亚诺。

早年，萨尔瓦多·卢卡尼亚一家来到美国后，他的父亲将孩子的名

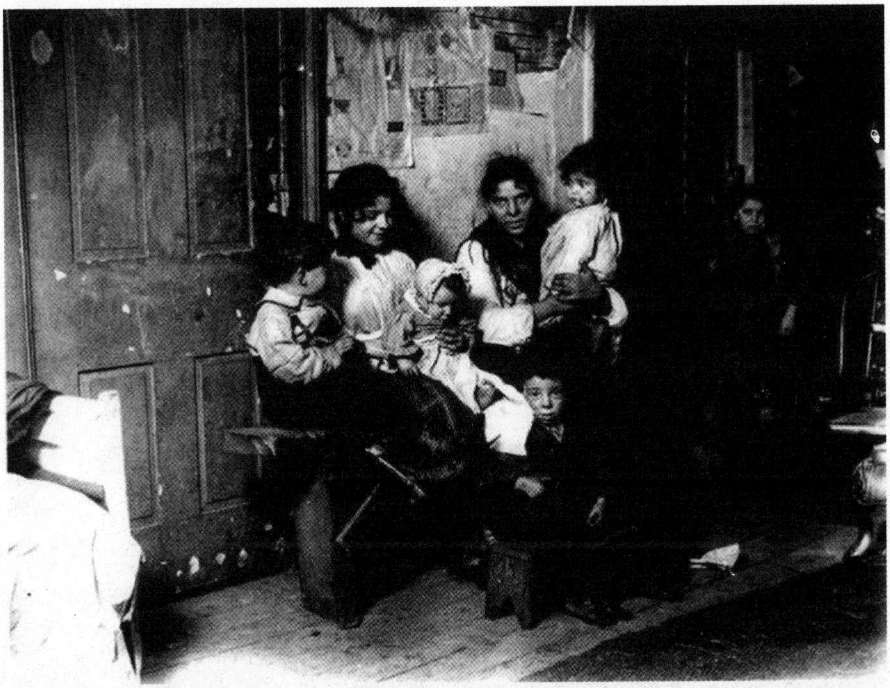

◆ 早期的意大利移民中，大多数都是举家移民的贫苦农民，查理·卢西亚诺也出生在这样的家庭。图为带着多个孩子到美国来的意大利夫妇

字都改成了美国化的，但是他的名字缩短后就是“萨尔”，太像女孩的名字了，所以五个兄弟姐妹里只有他没有改名字。但是几年后，他自己将名字改成了更简单的查理·卢卡尼亚。大西洋会议结束后，查理·卢卡尼亚的地位上升，可是人们读他的名字时总觉得很绕嘴，于是他又改了一次名字，就成了查理·卢西亚诺。

查理·卢西亚诺九岁的时候，他们全家漂洋过海来到了美国，当时人们认为在美国等待他们的将是富足生活，但是他们错了，美国并没有带给当时的穷人们希望，而是让他们变得更加贫困。历史总是具有相似性的，不论是在上个世纪还是在现在，人们总以为其他国家代表着富裕，其实自己的国家才是最适合自己的。起码在意大利，那种贫困还是查理·卢西亚诺一家可以适应的，但是到了美国，他们连贫困都要与人争夺。

查理·卢西亚诺的父亲安东尼奥·卢卡尼亚认为美国也并不是一无是处的，起码这里的学校是免费的。然而查理·卢西亚诺却不这么认为，因为他当时已经九岁了，所以他在同时期的同学中显得太大了。而且由于他不懂英语，这导致了老师根本不去关照他。小查理·卢西亚诺也对学校感到无趣，在他看来，这些学生就像是襁褓里的婴儿，于是他把更多的时间花在大街上，他在街头巷尾学习英语，这也是他最遗憾的事情，他一直都没能掌握正确的语法，他的口音总是带着纽约乡下口音。

小查理·卢西亚诺不喜欢上学，他只在必要的时候到课堂去露个脸，其余的时候他总是选择逃学。上学期间，他偶然发现了一种赚钱的方法。一些年龄较大、身材魁梧的爱尔兰人和意大利人总会堵在路上，对那些看起来瘦小的犹太人进行抢劫。而查理·卢西亚诺则收取保护费，从而保护这些犹太小孩。

1911年6月25日，由于查理·卢西亚诺多次逃学，教育委员会对其采取了最为严厉的措施，把他关进了布鲁克林流浪儿教养所。但是查理·卢西亚诺在被关起来的四个月里，并没有觉得这是种惩罚。在教养所里，没有人教他该怎么做，有的只是倾轧和掠夺。他在教养所里学会了如何偷窃不被人抓住，如何去欺负别人。

出来之后，查理·卢西亚诺并没有任何改变，而身边的小事却让他觉得做个坏人要好得多。有次，安东尼奥·卢卡尼亚的老乡从西西里捎来一个火腿，当天查理·卢西亚诺和他的四个兄弟姐妹感觉就像过节一样。然而一个放债人突然造访，前些日子安东尼奥·卢卡尼亚向他借钱为儿女们买了张新床，但是直到现在也没钱偿还。放债人恶狠狠地恐吓他们，找来两个伙计搬走了床，并在临走时顺手拿走了火腿。两个月后，小查理·卢西亚诺撬开了放债人的公寓，偷走了400美元。

也许查理·卢西亚诺本来想做个好孩子，从他的个人回忆录来看，他对父亲和母亲还是很尊重的，而且他也会因为对母亲说了不敬的话而感到愧疚。但是当时的美国的确是个“原始丛林”，在这个弱肉强食的世界，查理·卢西亚诺学到了两件事情，第一就是钱是万能的，第二就是坏人能够得到更多的钱。不过显然他的父母不这么认为，他们希望查理·卢西亚诺能够有个正当的工作。

1914年，17岁的查理·卢西亚诺到马克思·古德曼的帽子店上班，他当时的工作是为妇女们送帽子。和许多人一样，马克思·古德曼很赏识查理·卢西亚诺，他对查理·卢西亚诺很好，甚至将他当成了自己的孩子。

但是查理·卢西亚诺是匹野马，他不会甘心长期做一个给别人送帽子的小工。他盯上了该区域内的毒品供货商乔治·斯坎伦，并且利用一次帮他擦车的机会获得了他的赏识。他利用送帽子的机会开始偷偷销售毒品。这样，他又获得了更多的工资。

然而好景不长，由于他经常出没于那些瘾君子的场所，他被人盯上了。1916年6月26日，查理·卢西亚诺因非法持有麻醉药被判处一年监禁。六个月后，查理·卢西亚诺获得假释，这件事情让他下决心再也不会被抓到，这不是说他放弃了犯罪，而是指他会更小心地去犯罪。

早年查理·卢西亚诺曾在电影院里结识了弗兰克·科斯特洛，他们在将来的几十年里一直是关系很要好的伙伴。在一次向犹太人收取保护费时，他认识了迈耶·兰斯基和本杰明·西格尔。当时迈耶·兰斯基还是个小孩，当查理·卢西亚诺说要保护他时，他并不领情，只是恶狠狠地训斥，而本杰明·西格尔也是个十几岁的毛头小子，谁也不会想到他日后会变成一个疯狂的犹太暴徒。

这四个人成为一个高效率的犯罪团伙，他们抢劫、偷盗，无恶不作。他们之中有两个犹太人，一个精明、善于算计，另一个勇敢、毫无畏惧。他们之中还有两个意大利人，一个温文尔雅像个首相，一个则充满着狡猾。他们曾经想过把积攒起来的钱存到银行去，但是像首相一样文雅的弗兰克·科斯特洛在视察了银行的环境后犯了职业病，他把银行的保安和路线调查得一清二楚，几个月后，四个小伙伴抢劫了银行，抢走了银行内的8000美元。

弗兰克·科斯特洛并不是西西里人，他是意大利本土的卡拉布里亚人，他说话的时候嗓音很沙哑，像是一头斗牛在喘气，也像是得了感冒。当时很多意大利小孩都有这个问题，因为当孩子们第一次流鼻涕时，意大利的母亲们都觉得把扁桃体割掉会对他们好，然而当时的医疗水平有限，这造成了小孩的喉咙受到永久性损伤。

这种损伤有时候却也有其独特的好处，当时美国正准备参与第一次世界大战，由于弗兰克·科斯特洛有喉炎，所以不用服兵役。迈耶·兰斯基和本杰明·西格尔年纪还小，但是查理·卢西亚诺就必须要服兵役了，如果上了战场，生死可不是能够保证的。为了“帮助”查理·卢西亚诺逃脱兵役，本杰明·西格尔想到了个好点子，他找了名患有疾病的妓女，

◆ 从第一次见面起，迈耶·兰斯基这个小个子犹太人就成为查理·卢西亚诺最忠实的伙伴。图为查理·卢西亚诺和迈耶·兰斯基在1932年拍摄的照片

让查理·卢西亚诺染病，从而逃脱了兵役。这样一来，尽管他用了一年时间受尽了苦头去治病，却也得以幸免。

1920 年，美国国会通过了《美国宪法第十八修正案》，美国进入了禁酒时期。查理·卢西亚诺在开始时并没有注意到这个能赚取上百倍利润的事业，而当时同他有交情的几个人都已经享受到了《禁酒令》的好处。

查理·卢西亚诺早年曾参与五点帮的犯罪活动，当时参加五点帮的有不少和他年纪差不多的年轻人，其中阿尔·卡彭非常尊敬查理·卢西亚诺，由于查理·卢西亚诺曾经照顾过他，所以他总是叫查理·卢西亚诺为“查理表哥”。当阿尔·卡彭被当地警方盯上后，也是查理·卢西亚诺通风报信，并通过弗兰基·耶鲁使他到了芝加哥。

大约一年后，阿尔·卡彭回到了纽约，当时他已经是约翰尼·托里奥的副手。阿尔·卡彭穿着得体的手工衣服，手上戴着阔绰的钻戒，口里还叼着雪茄，一副暴发户的样子。昔日的同伴都赶来表示对阿尔·卡彭的祝贺，他们在街角的饭店喝着从意大利进口的葡萄酒。深夜时分，阿尔·卡彭向查理·卢西亚诺敬酒：“为我的查理表哥干杯，他应该成为纽约的私酒大王。”

查理·卢西亚诺准备把阿尔·卡彭的预言变为现实，虽然当时他只有23岁，但是他的集团正在不断扩大，他的伙伴也在不断增加。乔·阿多尼斯就像是查理·卢西亚诺的弟弟，他就是在这个时候加入了这个集团。这个小伙子是个惯偷，也正是他率先到费城去运输私酒的。查理·卢西亚诺通过乔·阿多尼斯见识到了贩卖私酒的利润。

他开始组建自己的私酒贩卖团队，收拢有潜力的年轻人。查理·卢西亚诺偶然在老街道上见到了一个年纪轻但是极具野心的歹徒，这个人像迈耶·兰斯基一样是个小个子，但是他肌肉发达，孔武有力。他笑起来的时候总是咧开嘴巴，他的所作所为都让其他人觉得诡异。这个人叫维托·杰诺维斯，查理·卢西亚诺希望他能够获得一个类似迈耶·兰斯基一样的人物，他以为维托·杰诺维斯将会忠心于他，但是他在很多年之后才发现这是个很严重的错误。

通过乔·阿多尼斯的推荐，弗兰克·斯卡莱斯也加入了他们，并且弗兰克·斯卡莱斯还带来一个布鲁克林的青年罪犯，他叫作卡洛·甘比诺。查理·卢西亚诺曾在1961年说过，甘比诺将会统率美国的所有黑帮。同时查理·卢西亚诺也收获了他最忠心的手下之一——阿尔伯特·阿纳斯塔西亚，这个壮汉身材魁梧，肌肉发达，但是他的头脑不太灵光，脾气暴躁，不知道该如何控制自己。不过查理·卢西亚诺很需要这样一个人来作为黑帮的执法者。

当然查理·卢西亚诺的朋友并不局限于意大利人，迈耶·兰斯基找来了值得信赖的合作伙伴路易斯·布查尔特。他们从走私贩卖私酒开始合作，日后他们将共同组建犯罪集团，而这个圆圆胖胖的腼腆男人也将为他们的谋杀公司做出贡献。

当然在查理·卢西亚诺事业的早期，对他帮助最大的还是阿诺德·罗斯坦。虽然他认为贩卖私酒的利润并不如赌博大，但他还是和苏格兰人签订合法的合同，付出大笔保证金从他们那里购买酒，随后将这些酒通过欧文·麦登统统卖给了查理·卢西亚诺，查理·卢西亚诺再向外兜售。就这样，查理·卢西亚诺和阿诺德·罗斯坦认识了。

虽然查理·卢西亚诺很崇拜阿诺德·罗斯坦，但是他跟随的第一个比较有分量的黑帮老大却是朱塞佩·马塞里亚。当然他早先曾在五点帮内进行犯罪活动，不过五点帮的实力的确无法同“乔老板”相提并论。传言查理·卢西亚诺曾在1922年杀死了翁贝托·瓦伦蒂，按照常理他应该通过这次事件成为犯罪组织中的佼佼者，然而此时他却又一次被警方抓捕了。

1923年，维托·杰诺维斯带了一个毒品贩子来找查理·卢西亚诺，尽管查理·卢西亚诺表示他再也不想和毒品接触，但是维托·杰诺维斯宣称这些毒品可以为他们赚取12万美元的利润，并且他说这些毒品已经包装起来了，他还建议查理·卢西亚诺带一些到乔·阿多尼斯那儿去检验一下。

1923年6月5日，查理·卢西亚诺被捕，当时他的口袋里有几盒纯海洛因。由于他曾经因为贩卖毒品而进过监狱，所以警方很明白他是怎样的人。虽然当时查理·卢西亚诺和弗兰克·科斯特洛同警察局和禁酒探员的关系不错，但是他们在禁毒局内并没有伙伴。尽管查理·卢西亚诺承诺愿意给抓住他的警察们一大笔好处，但是他们丝毫不为所动。

后来查理·卢西亚诺想出了个方法，他让弟弟把一大批毒品放到指定地点，然后把这些毒品交给了禁毒局的警察们，这些足够让他们加官进爵。通过这次交易，查理·卢西亚诺成功获释。不过这件事情也为他造成了不好的影响，因为他的朋友们都知道他曾因为贩卖毒品被抓了两次，所以他们都叫他“毒品大王。”

这次事情让查理·卢西亚诺成为当地的笑柄，警察对他严防死守，他的合伙人在对他表示同情的同时却也防范着这样一个被警方重点关照的罪犯。因此查理·卢西亚诺必须找到逆转这个局势的方法。迈耶·兰斯基为他想到了最好的方法。1923 年 9 月 14 日晚上，足足有 82000 人会到纽约波洛运动场去观看一场拳击比赛，当时这场比赛的门票售价不菲。查理·卢西亚诺找到一位体育杂志的记者，强制性要来了 180 张最靠近前面的票。这花了查理·卢西亚诺 2.5 万美元。

查理·卢西亚诺宣称免费邀请 100 个人去观看比赛，通过这种方式，查理·卢西亚诺瞬间成为纽约最受欢迎的人。为了在那天表现得更加绅士，他找到了阿诺德·罗斯坦。阿诺德·罗斯坦把他带到百货商场，为他量身购买了西装、大衣、帽子等。阿诺德·罗斯坦还特意送了他一条法国领带，据说阿诺德·罗斯坦很喜欢这种领带，他每次去巴黎都会买上 100 条。

通过这次拳击比赛，查理·卢西亚诺改善了自己的形象，并且让很多老板都记住了自己。他当时并不属于任何组织，拥有很高的自由度。所以昔日并没有重视他的朱塞佩·马塞里亚开始和他沟通，来自卡斯塔拉马雷的萨尔瓦多·马兰扎诺也试着让他成为自己的副手。同时大西洋城的伊诺克·路易斯·约翰逊等人也准备和他进行生意上的往来。

萨尔瓦多·马兰扎诺表现出了很强的侵略性，他希望和查理·卢西亚诺合作，铲除布鲁克林区的特拉诺瓦兄弟。虽然“扳子手”朱塞佩·莫雷洛已经失势，但是西罗·特拉诺瓦等人还掌控着布鲁克林区的食品进口、橄榄油进口等生意。而朱塞佩·马塞里亚则通过加埃塔诺·雷纳对查理·卢西亚诺进行招揽。

查理·卢西亚诺拒绝了这两个黑帮巨头的招揽，因为当时他更倾向于和自己的伙伴从事私酒走私。而一旦屈居人下，那么一切所得都将不受保障。然而就在一段时间之后，查理·卢西亚诺的运酒队伍遭到了洗劫，他在曼哈顿的仓库也遭到了袭击。查理·卢西亚诺的酒源枯竭，他的生意面临最大的困难。这个时候，伊诺克·路易斯·约翰逊向他伸来了橄榄枝，他说他可以把大西洋城的码头给查理·卢西亚诺使用，并且他能够为查理·卢西亚诺提供运酒路上的保护。

当天，伊诺克·路易斯·约翰逊将萨尔瓦多·马兰扎诺即将在大西洋城卸私酒的时间和地点告知了查理·卢西亚诺，查理·卢西亚诺通过掠夺这批私酒渡过了危机。而从此刻起，查理·卢西亚诺和伊诺克·路易斯·约翰逊握手达成了交易，只要《禁酒令》有效，那么伊诺克·路易斯·约翰逊就将获得查理·卢西亚诺所有收入的十分之一。虽然这不是一笔小数目，但是这些钱能够让伊诺克·路易斯·约翰逊保证查理·卢西亚诺的生意，这笔投资是非常有价值的。

伊诺克·路易斯·约翰逊在交易结束后对查理·卢西亚诺说了一句让他兴奋异常的话："查理，我喜欢你的一举一动，特别是喜欢你的衣着。你看上去已经像个正经生意人了。"他们离开的时候，乔·阿多尼斯也说："这是你有生以来最精明的一步棋，价值数百万美元。"

渡过危机并同伊诺克·路易斯·约翰逊达成协议的查理·卢西亚诺的犯罪组织日益庞大，但是当时这个组织并不统一。查理·卢西亚诺有他自己的贩卖私酒的渠道；弗兰克·科斯特洛有他自己的赌博事业；乔·阿多尼斯也在继续干着抢劫珠宝的勾当。但是他们在私下里总会互相为彼此出谋划策。他们之间变得越来越有凝聚力。

这个以查理·卢西亚诺为中心的圈子变得越来越正规，规矩也越来越多。查理·卢西亚诺非常厌恶芝加哥黑帮那样嚣张的做派，他命令手下要穿戴整齐，不允许他们穿戴宽边的帽子和过分花哨的衣服，他厌恶地说："让阿尔·卡彭和他的芝加哥伙伴们这么穿衣服吧。我们不可以这样！"

作为阿诺德·罗斯坦的得意门生，查理·卢西亚诺在学习他那种优雅的气质和绅士一样的装扮的同时，他也参与到赌博的事业中去。当然他不可能像阿诺德·罗斯坦那样逢赌必赢，他一开始只是经营赛马彩票，并从中抽取高额利润。为了保证他的彩票有更大的销路，查理·卢西亚诺让维托·杰诺维斯去把各个小商店联合起来，让这些店面为他经销赛马彩票。为了让这些店主为他在店内卖彩票，查理·卢西亚诺可没少下功夫，他给每个店主150美元，这变相地资助了这些犹太商贩。

而维托·杰诺维斯却把主要的精力放在了那些推着小车到处贩卖冰镇的水果汁的小商贩身上，他让这些小贩在卖儿童喜爱的水果汁的同时，也负责贩卖赛马彩票。然而维托·杰诺维斯除了贩卖赛马彩票之外还有其他的目的。当时查理·卢西亚诺并不知道，维托·杰诺维斯纠结了一批商贩为他送毒品。查理·卢西亚诺在知道之后差点把他揍了一顿，虽然让卖水果汁的帮忙贩卖赛马彩票是个不错的主意，但是查理·卢西亚

◆ 理查德·恩莱特。他曾在1918年至1925年之间担任纽约警察局局长，在此期间，他从查理·卢西亚诺等人手中收受贿赂，为这些人的犯罪行为做庇护

诺并不允许他的伙伴贩毒。

1925 年，查理·卢西亚诺的犯罪组织已经成长起来了，如果只算贩卖私酒这一条，那么他们就已经有每年 1200 万美元的收入。当然这些私酒贩子不会去缴纳税款。不过他们还是必须要给手下们发工资的。当时美国正规公司的员工一周最多只能获得 25 美元的薪酬，但是在查理·卢西亚诺手下工作的人每周都能够获得 200 美元。也就是说，每年查理·卢西亚诺都要为这些司机、会计、通信员、放哨的支付出 100 万美元。

而剩下的 1100 万美元也并不是全部可以到查理·卢西亚诺等人的口袋，他们还需要上下打点。为了获得保护，查理·卢西亚诺等人每个星期都要拿出 1 万美元给警察局内管事的警察，当时纽约警察局局长理查德·恩莱特也很配合地帮助这些黑帮成员。除了给理查德·恩莱特这样的高层送钱之外，送给那些底层的警察的贿赂当然也是必不可少的。而且查理·卢西亚诺已经答应伊诺克·路易斯·约翰逊，把每年的收入之中的十分之一送到大西洋城去。上上下下算下来，查理·卢西亚诺每年能够赚取 400 万美元。

有了如此庞大的金钱，查理·卢西亚诺开始考虑如何用这些钱去赚取更多的金钱。他渐渐对那些银行家怀有敬意了，因为他发现这些银行家用储户的钱去进行投资，在付清储户的本金和利息之后，银行家还可以获取更高额的利润。然而查理·卢西亚诺这类人是不可能去开一家银行的，不过他们想到了另一种赚钱的方式，为那些无法从银行借到钱的穷人提供贷款，或者说是高利贷。

高利贷这种职业古来有之，而且当时在美国从事高利贷的犯罪分子也不是一个两个，在这些人之中，萨尔瓦多·马兰扎诺对高利贷最为了解，这个拥有丰富知识并且喜欢引经据典的准牧师总喜欢引用《威尼斯商人》里面的话。不过萨尔瓦多·马兰扎诺并没有牧师一样的慈悲，他总是把钱借给刚移民到美国来的意大利同胞，然后再以高额的利息让这些贫民永远还不起借款。这些贫苦的意大利人不敢去向警方告发，而且萨尔瓦多·马兰扎诺还有一批打手，保证这些欠债者随叫随到。

不过查理·卢西亚诺并不欣赏这种欺压弱小的做法，他联络到和他来自同一个街区的汤姆·卢切斯和已经在服装区混得风生水起的路易斯·布查尔特。由于服装会随着季节和潮流不断发生变化，所以服装商们需要不断买进新的布料和新的机器，因此他们很需要短时间内获取大量金钱。查理·卢西亚诺正是看准了他们的这一特征，才决定在服装区大力发展高利贷。而且查理·卢西亚诺也不像萨尔瓦多·马兰扎诺那样用暴力去胁迫。如果有服装商借了他们的钱却无力偿还，但是经营状况还不错的话，查理·卢西亚诺就会选择成为这名服装商的合伙人，合理合法地分割更有前景的利益。

1925年，查理·卢西亚诺的事业正全面开花，这时候，一个老朋友从芝加哥来到了纽约。“狐狸”约翰尼·托里奥在芝加哥遭到了海米·韦斯的暗杀，险些丧命，随后他自愿在监狱内待了九个月以躲避可能出现的谋杀。他来到了纽约，和查理·卢西亚诺进行了会谈，他认为美国不可能永远处于禁酒时期，《禁酒令》总有一天会被废除。因此他预言在未来几年内，贩卖酒将会再次变得合法。他自荐成为查理·卢西亚诺在欧洲的代理，开始购买以合法价格出售的优质苏格兰威士忌。

查理·卢西亚诺把约翰尼·托里奥的说辞告诉了其他人，但是只有迈耶·兰斯基一个人对此表示赞同。不过约翰尼·托里奥在意大利待的时间并不长，因为墨索里尼憎恶黑手党，在意大利掀起了打黑热潮。很多黑帮成员都被墨索里尼逮捕，甚至就连意大利黑手党的教父维托·卡希奥·费尔罗也被关进了监狱。因此约翰尼·托里奥又回到了美国，并成为查理·卢西亚诺等人的顾问。

事实证明，约翰尼·托里奥很有先见之明，他的提议也在大西洋城会议上得到了美国黑帮老板们的一致赞同。而且在约翰尼·托里奥和阿诺德·罗斯坦的努力下，查理·卢西亚诺等人也组成了美国东海岸最大的私酒走私集团——七家私酒联盟。该联盟由约翰尼·托里奥发起，由七个属于意大利人和犹太人的组织构成。其中迈耶·兰斯基和本杰明·西格尔的犹太帮负责运输和安全；乔·阿多尼斯负责布鲁克林区域的活动；犹太人艾伯纳·茨维尔曼控制着新泽西的北部；费城的由犹太人欧文·韦克斯勒和昔日阿诺德·罗斯坦是手下哈里·罗森；波士顿的金·所罗门，他操控着波士顿的码头；大西洋城的伊诺克·路易斯·约翰逊，他负责七家私酒联盟在新泽西海岸的安全；最后则是查理·卢西亚诺。

七家私酒联盟的成功是如此显著，以至于越来越多的黑帮老板想要加入他们。“荷兰人”达茨·舒尔茨和阿尔·卡彭在后期也加入了他们。只不过阿尔·卡彭还在和芝加哥北城区的黑帮混战，所以他并没有从中获取太多的利润。作为七家私酒联盟的一员，并且还和约翰尼·托里奥、阿诺德·罗斯坦这两个黑帮导师有良好的关系，这些都令朱塞佩·马塞里亚不得不允许查理·卢西亚诺在一定程度内的绝对自由。朱塞佩·马塞里亚不得干预查理·卢西亚诺的私酒行当以及赌博生意。

在阿诺德·罗斯坦不幸被杀之前，查理·卢西亚诺一直和阿诺德·罗斯坦、弗兰克·埃克里森联合经营赌博生意，他们操控无限额的纸牌游戏、赛马等赌博生意，并且这种合作也在早期保障了七家私酒联盟的权益。

当时七家私酒联盟的货源还是比较紧张的，幸好一个从芝加哥来的私酒贩子塞缪尔·布鲁姆帮他们联络到了苏格兰的威士忌酒厂。在几个月内，这个酒厂出产的苏格拉威士忌源源不断地通过金·所罗门和伊诺克·路易斯·约翰逊的码头流入了美国。然而几个月后，七家私酒联盟却遭到了拦路抢劫，他们的私酒被人劫走了。

查理·卢西亚诺让维托·杰诺维斯去调查这件事情，维托·杰诺维斯发现，塞缪尔·布鲁姆在阿诺德·罗斯坦的赌场里输了 10 万美元。

查理·卢西亚诺走访了阿诺德·罗斯坦，阿诺德·罗斯坦证实塞缪尔·布鲁姆有很大的嫌疑。随后本杰明·西格尔悄悄解决了塞缪尔·布鲁姆。而七家私酒联盟也慢慢壮大，成为美国贩卖私酒行业中的龙头。

1928 年，阿诺德·罗斯坦被人暗杀，随着他的死亡，查理·卢西亚诺觉得自己必须找个新的靠山暂时依附，从而继续发展。他在当时的“乔老板”与“小恺撒”之间进行了选择，并最终决定效忠于朱塞佩·马塞里亚。

此时朱塞佩·马塞里亚和萨尔瓦多·马兰扎诺也已经处于剑拔弩张的地步。而朱塞佩·马塞里亚并不能保证能够打败萨尔瓦多·马兰扎诺，因为那些卡斯塔拉马雷人是西西里岛最凶狠疯狂的家伙，所以在这个时候，他更需人才。朱塞佩·马塞里亚杀死加埃塔诺·雷纳之后，雷纳家族的部分精英就投奔到了萨尔瓦多·马兰扎诺的阵营，阴险狡猾的朱塞佩·莫雷洛也被枪杀，而具有很大影响力的乔·艾洛也被阿尔·卡彭杀死。

朱塞佩·马塞里亚感到自己渐渐处于下风，他慢慢变得疯狂，他需要更多的金钱去和萨尔瓦多·马兰扎诺做斗争，他需要更忠心的手下。而他认为查理·卢西亚诺的表现不够忠心，他找到了刚刚结束大西洋城会议并返回纽约的查理·卢西亚诺，他叫嚣要占据查理·卢西亚诺的威士忌收入。

查理·卢西亚诺意识到朱塞佩·马塞里亚已经是个危险的疯子，查理·卢西亚诺提醒朱塞佩·马塞里亚，他们是握过手的合作伙伴，在意大利人的传统中，握手之后是不容许反悔的。但是朱塞佩·马塞里亚喊叫着：“威士忌属于我！如果我要的话，我自己就统统把它喝光！我收回我的握手！”

这次查理·卢西亚诺必须要做出选择了，是继续跟随朱塞佩·马塞里亚，还是转而投向萨尔瓦多·马兰扎诺。萨尔瓦多·马兰扎诺一直在期待着将查理·卢西亚诺收入麾下。据查理·卢西亚诺自己回忆，萨尔瓦多·马兰扎诺曾经在 1929 年 10 月 17 日和他进行会面，当时卡斯塔拉马雷战争还没有开始。

然而朱塞佩·马塞里亚的贪婪已经让查理·卢西亚诺难以承受，正因为如此，他才决定孤身赴会，和萨尔瓦多·马兰扎诺会面。萨尔瓦多·马兰扎诺在这次会面时并没有像以往那样表现得像个罗马君主，但在得知查理·卢西亚诺对朱塞佩·马塞里亚心怀不满后，他却提出了让查理·卢西亚诺无法接受的条件——查理·卢西亚诺必须亲手杀死朱塞佩·马塞里亚。

当然这个条件是个陷阱，根据西西里人的传统，杀死领袖的人不能够接替领袖的位置，杀死领袖的人只能够在组织里继续充当二老板。虽然后期的美国黑帮很少有人遵守这个不成文的规定，而且这里是美国不是意大利，但是在当时，美国的黑帮还是必须按照意大利的传统的。如果查理·卢西亚诺真的答应了亲手杀死朱塞佩·卢西亚诺，那么无疑葬送了他的未来，他将不能够名正言顺地继承朱塞佩·马塞里亚的犯罪帝国，更可能遭到报复和暗杀。

查理·卢西亚诺认为萨尔瓦多·马兰扎诺疯了，这个儒雅的准牧师的条件让他无法接受。

然而萨尔瓦多·马兰扎诺让手下把查理·卢西亚诺捆了起来。他把查理·卢西亚诺的双手吊在横梁上，让他的脚尖刚好碰到地面。当他醒来的时候，他能够看到大约有六个人围在他身边，他们都用厚厚的手帕蒙着脸，但是他还是可以看出离他最近的是萨尔瓦多·马兰扎诺。

虽然萨尔瓦多·马兰扎诺一句话也没说，但是查理·卢西亚诺知道他想干什么。查理·卢西亚诺不停地拒绝萨尔瓦多·马兰扎诺的条件，然后那些不敢露出真正面目的人就开始用皮带、烟头、木棍去折磨查理·卢西亚诺，直到查理·卢西亚诺晕了过去。他再次醒来的时候感到双手火辣辣地疼痛，因为这次只有他的双手大拇指被吊住了。毒打和折磨继续着，查理·卢西亚诺承受着痛苦但并不妥协。

萨尔瓦多·马兰扎诺还在不停用他君主般的威严劝说着："查理，这太愚蠢了。只要你同意，现在我就可以把你放下来。查理，我们这样的人还会在乎杀一个人吗？听我的劝，他早晚都会死，只不过区别是死在你手里还是别人手里罢了。为什么你要因为自己的顽固而受苦呢？我要你做的事情并不难，杀死他，亲手杀死他。是的，你必须亲手杀死朱塞佩·马塞里亚。如果你不这么做，那么我保证你自己就得死。"

"小恺撒"不停重复这个条件，并且不停让手下对查理·卢西亚诺实施殴打。面对这种持续不断的精神折磨和肉体折磨，查理·卢西亚诺不知道从哪里来的力气，重重地踹在了萨尔瓦多·马兰扎诺的肚子上。暴怒的萨尔瓦多·马兰扎诺怒吼着要宰了查理·卢西亚诺，还没等手下

◆ 查理·卢西亚诺于1936年所拍摄照片。从照片中可以明显看出他的右眼皮下垂，这是因为他在1929年遭到了绑架，并被划破了面部神经

把查理·卢西亚诺放下来，萨尔瓦多·马兰扎诺就用一把刀子划在了查理·卢西亚诺的右眼上。查理·卢西亚诺的右脸颊被划开，骨头都露了出来。从此以后，查理·卢西亚诺的右眼就带着这条伤疤，并且他右眼皮的神经也遭到了破坏，导致他的右眼皮一直往下垂。这让他看起来更凶狠。

当然这个故事是他自己讲述的，外人只知道查理・卢西亚诺遍体鳞伤地躺在街头，路过的警车把他送到医院并缝了 55 针。很少有黑帮成员能够在遭到绑架和虐待之后还存活下来，因此人们开始叫他“幸运小子”查理・卢西亚诺。

人们认为在那个夜晚，查理・卢西亚诺遭到了蒙面劫匪的殴打，随后又把他扔在路上要他支付 1 万美元；也有谣言说是百老汇附近的敌对势力将他绑架，威胁他不要插手其他地盘的生意；而最值得人相信的说法则是查理・卢西亚诺不小心让一个姑娘有了他的孩子，因此被那个姑娘的警察父亲痛打了一顿。

不管怎样，“幸运小子”查理・卢西亚诺逃过一劫，并且随着卡斯塔拉马雷战争的加剧，他越来越觉得生存在两个元老级的黑帮领袖之间是朝不保夕的。于是他决定有所行动。而且此时卡斯塔拉马雷战争也如火如荼，双方已经到达不死不休的局面。

第四章

美国教父

去见上帝吧

无论以何种形式出现的暴力，都必然引发抵抗。

——拉科塔部落格言

旧的制度总有被打破的时候，历史从来都是不停前进的，没有人能改变这个规则。而陈腐的事物也必将被新兴事物所取代。美国黑帮之间爆发的战争是因老派的意大利黑帮争权夺利而起的，终结这场战争的，则是以查理·卢西亚诺为代表的“少壮派”黑帮成员。不论是差点成为牧师富有涵养的“小恺撒”萨尔瓦多·马兰扎诺，还是贪婪无度的矮胖子“乔老板”朱塞佩·马塞里亚。他们都将在这场战争中失去一切，他们都将为后来者让路。也许美国黑帮不相信上帝，但是这两个曾经的美国黑帮老大却不得不信奉上帝，因为他们的性命将归上帝所有，也许这将是上帝在美国黑帮中唯一拥有的东西了，一帮恶棍的性命。

“乔老板”失去了朱塞佩·莫雷洛。他已经没有能为他出谋划策的人才了。而且以查理·卢西亚诺为首的“少壮派”对他的命令也是阳奉阴违的。这些都让他在卡斯塔拉马雷战争中处于劣势。“乔老板”这一方已经出现了大量的叛逃者，他们都选择投奔萨尔瓦多·马兰扎诺。

朱塞佩·马塞里亚也发现形势发生了逆转，双方实力也产生了变化。而且此时芝加哥的警方对阿尔·卡彭更加关照，他从芝加哥得到的帮助也有所减少。在缺少智囊和外援的情况下，朱塞佩·马塞里亚只能让萨尔瓦多·德拉奎拉名义上的继承者曼弗雷迪·米内奥作为他新的军师。

这个新军师并没有“扳子手”狡猾和谨慎，这一点从“乔老板”策略上的不足就可以看出。以前朱塞佩·莫雷洛在世时，朱塞佩·马塞里亚的计划总能够灵活多变地对"小恺撒"造成致命的威胁，而且"乔老板"听从"扳子手"的建议，同时打击了位于纽约和芝加哥等地的卡斯塔拉马雷人的盟友。

但是这种优势仅仅保持在一定程度，随着朱塞佩·莫雷洛的死亡，朱塞佩·马塞里亚再也找不到能够替代"扳子手"的人选。虽然曼弗雷迪·米内奥也算是个合格的军师，但是他的计划很简单，就是简单的斩首行动，集中"乔老板"的力量去找到萨尔瓦多·马兰扎诺。

虽然这种简单的策略往往能够决定战争的结果，但是朱塞佩·马塞里亚的队伍已经欠缺了组织力，根本无法执行对"小恺撒"的暗杀行动。在各个方面，卡斯塔拉马雷人都表现出比美国黑帮更为高涨的战斗热情。现在双方的行动方针都很一致，就是想要找到对方的头目，一旦查明对方隐藏的地点，那么就将集中力量对其进行最后的打击。

率先做出突破的依然是卡斯塔拉马雷人，前文已经有所介绍，萨尔瓦多·马兰扎诺广布眼线，街头的出租车司机就有不少是他的手下，因此在他成体系的观测系统下，卡斯塔拉马雷人找到了"乔老板"的藏身之所。

1930年底，约瑟夫·沃洛奇听从命令租下了布朗克斯区的一间房子，萨尔瓦多·马兰扎诺已经调查到这里是曼弗雷迪·米内奥的二老板史蒂夫·费里格诺的住处。当时约瑟夫·沃洛奇还只是个外围成员，还没有被允许成为真正的成员，因此他对这次任务十分看重。然而他在房间里蹲守了一个月的时间，却没有发现史蒂夫·费里格诺或者其他人。

几天后，约瑟夫·沃洛奇正等在公寓楼前，一辆汽车在附近停了下来，令他惊奇的是，朱塞佩·马塞里亚从车子里走了出来。约瑟夫·沃洛奇是个新人，所以并没有人怀疑他。他很忐忑地跟在"乔老板"等人的身后，甚至他还和他们在一个电梯里。随后约瑟夫·沃洛奇确认到场的人足有20多个，朱塞佩·马塞里亚、曼弗雷迪·米内奥等人全部在场，他们在这里举行了短暂的会议，也许是在讨论该如何扭转现在的逆境。但是他们并不知道，就在外面，卡斯塔拉马雷人正安静地蹲守着。

萨尔瓦多·马兰扎诺的手下并没有急躁，他们慢慢通过窗户去辨认参加会议的人员，他们希望能够准确锁定朱塞佩·马塞里亚的身影。会

◆ 1930年11月5日，朱塞佩·马塞里亚的手下曼弗雷迪·米内奥和史蒂夫·费里格诺遭到暗杀

议结束后，这些黑帮成员鱼贯而出，但是谨慎的朱塞佩·马塞里亚并没有出现在那些人之中，他有意逗留，成为最后离开的人。不过萨尔瓦多·马兰扎诺早就想到了“乔老板”会这么做，他早就命令枪手，如果不能射杀朱塞佩·马塞里亚，那也必须向曼弗雷迪·米内奥和史蒂夫·费里格诺射击，这些枪手成功完成了任务。“能躲子弹的男人”再次逃过一劫。

发生这种事情后，朱塞佩·马塞里亚又丧失了大量的拥戴者，曼弗雷迪·米内奥的继承者弗兰克·斯卡莱斯抛弃了“乔老板”，加入了萨尔瓦多·马兰扎诺的阵营。虽然朱塞佩·马塞里亚失去了大量的人才，但是从财力和物力上来比较，他还是占据上风，这场战争的结局仍未可知。

卡斯塔拉马雷战争已经引起了美国社会的动乱，也影响了黑帮正常的生意。街头的流氓不再兜售毒品或者彩票，他们像一群疯子一样挥舞手中的枪支，彼此毫无忌惮地在街头追逐。战争让美国的私酒生意陷入混乱，而且参加战争的黑帮成员也不可能抽出时间去敲诈勒索。这场战争已经让纽约的黑帮损失了上千万的美元。

很多人都开始考虑尽量去终止这场战争，此时的查理·卢西亚诺已经成为朱塞佩·马塞里亚最器重的手下。尽管查理·卢西亚诺跟随朱塞佩·马塞里亚的时间并不短，但他一直以来都很看不起这个老板。而且此时他更加认识到为了一场注定失败的战争而付出是没有任何意义的，他开始准备用自己的方式结束卡斯塔拉马雷战争。

随着卡斯塔拉马雷战争的继续，黑帮打手们埋伏在各个街角，他们随意开火，这让整个纽约陷入了恐怖的境地。查理·卢西亚诺把迈耶·兰斯基等人召集起来进行商讨，他们认为如果战争继续下去，那么公众的注意力就会集中在黑帮身上，这对各个黑帮的发展是十分不利的。于是查理·卢西亚诺给萨尔瓦多·马兰扎诺传达了会面的信息。

与此同时，萨尔瓦多·马兰扎诺又一次向查理·卢西亚诺表达了他的诚意。他带着乔·博南诺和乔·普罗法西到布朗克斯区的一家动物园同查理·卢西亚诺会面。查理·卢西亚诺则带着乔·阿多尼斯和本杰明·西格尔。因为查理·卢西亚诺要表明一个态度，他的事业一直以来都是靠意大利人和犹太人的合作进行的，所以他很厌恶老派黑帮老板的那种“纯西西里”血统观念。

萨尔瓦多·马兰扎诺起初准备拉进双方的关系，但是查理·卢西亚诺很严肃地说希望双方只是单纯地用谈生意的态度来进行交涉。萨尔瓦多·马兰扎诺不得不放弃他那套教皇般的派头和说辞。双方就几点问题达成了共识，查理·卢西亚诺答应刺杀朱塞佩·马塞里亚，而萨尔瓦多·马兰扎诺则承诺不会干涉查理·卢西亚诺、迈耶·兰斯基、弗兰克·科斯特洛等人的生意。

一切都谈好后，萨尔瓦多·马兰扎诺指着查理·卢西亚诺的脸，表示对当时的事很遗憾。查理·卢西亚诺对此并不在意，毕竟现在他必须要和对方合作，双方都希望看到朱塞佩·马塞里亚的死亡。然而萨尔瓦多·马兰扎诺还是不放弃让查理·卢西亚诺亲手杀死“乔老板”的决定。这一次“幸运小子”敷衍了过去，因为他知道，自己绝对不可能这么做。

1931年4月15日上午9时，查理·卢西亚诺在曼哈顿市区内“乔老板”的总部侃侃而谈，朱塞佩·马塞里亚对他提出的谋杀萨尔瓦多·马兰扎诺的助手的行动方案很满意，听起来如果这一切都顺利进行的话，那么朱塞佩·马塞里亚就能够轻易赢取战争的胜利了。当时的朱塞佩·马塞里亚十分兴奋。

据查理·卢西亚诺后来回忆："我一定足足谈了两小时，这个矮胖子兴奋得哈哈大笑，似乎他明天就可以用纯金的杯子去品尝萨尔瓦多·马兰扎诺的鲜血。最后，他从那张比他还要宽一倍的皮椅子上跳了起来，开始在办公室内跳舞。后来我又看到过一次类似的情景，那是第二次世界大战期间，我从新闻里看到希特勒打败法国时也是这样手舞足蹈的。这让我想起了'乔老板'，他们两个都是没头脑的傻瓜。"

中午的时候，查理·卢西亚诺提议到科尼艾兰的餐厅去就餐，这个餐厅的老板也是查理·卢西亚诺的好友，不管查理·卢西亚诺在餐厅做什么，他都会予以支持。而且朱塞佩·马塞里亚简直是一头野兽，他听到查理·卢西亚诺的建议之后并没有任何警觉。

查理·卢西亚诺像阿诺德·罗斯坦那样具有风度地品尝着红酒，缓缓吃着食物。而朱塞佩·马塞里亚则狼吞虎咽，他在短时间内就将面前的意面、龙虾和半升的意大利葡萄酒吃掉。大部分的顾客都走了之后，朱塞佩·马塞里亚还在继续吃着，并且他还在等待饭后的甜点和咖啡。查理·卢西亚诺认为"乔老板"可能会用三小时才能结束这顿饭。

等到下午 3 时左右，餐厅里已经没有其他顾客了，大部分的服务员也已经离开。查理·卢西亚诺提议两个人玩一会儿纸牌游戏。这是查理·卢西亚诺从弗兰克·科斯特洛那里学来的俄罗斯纸牌。朱塞佩·马塞里亚还不是完全糊涂，他提醒查理·卢西亚诺，在回到总部之后还有许多事情要做，所以他们只能玩一会儿。

玩了一会儿，查理·卢西亚诺输给了朱塞佩·马塞里亚。在下一轮游戏开始前，查理·卢西亚诺站起身说要到厕所去一下。而朱塞佩·马塞里亚依然在那边尽情吃喝。查理·卢西亚诺刚关上厕所的门，就有四个人推开了饭店的正门。

其实在查理·卢西亚诺从曼哈顿出来的时候，西罗·特拉诺瓦就已经开着车跟在他的后面。而在车上的是维托·杰诺维斯、乔·阿多尼斯、阿尔伯特·阿纳斯塔西亚和本杰明·西格尔。他们四个冲进了饭店掏出手枪，对准"乔老板"射出了 20 多发子弹。朱塞佩·马塞里亚不愧被称为"能躲子弹的男人"，在枪林弹雨中也只中了六枪而已，不过这也

◆ 倒在血泊中的朱塞佩·马塞里亚，他的手中还握着一张黑桃A，据说这张扑克是本杰明·西格尔放进去的

够了，朱塞佩·马塞里亚倒下了，鲜血染红了雪白的桌布，他的手中还握着一张黑桃 A，只不过他再也不可能用这张牌去赢查理·卢西亚诺了。

谋杀进行得很完美，四名杀手在一分钟内实施了计划，随后又在最短时间内逃离了现场。随后查理·卢西亚诺从厕所里走了出来，他等了一会儿，确认朱塞佩·马塞里亚已经没有了呼吸之后，他才打电话报警。

当警察来了之后，他说他什么也不知道，他一直在厕所里。“我每次撒尿的时间都很长。”这就是查理·卢西亚诺唯一为警方提供的证词，而这句话也成为第二天《纽约时报》的头条。

卡斯塔拉马雷战争就此结束，战争因“乔老板”朱塞佩·马塞里亚的死亡而终结，“小恺撒”萨尔瓦多·马兰扎诺成为胜利者，他也因此成为美国黑帮独一无二的“老板的老板”。现在他已经毫无顾忌，他的野心也暴露了出来。他觉得自己已经成为美国黑帮的教皇，他已经成为黑暗帝国的统治者。

萨尔瓦多·马兰扎诺在最短的时间内就召集了全国各地的黑帮老大，他让超过500人都挤在了布朗克斯中央大厅的宴会厅里，并且让他们根据地位的高低坐在预先准备好的座位上。而“小恺撒”则坐在他们的面前一个类似宝座的椅子上，查理·卢西亚诺坐在他的右手边。

整个宴会厅内到处都是十字架、宗教图案和圣母马利亚的画像，萨尔瓦多·马兰扎诺是个宗教狂，收集十字架也是他的爱好，他的脖子上挂着十字架，他的衣服兜里也都是十字架。当这个教皇一样的黑帮老板站起来时，其他人都不敢说话。

萨尔瓦多·马兰扎诺想要整合美国的黑帮，他向在座的所有人讲述他的构想，他举起了自己的拳头，宣布自己为最大的老板。萨尔瓦多·马兰扎诺宣称自己将不仅仅统治自己的组织，所有美国的黑帮都要归并到一个组织中去，由一个人领导。他将所有黑帮都称为“家族”，这个类似西西里黑手党的称呼用以取代带有贬义的“恶徒”“匪帮”等称呼。他将从每个家族的收入中按比例抽取提成，所有家族都将供奉他。

他还把纽约目前的势力进行了改组，他在纽约建立了五个家族，用来控制整个纽约的犯罪事业。这五个家族在各自的地盘内互不干扰，它们拥有对该地区的管辖权。随后，他宣布了这五大家族的族长：查理·卢西亚诺接管了朱塞佩·马塞里亚的势力，并负责对整个纽约进行监管；汤姆·加利亚诺接管原属于加埃塔诺·雷纳的权益；弗兰克·斯卡莱斯依然控制曾经的萨尔瓦多·德拉奎拉的势力；剩下的两个族长则是萨尔瓦多·马兰扎诺的得力下属乔·博南诺和乔·普罗法西，这就是纽约五大家族的雏形。

萨尔瓦多·马兰扎诺确定了这些秩序之后，他还制定了新的美国黑

◆ 弗兰克·斯卡莱斯曾是查理·卢西亚诺的好友，也曾是纽约五大家族之中甘比诺犯罪家族的老板，他曾暗中帮助查理·卢西亚诺成为美国黑帮教父。图为1948年冬天，弗兰克·斯卡莱斯到意大利拜访查理·卢西亚诺

帮都必须遵守的规章制度：任何人都不能够谈论自己所属家族的情况，所有人都必须无条件地服从上级的命令，家族内部成员不能发生内斗，迄今为止彼此之间的所有矛盾都要一笔勾销……

这些规矩简直是要把美国黑帮变成萨尔瓦多·马兰扎诺一个人的帝国，而他就是这个帝国的皇帝。但是查理·卢西亚诺要说，既然萨尔瓦多·马兰扎诺曾经想成为牧师，那么就让他去见上帝吧！

没有任何黑帮老大会喜欢自己的上头还有一个掌控整个美国黑帮的大老板的存在，这一点是毋庸置疑的。而且这些家族族长以及二老板同查理·卢西亚诺的关系要比同萨尔瓦多·马兰扎诺的关系好得多。其中大多数人都属于“少壮派”，他们对萨尔瓦多·马兰扎诺这种唯我独尊的做法很不满。

五大家族之中，弗兰克·斯卡莱斯本身和查理·卢西亚诺的关系就比较好；而且家族之中的阿尔伯特·阿纳斯塔西亚对查理·卢西亚诺绝对忠诚，查理·卢西亚诺让他做任何事情他都会去做；汤姆·加利亚诺的二老板则是查理·卢西亚诺的儿时同伴“三指布朗”汤姆·卢切斯，这个右手只有三根手指的男人后来成为萨尔瓦多·马兰扎诺的亲信，他参与了日后的许多阴谋；乔·博南诺和乔·普罗法西也认为萨尔瓦多·马兰扎诺不应该再霸占着统领全国这样的地位。而除了五大家族之外，“荷兰人”达茨·舒尔茨、路易斯·布查尔特等人也是查理·卢西亚诺的支持者。

查理·卢西亚诺暗中召集同盟者，许多人都加入到查理·卢西亚诺的团队中来，他们在克利夫兰暗中举行了会议，并且他们一致认为萨尔瓦多·马兰扎诺的脑中塞满了西西里的族长观念，现在这种观念已经让他变成了真正的恺撒，但是真正的恺撒在准备称帝之后不久就被暗杀了。

尽管萨尔瓦多·马兰扎诺的构想有很多都是有道理的，但是他想坐在位于所有美国黑帮之上的位置这是其他美国黑帮老板无法容忍的。这种陈旧的思想应该被扔进大海，因为它已经过时了。在会议上，他们详细制订了行动计划，当查理·卢西亚诺消灭萨尔瓦多·马兰扎诺的时候，“小恺撒”的追随者们也应该被铲除。当查理·卢西亚诺发出讯息证实萨尔瓦多·马兰扎诺被杀死后，他在全国的盟友就将开始在各地执行暗杀。

当天晚上，查理·卢西亚诺和迈耶·兰斯基等人都对未来充满了憧憬，他们愉快地决定去观看一场职业拳击比赛。但是比赛刚刚开始，几名警察就把他们抓住了。毕竟这几个人都是美国黑帮的领军人物，他们的集体到来可是引起了警方很大的注意。虽然他们很快就被释放，但这次失误险些破坏了查理·卢西亚诺的计划。

查理·卢西亚诺对此后怕不已：“我在克利夫兰做了件愚蠢的事情，几乎毁了我的全部计划，毁了我多年来一直努力要达到的所有目标。我们到克利夫兰之后就应该立刻到最近的警察局去登记，说明我们已经到达该城市，并且我们是来看拳击比赛的。我学到了一点，并且从来也没有忘记。以后不论我到哪里去，我都要在没有打开行李箱之前就到警察局去打招呼。”

等他回到纽约后，萨尔瓦多·马兰扎诺就把他叫了过去，他想知道查理·卢西亚诺到克利夫兰去做了什么。这和当初的朱塞佩·马塞里亚几乎相同，任何上位者都会对手下心存忌惮和疑虑。当初查理·卢西亚诺到大西洋城参加大西洋城会议时也曾遭到朱塞佩·马塞里亚的质问。

于是他又把当年的说辞说了一遍，他说他不可能每件事情都向萨尔瓦多·马兰扎诺汇报，他只是去看了场拳击比赛。

萨尔瓦多·马兰扎诺明白查理·卢西亚诺是他需要的助手，因此他并没有深究。只不过他还是对查理·卢西亚诺产生了怀疑，他再次询问查理·卢西亚诺杀死朱塞佩·马塞里亚的详细经过。尽管外界对于“乔老板”的死有多种解读，但是萨尔瓦多·马兰扎诺还是相信查理·卢西亚诺亲手杀死了朱塞佩·马塞里亚。

不过此时的查理·卢西亚诺未免有些得意忘形，他刚刚得到了全国的支持，所以他疏忽大意地把杀死朱塞佩·马塞里亚的实情告诉了萨尔瓦多·马兰扎诺。“即使你带着你的相机亲自在场，你也不可能拍下我扣动扳机的照片，正如报纸说的那样，‘乔老板’被杀的时候我正在厕所里。所以你别再神经质地挂念这种事情了，把它忘了吧。”

萨尔瓦多·马兰扎诺听到查理·卢西亚诺这样说，他惊讶地睁大了眼睛。查理·卢西亚诺坚持不肯亲手杀死自己的上级，这表明他并没有完全被萨尔瓦多·马兰扎诺掌控在手中，“幸运小子”依然是个定时炸弹。而且此时芝加哥的阿尔·卡彭也表示不会屈从于萨尔瓦多·马兰扎诺的统治。幸好查理·卢西亚诺这个脾气火爆的“表弟”只是发泄不满，并没有公然宣称他更支持查理·卢西亚诺，不然萨尔瓦多·马兰扎诺一定会第一时间铲除他们。

但即便如此，萨尔瓦多·马兰扎诺还是决心要杀死查理·卢西亚诺，他列出了一份黑名单，查理·卢西亚诺、乔·阿多尼斯、维托·杰诺维斯和弗兰克·科斯特洛等人都在上面，而犹太人迈耶·兰斯基和本杰明·西格尔却没有被列入名单。有了目标之后，萨尔瓦多·马兰扎诺开始物色杀手，他找到了外号“疯狗”的文森特·科尔。“疯狗”科尔是个亡命徒，他是个爱尔兰人，也是个职业杀手，他没有任何操守，谁给他的钱多他就替谁卖命。

当然此时的查理·卢西亚诺还不知道萨尔瓦多·马兰扎诺已经决定杀死他们，他和迈耶·兰斯基等人正在计划如何暗杀萨尔瓦多·马兰扎诺。查理·卢西亚诺发现，萨尔瓦多·马兰扎诺经常待在他的新办公室内，他在那里从事合法的房地产以及进出口生意，这些合法的生意也为他的其他行业提供掩护。而且萨尔瓦多·马兰扎诺很谨慎，他可不愿意因为偷税漏税被逮捕，从这一点上来说，这个“小恺撒”比阿尔·卡彭要聪明些。因此他很乐意让财政部人员去查他的账目，以显示他是个正经商人。

迈耶·兰斯基按照查理·卢西亚诺的指示，从各个城市收买了三个犹太人枪手，这三个人再加上和查理·卢西亚诺长期合作的助手塞缪尔·莱文，他们一同组成了暗杀小组。迈耶·兰斯基在布朗克斯的郊区租了个房子，在那里训练他们，让他们看起来和真正的联邦税务人员一样。为了完成这样的训练，查理·卢西亚诺为他们提供一切他们需要的美食、美酒以及女人。查理·卢西亚诺后来估计，这项计划花费了8万美元，当然，这笔钱花得很值。

1931年9月9日，萨尔瓦多·马兰扎诺给查理·卢西亚诺打来电话，让查理·卢西亚诺到他的办公室去。查理·卢西亚诺知道时机到了，当天晚上，他和迈耶·兰斯基来到杀手们居住的房间，在进行最后的演习后，查理·卢西亚诺把“三指布朗”汤姆·卢切斯介绍给四名杀手，此时的汤姆·卢切斯已经成为萨尔瓦多·马兰扎诺面前的红人。

9月10日下午2时，萨尔瓦多·马兰扎诺等待“疯狗”科尔的到来，他要命令“疯狗”科尔在当天就杀死查理·卢西亚诺。当天萨尔瓦多·马兰扎诺的办公室内空无一人，一切都在为刺杀查理·卢西亚诺做着准备。

但是此时汤姆·卢切斯却不请自来，他是萨尔瓦多·马兰扎诺的“亲信”，并且还是汤姆·加利亚诺的二老板。所以萨尔瓦多·马兰扎诺一时半会找不到合适的理由让他离开。这时，四名打扮得像是公务员的人也走了进来，他们自称是联邦官员，并询问哪位是萨尔瓦多·马兰扎诺。由于这个办公室经常接待联邦官员，因此没有人想到详细询问他们是哪个部门的。

萨尔瓦多·马兰扎诺毫不迟疑地说他就是，此时汤姆·卢切斯也点头示意，在确认了目标之后，他们锁上了门，然后让萨尔瓦多·马兰扎诺、他的秘书格蕾丝·塞缪尔斯小姐、汤姆·卢切斯以及五名保安站成一排。这个场景和情人节大屠杀很类似，只不过这次的刺杀比那次更有技术含量。

杀手们并没有急于杀死萨尔瓦多·马兰扎诺，他们用枪顶着他的后背，把他押到了他的私人办公室内。随后，杀手们拿出刀子，准备不声

◆ 1931年9月10日，查理·卢西亚诺手下四名杀手冒充官员伙同“三指布朗”汤姆·卢切斯谋杀了萨尔瓦多·马兰扎诺。图为萨尔瓦多·马兰扎诺的尸体

不响杀死萨尔瓦多·马兰扎诺。然而萨尔瓦多·马兰扎诺并不像“乔老板”那样是个只知道吃的废物，他尽力反抗，杀手们没有办法，最后还是掏出手枪解决了他。这个美国黑帮教皇死相凄惨，他的胸前和身上被砍了六刀，脖子被砍断了，头和身上还有四处枪伤。

杀手们成功之后就跑出了办公室，随后，萨尔瓦多·马兰扎诺的保镖们也跑了出来。他们担心如果继续留在那里会被连累杀死。而当这些保镖跑下楼的时候，“疯狗”科尔才到达这里。在知道他的雇主已经死掉后，他只好揣着2.5万美元的预付款离开。

就在“乔老板”死后五个月，“小恺撒”也见了上帝。上帝收回了这些抱有陈旧观念的“胡子皮特”。美国黑帮的秩序再一次被重建，而这一次，负责人不再是“老板”，更不是“牧师”，而是一个真正的“教父”。

教父的权力

我不关心你的所作所为是正确的还是错误的，我只是要你知道，只

◆ 在铲除了朱塞佩·马塞里亚和萨尔瓦多·马兰扎诺之后，查理·卢西亚诺如愿以偿成为了美国黑帮教父

有我有权力做出决定，因为我是教父，唯有我的死亡能否定它。

——电影《教父》

那些思想陈旧的老年人终于全部进入了上帝的怀抱，剩下的事业就需要年轻人去完成了。萨尔瓦多·马兰扎诺获得了和他身份相称的豪华葬礼，即便查理·卢西亚诺一手策划了谋杀他的计划，但是查理·卢西亚诺还是坚持用长长的送葬车队、鲜花、眼泪和庄严的悼词为他送别。

查理·卢西亚诺一直身居人下，并且在各个老大的身边都没有一个准确的定位，即便他作为朱塞佩·马塞里亚或者萨尔瓦多·马兰扎诺的副手，但是他的主要心思也没有放在他们的组织上。事实上，他曾跟随的老大都或多或少地对他有过帮助。

在评价那些老辈黑帮老大对他的影响时，我们可以看到，阿诺德·罗斯坦教会了他如何穿衣打扮，在什么场合应该使用怎样的谈吐；而他跟随朱塞佩·马塞里亚的时候，也锻炼了他忍耐的心性；而最后他跟随萨尔瓦多·马兰扎诺则培养了他奸诈、腹黑的眼光。

随着“乔老板”和“小恺撒”的丧生，查理·卢西亚诺已经成为公认的黑帮老大，然而根据这些年来在美国黑帮内奋斗的经验，查理·卢西亚诺认为西西里人那一套家族族长的规则在美国是没有市场的，萨尔瓦多·马兰扎诺的君主制度已经和他一起去见上帝了，现在查理·卢西亚诺要走的道路是团结和共同繁荣。从今以后，美国的黑帮应该走上各自独立、互相尊重但又目标统一的道路。

查理·卢西亚诺明白，他不能够像朱塞佩·马塞里亚或者萨尔瓦多·马兰扎诺那样强迫乔·普罗法西、乔·博南诺、弗兰克·斯卡莱斯以及阿尔·卡彭等人屈服自己。这些人曾经支持过他，也对他表示出了尊重，那么他们也希望能够从查理·卢西亚诺那里获得尊重。因此，查理·卢西亚诺意识到，他必须坐在类似萨尔瓦多·马兰扎诺的位置上，这些黑帮老大的希望表现出一种意大利人传统思想上的矛盾，既渴望领袖去领导，却又抵制绝对专制的领袖。

萨尔瓦多·马兰扎诺被除掉之后，这些黑帮老大从美国各地发来了贺信，并且都表示出了对查理·卢西亚诺的拥戴。但是这也是一种警示，查理·卢西亚诺必须对未来的计划做出更详细的规划。查理·卢西亚诺必须避免像那些“胡子皮特”般众叛亲离，他不能够像萨尔瓦多·马兰扎诺那样要求所有人都来见他，相反，查理·卢西亚诺必须主动去找他们。几个星期之后，美国各地的黑帮老大再次聚集起来，这次他们把聚会的地点选在了芝加哥，查理·卢西亚诺的“表弟”阿尔·卡彭为他举行了盛大的招待会。

收到邀请的黑帮老大们来自全美各地，他们有的人甚至是第一次见到“幸运小子”查理·卢西亚诺，不过即便如此，这些老大的目的基本一致，那就是推举查理·卢西亚诺为新的老板。当然，查理·卢西亚诺不会有根深蒂固的血缘观念，实际上他对犹太人的好感众所周知。因此在他罗列的邀请名单中既有意大利人，也有爱尔兰人和犹太人。

阿尔·卡彭为了招待这些老板，他包下了芝加哥当地两个饭店，据说阿尔·卡彭在这两个饭店都有不小的股份。他将各个楼层分配给不同城市的黑帮成员，而最好的套间则留给了各个黑帮的老板。负责饭店安全的则是阿尔·卡彭的芝加哥犯罪组织的成员以及部分从芝加哥警察部队里雇来的警察。虽然阿尔·卡彭已经成为“芝加哥王”，但是芝加哥仍然是个危险的地方。即便是查理·卢西亚诺在事后也说：“在芝加哥单独行走是不安全的。”

查理·卢西亚诺和各个黑帮老板进行了会面，他并没有在大礼堂里发布讲话，而是面对面地和黑帮老大详谈。他承诺一切纷争都已经过去，美国的黑帮再也不要回到野蛮人一般互相争斗的情形，每个城市的每个集团都能够获得独立，但是在这种独立之上，还需要一种全国性的组织把各个城市的犯罪集团联合在一起。

美国的黑帮必须摆脱昔日的混战局面，必须停止一切无谓的厮杀。这些无意义的杀戮不仅会破坏他们正常的生意收入，还会引起群众的恐慌以及警方的注意。如果不停止自相残杀，那么各个地区的黑帮根本不可能正常经营。

其实早在许多年前，查理·卢西亚诺就受到了阿诺德·罗斯坦等人的影响，他早已经有了一个概念，早就决定日后美国的犯罪组织应该是什么样的。借着这次会议的机会，查理·卢西亚诺把他的想法说了出来。他提议，每个地方的犯罪组织都应该在其统辖地盘内拥有绝对的自治权，但是在各个黑帮的上面将成立一个全国性质的委员会。这就像是合法经营的公司的董事会，这个全国性质的委员会将决定各个黑帮大方向上的方针政策。所有黑帮的老板都是这个委员会的委员，委员会内的所有人都不会享有任何特权。即便委员会公认查理·卢西亚诺成为主席，但是查理·卢西亚诺也不会有比其他人更大的权力。

西西里联盟委员会是建立在萨尔瓦多·马兰扎诺建立的五大家族的基础之上的，因此这五大家族也被保留了下来，并成为委员会中最重要、最具有话语权的组织。不过也许是因为弗兰克·斯卡莱斯在卡斯塔拉马雷战争中做墙头草的表现，查理·卢西亚诺把他继承的势力交给了文森特·曼加诺。

除了对西西里联盟委员会进行详细的解读，查理·卢西亚诺还做了许多改良传统的事情，他极力避免大老板或者“老板的老板”之类的称呼，他认为这种称呼是对其他黑帮老大的不尊重。不过很多黑帮老大都对此表示不解，尤其是其中的西西里人，他们认为查理·卢西亚诺提出的规划方案实在太美国化了，这些犯罪组织几乎都变成了美国的公司集团。

当晚，阿尔·卡彭举行了盛大的宴会，查理·卢西亚诺紧靠着阿尔·卡彭，这让他觉得很有面子。不过当那些来宾像往常一样按照习惯给查理·卢西亚诺送上装满金钱的钱包时，查理·卢西亚诺却拒绝了，

◆ 甘比诺犯罪家族前老板文森特·曼加诺。查理·卢西亚诺成为美国黑帮教父之后，让他代替弗兰克·斯卡莱斯成为犯罪家族老板

他认为这种传统会让别的老板觉得查理·卢西亚诺仍然位于他们的上方，仍然不是处于和他们平起平坐的地位。

随后，查理·卢西亚诺还提出对委员会体系进行改良，以往每个黑帮内都是老板的权力过大，而底层成员的权力太小，就算这些底层人员有什么想法或者决策，也不能够让上级了解。因此查理·卢西亚诺建议在中间新构造一层上诉机构，这种机构可以让底层人员向上表达他们的想法以及不满。而且这种上诉机构的成员可以有多种作用，他们不仅可代表底层成员讲话，还能够做黑帮老大的顾问。因此这些上诉机构的成员具有举足轻重的地位，他们不必担心因为替底层人员说话而遭到报复。

站在权力顶峰的查理·卢西亚诺仿佛在瞬间过上了隐士般的生活，他住在旅店里，用“查尔斯·罗斯”的化名入住沃尔多塔楼。查理·卢西亚诺喜欢夜间的生活，因此他很少在中午之前起床，当他起床后，他就开始装扮自己。他有上百件丝绸衬衣，并在外面穿上得体的大衣。看起来他就像是个阔绰的银行家，没人会想到他就是整个美国黑帮最有权势的人。

打扮好之后，查理·卢西亚诺就到饭店去吃午餐，他喜欢和几个演员一起吃午餐，当时那些演员不会拒绝查理·卢西亚诺的邀请。随后则是他的晚餐时间，有时候弗兰克·科斯特洛、汤姆·卢切斯或者迈耶·兰斯基等人都会陪查理·卢西亚诺共进晚餐。

吃过晚餐后，他也会到街角去吃甜食，查理·卢西亚诺在年轻的时候就喜欢吃千层冰淇淋和意大利冰糕，当初他几乎每天都会和乔·阿多尼斯去吃冰淇淋，这种嗜好他一直没有改变。随后他就和同伴到郊区的克拉里奇旅馆的办公室去处理事务。

这间办公室算是查理·卢西亚诺等人早期的办公场所，当初他和迈耶·兰斯基、本杰明·科斯特洛、本杰明·西格尔等人在这个房间里做出了许多具有意义的决策。当然这个办公室里并没有任何机密的东西，这个办公室里只有几把椅子、一张沙发和一个桌子。如果警方突然检查这里，那么他们只能够找到几个坐着聊天的人。

在这个办公室里，查理·卢西亚诺处理了许多事情，也有许多人请求和查理·卢西亚诺见面。这些从各处到来的人同查理·卢西亚诺会面，请求他批准买卖彩票，经营各种赌博生意，实施抢劫或者投放高利贷等计划。可以说这个小房间已经成为黑帮的指挥室，那些人等在门外，直到接到了查理·卢西亚诺的召见。“幸运小子”同这些人进行简短的交谈，并就他听到的表示赞同或者反对，或者提出其他有建设性的建议。美国电影《教父》开头的场景也许也或多或少地借鉴了这个真实的地方。

查理·卢西亚诺成为美国黑帮的教父，他为其他黑帮解决问题，也为那些前来询问的人出谋划策。而此时的美国正如多年前约翰尼·托里奥预言的那样，已经开始允许酒类饮品的销售。随着富兰克林·罗斯福的上台，美国国会废除了《美国宪法第十八修正案》，禁酒时期至此结束。

查理·卢西亚诺和其他的黑帮老大并没有对这个重大的变故表现出太大的喜悦或者惊讶。因为他们早在1929年就已经预见《禁酒令》将被废除，这只不过是个时间问题。多年以来，查理·卢西亚诺等人一直在完善美国的有组织犯罪。他们在1929年的大西洋城会议上奠定了日后美国有组织犯罪的基础，在铲除了“乔老板”和“小恺撒”的势力后团结美国黑帮。他们早已经做好了准备。

当《禁酒令》被废除后，这些黑帮老大依然是酒类饮品的主要供货商，没有人比他们更懂得如何卖酒，而且也没有多少人敢于和他们竞争。当《禁酒令》被废除的那一刻，美国的所有私酒都被那些黑帮老大抛售了出去。并且他们把大部分的酒送给了美国各地的天主教堂和犹太教堂，在名义上，这些恶棍摇身一变成了安分守己的好人。

美国黑帮已经开始接手合法的售酒事业，他们那些在禁酒时期见不得光的地下酒吧也统统变成了合法的高级夜总会。

除了合法贩卖酒类饮品之外，美国黑帮还加快了其他事业的发展步伐。他们在赌博业风生水起，这些黑帮老大在新奥尔良、佛罗里达和新泽西等地建立大型赌场。黑帮老大们仍然牢牢把持夜总会的经营，他们为这些夜总会提供所需的威士忌。

美国此时公认的教父查理·卢西亚诺作为中间人，美国黑帮各个老大同伊诺克·路易斯·约翰逊达成了协议。美国黑帮可以在新泽西海岸开办赌博业。伊诺克·路易斯·约翰逊可以从中抽取25%的利润，而查理·卢西亚诺等人则提供赌博用的各种设备和全部费用。这个协议看起来对伊诺克·路易斯·约翰逊十分有利，但是他在当时是新泽西的地下皇帝，有他这个保护伞的存在，任何生意都会收获上百倍的利润，这是一次双方都会满意的交易。

美国黑帮老大开始把事业的重心转移到合法卖酒、影视业以及赌博业上，而颇有眼光的约翰尼·托里奥在这个时候又找到了查理·卢西亚诺等人，他以这群老板的顾问的身份提醒他们最好要写个人所得税申报书。从 1928 年开始，就已经有许多黑帮老大填写了申报书，上报了这些合法的生意。

查理·卢西亚诺在申报书上将自己的职业写成了“职业赌徒”，他声称每年的收入只有 1.6 万美元，而在接下来的几年内，他又把这个数字提高到了 2.5 万美元。这种做法看起来很可笑，如果你为自己的非法事业纳税，那么美国政府就不会指控你违法。

当然凡事总有例外，有些黑帮老板填写个人所得税申报书时已经太迟了，这让那些心怀壮志的年轻检察官得以施展自己的抱负。艾略特·内斯就是利用阿尔·卡彭税务上的漏洞将“芝加哥王”抓捕的。不过艾略特·内斯的结局未免有些令人唏嘘，由于美国联邦调查局局长约翰·埃德加·胡佛对他的打压，造成他最终只能升职到克利夫兰市警察局长的位置。

而另一位比艾略特·内斯要幸运得多的检察官则踩着美国黑帮险些成为美国总统。托马斯·杜威当时年仅 30 岁出头，尽管这个年纪在当时的检察官行列中尚显稚嫩，但是他在打击黑帮之中的成就却无人能及。正是他的出现，导致西西里联盟委员会不得不一致决定处死“荷兰人”达茨·舒尔茨，并且他还令美国教父查理·卢西亚诺进了大牢。

“荷兰人”达茨·舒尔茨并不是荷兰人，他是个犹太人，他的原名是阿瑟·西门·弗莱金海曼。他出生在纽约布朗克斯，很小的时候，达茨·舒尔茨就开始犯罪，由于这个家伙有类似阿尔·卡彭那样的虚荣心，所以他把自己的名字改得很短，这样就能够很轻易地出现在报纸的标题上。而且因为“达茨”有荷兰人的意思，所以他的朋友们都叫他“荷兰人”。

达茨·舒尔茨和许多美国黑帮老大一样，他也是在禁酒时期发家的。1928 年，布朗克斯区的私酒贩子乔伊·挪亚雇他作为运输私酒的保镖。达茨·舒尔茨脾气暴躁，性格残忍，他不容许别人侵犯他的利益。慢慢地，他从保镖成为乔伊·挪亚的合作伙伴。

当时掌控布朗克斯的是罗克兄弟，他们起初拒绝从乔伊·挪亚和达

◆ 美国黑帮成员达茨·舒尔茨。禁酒时期结束后，他开始从事赌博业，但在托马斯·杜威的步步紧逼下，他的生意遭到了压迫。为此，他提议谋杀托马斯·杜威

茨·舒尔茨那里购买酒类。不过随后兄弟中的哥哥约翰·罗克同意合作，但是弟弟乔·罗克仍然固执己见，直到他被达茨·舒尔茨绑架并被弄瞎了眼睛为止。现在所有人都不会再小看这个吝啬但暴躁的家伙了。

查理·卢西亚诺和达茨·舒尔茨也算是有着不错交情的伙伴，但是二者的关系并不算深厚，起码查理·卢西亚诺不会像对待迈耶·兰斯基

等犹太人那样对达茨·舒尔茨坦诚相待。因为达茨·舒尔茨是他见过的最小气的人。虽然达茨·舒尔茨手中拥有几百万美元的资产，但是他却穿着破烂不堪的衣服。甚至"荷兰人"曾经吹嘘他用来购买衣服的钱绝对不会超过35美元，而且这件衣服必须和两条裤子搭配。

不过即便查理·卢西亚诺并不喜欢达茨·舒尔茨，他们仍然还是很好的合作伙伴。达茨·舒尔茨性格果断，做事很痛快，常常能够完成查理·卢西亚诺需要他做的一些重要的事情。所以单独从能力上来看，达茨·舒尔茨是个值得信赖的伙伴。

而达茨·舒尔茨做的最漂亮的事情应该就是铲除了"疯狗"科尔。文森特·科尔是个单干的爱尔兰人，他几乎就是黑帮的雇佣兵。但是他也希望能够有一片属于自己的地盘。他看中了达茨·舒尔茨的地盘，提出共同分享，但是达茨·舒尔茨拒绝了。1931年7月28日，文森特·科尔企图绑架达茨·舒尔茨手下负责贩卖私酒的约瑟夫·里奥。当天约瑟夫·里奥正坐在一个社交俱乐部的前面，"疯狗"科尔将卡车停在俱乐部门前，几根枪管从车窗伸出，开始疯狂扫射。街边的许多路人都遭到了误伤，而且还有一个五岁的小男孩被机枪打死。当时纽约市长吉米·沃克公开称文森特·科尔为"疯狗"，而媒体更喜欢叫他"孩子杀手"。

两个月后，"疯狗"科尔接到了一个新工作，"小恺撒"萨尔瓦多·马兰扎诺花大价钱雇他去刺杀查理·卢西亚诺。然而文森特·科尔来晚了几分钟，当他到达萨尔瓦多·马兰扎诺的总部时，"小恺撒"已经被杀了。

现在这个"疯狗"已经处境堪忧，他不仅在公众面前的形象十分恶劣，还和当时的美国教父查理·卢西亚诺交恶。1932年，独来独往的文森特·科尔通过电话向欧文·麦登进行勒索，不过狡猾的欧文·麦登在稳住他的同时通知了达茨·舒尔茨。随后，三名枪手锁定了"疯狗"科尔的位置，将其枪杀。

当时美国正处于废除《禁酒令》的前期，达茨·舒尔茨在除掉文森特·科尔的同时也在准备将自己的事业进行转型。1930年前后，他看中了赌博业的广阔前景，达茨·舒尔茨的主要事业是从事数字彩票。这种赌博形式类似于现今的福利彩票，而人们不知道的是，这种彩票最开始是黑帮成员为了敛财而发明的。

起初达茨·舒尔茨并不看重这种用数字打赌的小游戏，因为他觉得

◆ 爱尔兰黑帮成员文森特·科尔。他是个独来独往的杀手，在和达茨·舒尔茨抢夺生意的时候，他曾用机枪射杀了路边的小孩，因此有人叫他“疯狗”科尔

这种赌博的利润十分有限，但是他后来看到了数字赌博背后的巨大潜力，因此他才在经过查理·卢西亚诺的同意后成为全美最大的彩票赌博经营者之一，他每天从赌博业中能够获取超过 3.5 万美元的盈利。除了赌博，达茨·舒尔茨还和查理·卢西亚诺等人共同掌控了纽约的皮草生意，这个生意早年就已经被路易斯·布查尔特等人掌握住了，因此要进入这个市场并不太难，只要查理·卢西亚诺允许，他就能够从中获利。

然而达茨·舒尔茨的事业并不是一帆风顺的，由于他没有填写 1929 年、1930 年和 1931 年这三年的个人所得税申报书，所以纽约的联邦大陪审团控告达茨·舒尔茨在这三年内从事贩卖私酒的生意的盈利至少为 48 万美元，因此他需要支付 9.2 万美元的税款。而且如果达茨·舒尔茨被判处有罪的话，他所需要承担的就不只是罚款那样简单了，一旦达茨·舒尔茨被定罪，那么他就必须要在监狱里度过长达 43 年的时间。

达茨·舒尔茨此次的敌人并不容易对付，当时美国在总统富兰克林·罗斯福的带领下，几乎正式向腐败的坦慕尼厅宣战，因而美国政坛正处于激进的改革之中。新任纽约市长菲奥雷洛·拉瓜迪亚四处宣扬要严厉打击贪污腐败和黑帮成员。

由于达茨·舒尔茨的个人所得税申报书并不完整，因此他也成为纽约市政府主要打击的对象。政府已经掌握了达茨·舒尔茨偷税漏税的详细证据，而他也试着贿赂相关人员。但是不幸的是，他的所有做法都被证明是无用的。

达茨·舒尔茨陷入了有生以来最大的困局，他的律师试图证明达茨·舒尔茨没有必要填写那三年的个人所得税申报书，但是法官驳斥了这种观点。在无计可施的情况下，达茨·舒尔茨只能认罪认罚。

随后的几个月里，达茨·舒尔茨居然信奉了天主教，人们认为这是他力图改变他在大众心中的形象的一种手段，但是查理·卢西亚诺可以看得出，达茨·舒尔茨的确是改变了自己的信仰。也许是第一次的审判让“荷兰人”害怕了。然而信奉了天主教的犹太人并没有学会上帝的怜悯。而且达茨·舒尔茨在美国，他并没有在天堂，所以在这里，上帝是没有话语权的。“荷兰人”显然没有搞明白现状，因此触犯了西西里联盟委员会的规章，付出了代价。

即便达茨·舒尔茨成为上帝的羔羊，但他的噩梦只是刚刚开始。1935年，托马斯·杜威走马上任，他再次拿可怜的达茨·舒尔茨开刀。当时达茨·舒尔茨的二老板阿伯拉罕·温伯格掌控着达茨·舒尔茨的产业名单，所以他在达茨·舒尔茨出现危机的时候把名单交给了查理·卢西亚诺等人。不久，达茨·舒尔茨的产业就被查理·卢西亚诺等人瓜分，虽然他们在名义上是为了保证他的产业不被联邦政府或者其他有野心的人吞占，但这也让达茨·舒尔茨很不舒服。这种感觉就像是他还没有进入墓地，朋友们就开始分割他的财产了。他们也设想过如果达茨·舒尔茨最后能够被判无罪，那么这些产业也会送还给他。但是他们都知道这不过是空口说白话，因为他们很信任托马斯·杜威，在他认真的调查下，达茨·舒尔茨一定会被判处有罪！

一直在外潜逃的达茨·舒尔茨不得不返回纽约，但当他发现他的产业都被他的二老板阿伯拉罕·温伯格出卖给了查理·卢西亚诺等人后，他开始在暗中监视阿伯拉罕·温伯格。9月，阿伯拉罕·温伯格从世界上消失了，如果没有他的配合，查理·卢西亚诺等人不会知道达茨·舒尔茨所有的产业，所以愤怒的达茨·舒尔茨亲手杀了这个叛徒。

按照目前的情形，达茨·舒尔茨似乎已经陷入了疯狂，他请求西西里联盟委员会允许他暗杀托马斯·杜威，因为托马斯·杜威不仅想要指控达茨·舒尔茨偷税漏税，还要直接指控他的谋杀罪，让达茨·舒尔茨直接坐在电椅上受死。

托马斯·杜威手上有证据证明达茨·舒尔茨和一起谋杀案有关，1935 年 3 月 2 日，达茨·舒尔茨亲手用枪杀死了朱尔斯·马丁，仅仅因为朱尔斯·马丁偷取了他几千美元。托马斯·杜威的步步紧逼让达茨·舒尔茨无计可施，他只能想到杀死托马斯·杜威这个方法。

几天后，对查理·卢西亚诺绝对忠诚的阿尔伯特·阿纳斯塔西亚偷偷告诉他，达茨·舒尔茨暗中让他利用谋杀公司的条件去调查托马斯·杜威，并对他的住宅进行监视。达茨·舒尔茨想要用最有效的办法杀死托马斯·杜威。

但是达茨·舒尔茨的这种做法已经触犯了西西里联盟委员会的准则。查理·卢西亚诺曾经宣布，他们不能够擅自杀死不属于自己组织的人，如果想要对这个人动手，那么就必须召开西西里联盟委员会会议，并且需要全体委员一致通过这个提议。哪怕有一个人对此进行否决，那么该提议也不能够通过。

当达茨·舒尔茨把要杀死托马斯·杜威的提议说出来之后，只有阿尔伯特·阿纳斯塔西亚和雅各布·夏皮罗赞同，其他人都表示反对。达茨·舒尔茨愤怒地表示他将用自己的力量去杀死托马斯·杜威。

查理·卢西亚诺感到达茨·舒尔茨已经成为潜在的威胁，目前托马斯·杜威在公众眼中是最合格的执法人员，也受到了众多市民的拥戴，一旦美国黑帮将他铲除，那么将引起社会和政界的动荡，这对想要低调发展的美国黑帮是十分不利的。

所以查理·卢西亚诺暗中又召集了美国各地黑帮老大，进行了秘密的会议。尽管达茨·舒尔茨有很多朋友，但是查理·卢西亚诺还是要求这些老大务必对此次会议进行保密，一个字也不能告诉“荷兰人”。

根据西西里联盟委员会成立之时所制定的规章，所有委员都拥有发言权，但是只有西西里人才可以投票。虽然查理·卢西亚诺想要废除西西里人的那种血统思想，但是迈耶·兰斯基却说如果贸然让西西里人失去高人一等的地位，那么将引起混乱。所以委员会便按照这样的制度来运行，而迈耶·兰斯基等人也没有投票权。最终的投票结果是全员一致同意处死“荷兰人”达茨·舒尔茨。

美国黑帮已经被整合成一个整体，所有人都必须按照西西里联盟委员会的规章制度行事，“荷兰人”达茨·舒尔茨是第一个违背委员会规章的人，因此他的结局也是注定了的。不过也不是所有人都赞同这个结果，迈耶·兰斯基就曾私下警告查理·卢西亚诺：“查理，我作为一个犹太人，并且是你最信任的朋友，我必须要警告你，如今达茨·舒尔茨是你天然的掩护，美国政府的那群人正死死地盯着他。但是如果‘荷兰人’被除掉了，那么你就暴露出来了，查理·卢西亚诺，你就像是个裸露在外的婴儿，你不再有任何掩护，对你有敌意的人能够直接伤害到你。你要知道，托马斯·杜威解决了达茨·舒尔茨，那么他下一个目标就肯定是你。”

迈耶·兰斯基的话让查理·卢西亚诺后悔不已，然而美国黑帮已经成为整体，而他本人正处于教父的位置，教父制定的规章不容违背。这是成为美国黑帮至高人物所必备的觉悟，即便查理·卢西亚诺明知道除掉达茨·舒尔茨会对他造成威胁，但是为了全体西西里联盟委员会成员的安全，他必须做出选择。教父的归教父，但是教父的选择却必须以全体美国黑帮的利益为重。

教父的抉择

我们准备试试我们的运气，战至最后一人。

——威廉·莎士比亚《亨利四世》

查理·卢西亚诺身为美国黑帮的教父，他不能够只考虑自身的安危。诚然，保住达茨·舒尔茨也许会让政府的视线一直锁定在他的身上，但是如果他真的杀了托马斯·杜威，那么将引起美国全境对黑帮的大力反击和打压，这对所有黑帮老大都是极为不利的。

因此，查理·卢西亚诺必须做出抉择，即便这抉择将把他带入险地。查理·卢西亚诺把杀死达茨·舒尔茨的任务交给了查理·沃克曼和伊曼纽尔·韦斯。前者是查理·卢西亚诺的一个司机，后者则是谋杀公司的杀手。

1935 年 10 月 23 日夜晚，达茨·舒尔茨正在新泽西州纽瓦克的皇宫饭店吃饭，这里是他最喜欢的餐厅，他总是到这里来就餐。当时和他在一起的有他的两个保镖阿贝·兰多和伯纳德·罗森克兰茨以及他的会计师奥托·伯曼。

当时饭店里已经没有什么客人，他们四个人坐在一起聊着天，而达茨·舒尔茨起身去上厕所。这时候查理·沃克曼和伊曼纽尔·韦斯推开饭店的门走了进来。查理·沃克曼进入饭店后在卫生间发现了达茨·舒尔茨，当时他正在小便。查理·沃克曼和伊曼纽尔·韦斯同时开火。查理·沃克曼射出了两颗子弹，但是子弹并没有射中达茨·舒尔茨的心脏，而是幸运地从略向下的位置穿过他的身体，并没有让他立刻死亡。

随后他们对饭店里剩下的三个人开枪，其中奥托·伯曼中枪后就倒在了地上，而达茨·舒尔茨的两个保镖则奋力还击。阿贝·兰多的脖子被子弹打穿，颈动脉也被划破。而伯纳德·罗森克兰茨更惨，他被近距离射出的霰弹打中。即便他们身上的伤都是致命的，但是他们还是奋力还击。

查理·沃克曼和伊曼纽尔·韦斯被迫退出了饭店，但是他们的任务也已经完成。伊曼纽尔·韦斯很快就钻进了车子里，并且他不管查理·沃克曼的死活就催促司机赶快走。阿贝·兰多追着查理·沃克曼出了饭店，试图用枪打中查理·沃克曼，但是并没有成功。随后查理·沃克曼离开了现场，阿贝·兰多则倒在路边的垃圾桶旁。

达茨·舒尔茨虽然被射中了，但他并没有立刻死掉，他不想死在卫生间里，所以他挣扎着走出了卫生间，并坐在了桌子旁边。他呼喊着让重伤的伯纳德·罗森克兰茨去叫救护车。伯纳德·罗森克兰茨给救护车打完电话后也在电话亭里失去了意识。

警察想从达茨·舒尔茨的口中获知是谁枪杀了他，但是达茨·舒尔茨拒绝和警方合作，直到他死去，他也没有出卖西西里联盟委员会的任何人。一天后，抢救无效的达茨·舒尔茨在接受了天主教的仪式后去世了。

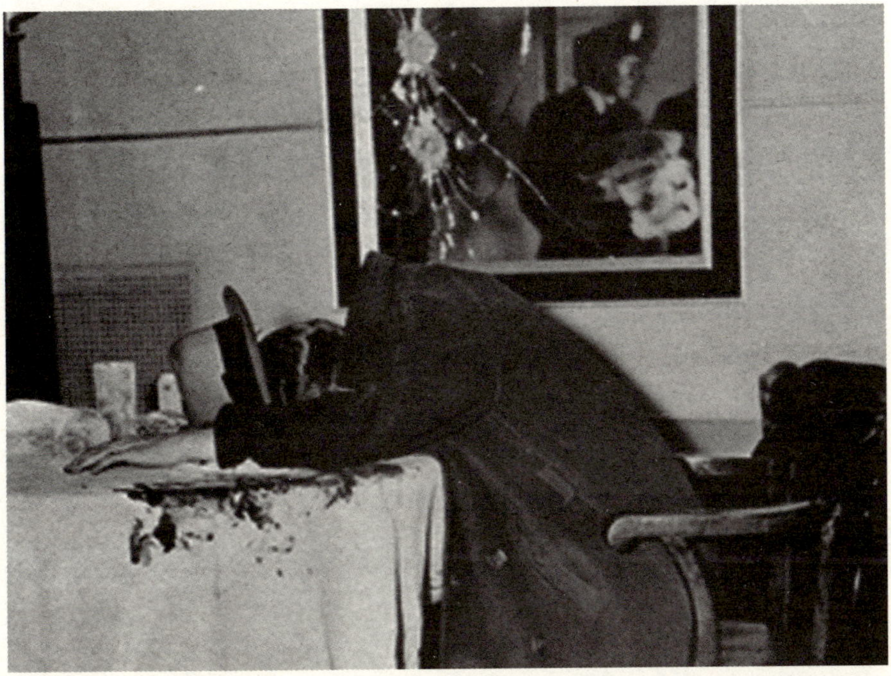

◆ 1935年10月23日，查理·沃克曼和伊曼纽尔·韦斯奉命暗杀他。图为中弹之后趴在桌子上的达茨·舒尔茨

达茨·舒尔茨是第一个被美国黑帮内部处决的黑帮老大，而他也在世界上留下了丰富的谈资。后来有人收集世界上巧合的事情的时候，还把他和数字23放在了一起。1932年，他命令人在纽约23街杀死了“疯狗”科尔，当时文森特·科尔正好23岁。23日，达茨·舒尔茨被人谋杀，而凶手查理·沃克曼在六年后被捕，在监狱内待了23年后获得假释。

威胁整个西西里联盟委员会的达茨·舒尔茨被内部处决，但随之而来的，则是托马斯·杜威越来越积极的行动。此时所有人都知道查理·卢西亚诺就是美国黑帮的教父，但是知道了这一点又有什么用呢？达茨·舒尔茨死掉之后，托马斯·杜威的打击对象就变成了查理·卢西亚诺，但是他这次的目标可不是简单的“荷兰人”那样容易对付的，想要把查理·卢西亚诺扔进监狱是十分困难的。

查理·卢西亚诺有非常完备的掩护体系，他用公开的大企业作为自己的保护层，所有调查他的人只能够触及皮毛，他的犯罪王国拥有最完善的体系。20世纪30年代，查理·卢西亚诺仍然操控着纽约的大部分犯罪活动，但是这些实际作案者和查理·卢西亚诺并没有任何直接的联系，他们之间有许多层级，用以确保查理·卢西亚诺的安全。

托马斯·杜威的确很能干，他抓了很多犯罪分子，但是这些处于底层的罪犯不可能接触到教父这个级别。这也正是教父查理·卢西亚诺的过人之处，托马斯·杜威审问的罪犯的确都有上级，但是这些顶头上司绝不是查理·卢西亚诺或者和他亲密的人，这些所谓的顶头上司永远只是些无关痛痒的人物。

永远没有人能够直接指证查理·卢西亚诺命令他做过任何违法犯罪的事情，也没有人敢说曾经亲手把钱交给了查理·卢西亚诺。但是所有人都知道查理·卢西亚诺掌控着这一切，托马斯·杜威知道，美国的司法界也知道，但是他们的手里就是没有能够在法庭上充分指证查理·卢西亚诺的证据。

这时候，托马斯·杜威的任何调查似乎都是在做毫无用处的努力。而在此时，一个和托马斯·杜威没有丝毫关系的情报却为案情带来了转机。负责对妓女提出公诉的一位女检察官妮丝·卡特在对那些妓女进行询问时意外发现，这些人的说辞几乎惊人的一致。这些妓女声称她们只是从乡下来到纽约看望老朋友的普通妇女，当她们按照老朋友给她们的地址去会面时，却遭到了埋伏在妓院附近的警察的逮捕，而她们一直坚称自己不知道那里是妓院。

这种说法表明这些女孩都经过了统一的训练，而且为这些女孩支付保释金的都是同一个律师，据说这个律师和黑帮有所勾结。每回他都会在确认保释金额后很痛快地出面交钱。通过这些，妮丝·卡特可以确定这些妓女是在有组织地活动，一定有一个规模庞大的组织在操纵一切。

她将她的猜想告诉了托马斯·杜威，后者对此表现出了浓厚的兴趣，他派出了很多手下去调查纽约各个地区的妓院，从中发现某些皮条客的名字出现得最为频繁，这证明这些皮条客更有可能和更高一级的领导者接触。

随着调查的深入，托马斯·杜威投入的人手越来越多，而且他的目的很明确，他需要找到能够明确表明查理·卢西亚诺和卖淫集团有关的有力证据。托马斯·杜威很快就找到了皮条客里最有权势的人，他不认为这个看似是卖淫集团老板的家伙会不经过首领的同意就下达指示，于是他把调查方向锁定在这个皮条客身上。

1936年1月底，尽管托马斯·杜威还没有找到能够指控查理·卢西亚诺的证据，但是他已经有充足的证据去抓捕那些在卖淫集团中比较重要的成员。2月1日，大量的侦探和警察对纽约的妓院进行扫荡，抓捕了超过100名妓女和十几名皮条客。

虽然这次行动没能伤及查理·卢西亚诺的利益，但是托马斯·杜威自然有他的主意，他让手下的工作人员不分昼夜地审讯抓捕回来的罪犯，务必抓出藏在这个卖淫集团背后的大首脑。

很快这些被抓的人就发现托马斯·杜威等人并不在乎他们是否犯罪了，这些警察和检察官只想从他们身上得到查理·卢西亚诺胁迫女孩卖淫的充足证据。只要这些被审讯的人能够把查理·卢西亚诺牵扯进来，那么他们就可以平安无事。甚至如果他们能够保证出庭并指证查理·卢西亚诺，那么托马斯·杜威不仅会撤销对他们的指控，还会让他们生活得更好。当然了，如果能让查理·卢西亚诺成功把牢底坐穿，那么这些人大概还会得到托马斯·杜威的奖赏。

这个讯息很快在接受审讯的罪犯之中传递开来，而且各个监狱也传达了同样的消息，如果保持沉默不和托马斯·杜威配合，那么等待他们的只能是深牢大狱；如果出庭做证指控查理·卢西亚诺，那么他们将获得自由。

经过了一个月的努力，托马斯·杜威终于获得了他想要的东西，哪怕这指控并不真实，但其中也必定有真实的。查理·卢西亚诺即将面临他人生中最严重的考验，他必须再次以教父的身份做出抉择。

然而他这一次并没有掌握抉择的主动权，因为他虽然知道托马斯·杜威抓了大量的卖淫集团成员，但他还是没想通托马斯·杜威会以什么样的理由起诉他。在他看来，托马斯·杜威根本无法对他提出有力的起诉。

然而3月底的一个晚上，查理·卢西亚诺在警局内部的线人发挥了作用，有个警察给查理·卢西亚诺打电话，提示他该享受个假期了。虽然查理·卢西亚诺并不确定托马斯·杜威会怎样对他下手，但他还是决定暂时离开纽约，等事情平稳之后再回来。谨慎的查理·卢西亚诺并没有等待，他连夜偷偷地从公寓的载货电梯离开住处，上了汽车后就走了。

查理·卢西亚诺略显狼狈地出逃了，他先到费城住了几天，然后又通过纽约的朋友确认了现状，随后他驾车到克利夫兰，把自己的汽车扔在那里后他又坐火车到阿肯色州，在阿肯色州最大的城市小石城躲了起来。

托马斯·杜威已经对查理·卢西亚诺采取了行动，负责调查卖淫集团的特殊陪审团在听取了所有证人的证词和托马斯·杜威收集的证据之后，宣布了结果，陪审团指控了许多和卖淫集团有牵连的人，在最后，则指控查理·卢西亚诺为卖淫集团的幕后老板。查理·卢西亚诺被控犯有 90 件强迫卖淫罪，在最后定罪的时候，这个数量被减为 62 件。托马斯·杜威在全国通缉查理·卢西亚诺，在得知他躲在阿肯色州之后，通过严厉的手段把他带回了纽约。

查理·卢西亚诺找来了纽约最精明的律师之一摩西·波拉科夫，希望能从他那里得到更具专业性的建议。摩西·波拉科夫告诉他，形势对他很不利，现在纽约的报纸上刊登的都是托马斯·杜威的一面之词，纽约人已经判定查理·卢西亚诺是有罪的，这简直就是个死局。摩西·波拉科夫还指责查理·卢西亚诺，说他逃出纽约是个坏主意，而且他在阿肯色州拒绝回到纽约这一点也会成为法庭上的把柄。

查理·卢西亚诺等人都知道托马斯·杜威会用怎样的手段去对待他，托马斯·杜威会让许多妓女和小流氓去指证查理·卢西亚诺，而这些指证之中却是真假各半的。这也就证明托马斯·杜威为了把美国的教父送入监狱，不惜威逼利诱那些证人。

当时查理·卢西亚诺的朋友们都没有认真对待这件事情，他们都知道查理·卢西亚诺不会留下马脚，所以他们一边开着玩笑一边胡乱出主意。直到摩西·波拉科夫严肃地说明局势的严重性，那些匪徒才认真起来。查理·卢西亚诺承认这一次将是危机重重的挑战，为了能够从这场战斗中获胜，他将不惜所有。而在最后，查理·卢西亚诺为了这起败诉的官司花了足足 70 万美元。

其他人也在想着办法，对查理·卢西亚诺绝对忠诚但是做事鲁莽的阿尔伯特·阿纳斯塔西亚提出了最简单的处理办法，这个办法就是达茨·舒尔茨曾提议的干掉托马斯·杜威。而且他觉得现在杀死托马斯·杜威已经变成了刻不容缓的事情，他愿意亲自动手，并承担事后的一切责任。从这里能够看出他和达茨·舒尔茨的不同，“荷兰人”是为了自保，而阿尔伯特·阿纳斯塔西亚则是愿意为查理·卢西亚诺牺牲。

虽然很多人都同意阿尔伯特·阿纳斯塔西亚的建议，不过查理·卢西亚诺并不想杀死托马斯·杜威，因为这样的话势必会让西西里联盟委员会成为美国公敌。他说：“这样是不行的，我们早就在芝加哥下定了决心，你们应该还记得。我们决定不杀记者、警察和地方检察官，想要杀了他们很简单，但是这样所造成的后果对我们很不利。我不希望因为杀托马斯·杜威给我们带来麻烦，我现在重申一下，我们不能杀托马斯·杜威，起码现在绝对不能动他。”

阿尔伯特·阿纳斯塔西亚从来不会违背查理·卢西亚诺的命令，他不得不放弃了杀死托马斯·杜威的计划。现在查理·卢西亚诺的朋友们只能够通过正当途径去保护这个教父，他们花大价钱去找律师，并且通过各种途径去了解托马斯·杜威将用什么证据去指控查理·卢西亚诺。教父再次选择了对更多人有利的选项，而这次抉择却失败了，托马斯·杜威凭借把美国教父送进监狱而大出风头，最终更当上了纽约州长。

1936 年 5 月 13 日，位于纽约曼哈顿的纽约最高法院开始审理纽约州对查理·卢西亚诺等人的控告，他们的罪名是强迫卖淫。审判庭庭长是在社会上享有盛名并且以捍卫公民自由为己任的菲利普·麦库克法官。站在被告席的则是查理·卢西亚诺以及其他几名涉嫌操纵卖淫集团的罪犯。而起诉书中提到的另外三人则作为污点证人出庭做证。

特别检察官托马斯·杜威志得意满地坐着，他的身高并不高，但是他那修剪整齐的小胡子让他看起来格外精神。托马斯·杜威曾经借助美国黑帮的内部矛盾成功指证欧文·韦克斯勒偷税漏税，并迫使西西里联盟委员会决定处决达茨·舒尔茨。托马斯·杜威常说自己是社会的武器，要惩处那些道德败坏的黑帮成员。

审判开始，托马斯·杜威率先发起了攻击，他将起诉的矛头直指那些被告，尤其是查理·卢西亚诺，托马斯·杜威的首要目的就是将查理·卢西亚诺定罪。托马斯·杜威说在几年之前纽约也存在卖淫，但是当时并没有一个大的组织去操控犯罪，只是一些个人或者小规模的经营团体。不过在查理·卢西亚诺插手卖淫业后，他警告那些独立的经营者，纽约以后归他的集团负责，就因为查理·卢西亚诺的一句话，这些经营者必须让出生意。查理·卢西亚诺让自己的手下掌管卖淫集团，据托马斯·杜

◆ 托马斯·杜威。他曾任检察官，并凭借抓捕查理·卢西亚诺的功绩在仕途上一帆风顺，后来和美国黑帮进行交易，成功竞选纽约州州长

威所说，这个卖淫集团控制着纽约市内各个区超过200家妓院、3000多名妓女。仅仅凭借操控卖淫，查理·卢西亚诺每年就能够获得1200万美元的收入。

托马斯·杜威开始让他精心挑选的68名证人出庭做证，这个做证的过程将持续三个星期。这些证人大多数都是普通妓女、管理妓女的老鸨。这些妓女并不能指认出查理·卢西亚诺，因为她们之中的大多数都存活在组织的最底层，她们只能够指出谁是对她们下达命令的上级，却不能够接触到更高级的存在。

在起先的证词中，这些证人只是在描述妓院内部的情形，描述她们悲惨的遭遇。许多姑娘都被关在破烂的旅馆里，她们只能用自己微不足道的收入去支付房租。这些妓女每天都要工作半天以上，而她们在一天结束之后还要把收入的一半上交，上级们再去分割那一半的收入。这些妓女在妓院遭到了非人的待遇，她们有的被迫染上了毒瘾，而负责领导她们的皮条客则利用毒品去控制她们。

查理·卢西亚诺对这些都不置可否，他不知道托马斯·杜威用这样的证词有何用意，在这几天内，没有任何人提到"幸运小子"查理·卢西亚诺，似乎他是到法庭旁听的路人一般。但是他不知道，这些妓女的悲惨遭遇已经打动了法官和陪审员，现在他们正等待着那个充满罪恶的名字，而且他们现在很相信那些证人所说的话。

接下来出庭做证的是三名污点证人，首先做证的证人只是说他曾经是个妓院老板，拥有35家妓院，但是后来都被强制收走了，他从老板变成了小弟。不过他只知道他的领导的名字，他并不知道谁是查理·卢西亚诺。这个证人的证词让查理·卢西亚诺松了口气。

但是接下来的两名证人却给出了具有威胁的证词，他们声称有人威胁他们，如果不加入新的卖淫集团，那么查理·卢西亚诺会派人来整治他们。并且他们还说有人告诉他们，一旦加入了卖淫集团，那么"幸运小子"查理·卢西亚诺将为他们撑腰。并且那些人还严禁他们对外提及查理·卢西亚诺的名字。

查理·卢西亚诺听到这些证词后显得很激动，他知道这些人说的都是谎话，他不可能让手下打着他的旗号明目张胆去招揽其他人。他让律师提出异议，但是法官却否决了他的异议，随后陪审员们都用看蟑螂的表情看着他。

紧随其后出庭的是一名小流氓，查理·卢西亚诺的确认识他，但是这个人只是个下等的小偷，他和查理·卢西亚诺唯一的交往就是尽其所能地拍马屁。如果查理·卢西亚诺想要什么东西，那么这个小子一定会第一个冲出去，但是这家伙已经因偷盗被判处终身监禁。

这个名为乔·本迪克斯的小偷早已经因多次偷盗屡教不改而被判处终身监禁，但是托马斯·杜威曾通知各个监狱，如果哪个犯人能够提供充足的可以让人信服的情报去控告查理·卢西亚诺，那么这个犯人就能够获得宽大处理。

据他自己所说，他早在1925年就认识了查理·卢西亚诺，不过随后他就因偷盗入狱。出狱后，他又在1935年见到了已经成为美国黑帮教父的查理·卢西亚诺，后者向他介绍了组织卖淫的犯罪集团，并且提议让他当个收账人。

查理·卢西亚诺感到十分愤怒，他不可能让一个低微又前科累累的家伙去替他收账，这是彻彻底底的诬陷。但是由于乔·本迪克斯的确曾经和查理·卢西亚诺接触过，所以他的谎话很逼真，至少法官和陪审员都认为他说的是真实的。

1936年5月22日，开庭第十天，托马斯·杜威派出了他的杀手锏，弗洛伦斯·布朗作为证人走进了法庭。这个看上去略显憔悴、神经衰弱的女人是如此可怜，当她走进法庭时，法官都会发善心地对她投去关怀的目光。显然托马斯·杜威准备让她以一个饱受欺凌的弱小女人的形象去控诉。

她在做证时指出，她曾经亲眼在会议上看到查理·卢西亚诺在领导那些皮条客。这个女人像一台标准的机器一样述说着查理·卢西亚诺是如何下达指令，如何让手下人暂避风头，躲过托马斯·杜威的调查的。据弗洛伦斯·布朗说，查理·卢西亚诺希望先退出卖淫集团，等托马斯·杜威放弃调查后，再重新整合卖淫业。她信誓旦旦地说查理·卢西亚诺曾说过不能纵容下层妓女和老鸨，必须用暴力去压迫。

这个年纪轻轻就被人用毒品控制住的女人所讲的故事如此令人同情，甚至让听者感到恐惧，她的证词直接证明了查理·卢西亚诺和卖淫集团有所勾结，并且还是查理·卢西亚诺授命手下用暴力去让她们屈从。托马斯·杜威对这种情况很满意，据说他当时的表情十分神气，看上去他已经胜诉了。

查理·卢西亚诺如同傻子一样坐在那里，他根本没见过这个姑娘，他十分确定这一切都是托马斯·杜威设计好的。当他的律师不断询问细节的时候，弗洛伦斯·布朗只是在不停重复她说过的话。

四天后，托马斯·杜威又带来一个有分量的证人，南希·普雷塞曾经做过达茨·舒尔茨、西罗·特拉诺瓦、乔·阿多尼斯甚至朱塞佩·马塞里亚的情妇，当然她也和查理·卢西亚诺有过交往，这些都能证明她同这些黑帮老大有过接触，因而她的证词更有可信度。她在证词里述说了和查理·卢西亚诺认识的经过，并说在她困难的时候是爱慕她的查理·卢西亚诺主动帮助了她。她还描述了查理·卢西亚诺住所的样子，并且保证曾经听过查理·卢西亚诺通过电话对手下的卖淫集团发号施令。

查理·卢西亚诺感到异常愤怒，以他美国教父的身份，是根本不可能主动去找南希·普雷塞的。而且南希·普雷塞还在话语中暗示他身体患有顽疾。虽然当年他为了逃避兵役听从本杰明·西格尔的意见故意染病，但是这病也早已治好了。更何况现在这个女人在法庭上指出这点，让查理·卢西亚诺恼羞成怒，他在法庭上大喊大叫，而这正是托马斯·杜威希望看到的。

1936年5月29日晚上6时40分，这些证人终于全部做证完毕，对查理·卢西亚诺的审判暂时告一段落。在接下来的庭审中，查理·卢西亚诺不顾律师的警告，坚持要自己发言，而也正是他的发言害了他。

6月2日，查理·卢西亚诺在法庭上编造了他的一生，他轻松坦白他曾在17岁左右的时候因贩毒入狱，随后他接触到赌博业，成为职业赌徒。他的合伙人都可以证明，查理·卢西亚诺总是在赌桌上，因此他不可能操控卖淫集团。并且他否认认识那些证人，至于和他站在一起的被告，他也只承认认识其中几个。

不过托马斯·杜威比他更有经验和自信，他先是询问查理·卢西亚诺的出生地，随后他极力证明查理·卢西亚诺所说的大部分都是虚假的，托马斯·杜威试图证明查理·卢西亚诺曾在禁酒时期从事贩卖私酒的事业，并且他还一点一点撕破查理·卢西亚诺的谎言，并且他通过1929年萨尔瓦多·马兰扎诺对查理·卢西亚诺的绑架将其和黑帮活动牵扯在一起。托马斯·杜威念出了一长串名单，其中都是纽约和芝加哥等地的黑帮老大。查理·卢西亚诺承认了认识绝大多数人，但是他拒绝承认认识阿尔·卡彭和西罗·特拉诺瓦，因为这两个人恶行累累，对查理·卢西亚诺的现状很不利。

然而托马斯·杜威开始念查理·卢西亚诺的电话记录，表明他曾多次给阿尔·卡彭等人打电话。随后他又证实查理·卢西亚诺经常不分昼夜地给塞拉诺饭店打电话，而这个饭店正是卖淫集团的总部。在托马斯·杜威长达四小时的不停逼问下，查理·卢西亚诺知道自己一败涂地了。

“我觉得自己好像刚被人从洗衣机中捞出来一样，这并不是夸张，当我走进洗漱间，我能够看到我的衬衫全部湿透了，我的身上从头到脚都是淋淋的汗水。当天晚上，我翻看了报纸，上面写这一天对‘幸运小子’而言简直糟糕透了。但是即便他们是这样写的，他们也不会了解那天对我而言究竟有多糟糕。我从来没有感到那么累，似乎我可以睡上一个星期。我迫不及待地离开了法庭，事实上，我是跑出来的，查理·卢西亚诺逃跑了。”查理·卢西亚诺对那天的记忆十分清晰，因为那天对他而言是最失败的一天，一路从最底层的小弟当上了美国黑帮教父，一路都能战胜敌人的查理·卢西亚诺这次败了。

查理·卢西亚诺的律师们试着做最后的努力，他们想要为查理·卢西亚诺争取自由。但是这是十分困难的，尽管查理·卢西亚诺的律师一再强调那些证人都是演员，一再声明托马斯·杜威在做伪证。

但是托马斯·杜威站了起来，他慢慢述说自己用了多大的努力才让那些证人做证，他多次强调这个法庭是正义的法庭，证人们都是为了伸张正义才站在这里，他把自己捆绑在了道德的制高点上。最后，托马斯·杜威在结束发言时转过身子瞪住了查理·卢西亚诺，他愤怒地说：“这个人犯了令人震惊和憎恶的伪证罪，却还要装作是个正人君子。我相信在最后你们谁都不会怀疑，在你们面前站着的不可能是个职业赌徒，我相信，查理·卢西亚诺就是全美国最大的恶棍。”当托马斯·杜威坐下的时候，12个陪审员都显得异常兴奋，他们一定是把托马斯·杜威当成了偶像。

1936年6月7日早晨5时25分，法官宣判查理·卢西亚诺有罪；18日，宣布了对查理·卢西亚诺的判决，查理·卢西亚诺必须在纽约州监狱服刑30年至50年。这是对从事强迫卖淫的罪犯宣读的最重的判决。

美国黑帮教父查理·卢西亚诺因强迫卖淫被捕入狱，这是他自己所造成的后果。他拒绝了达茨·舒尔茨杀死托马斯·杜威的建议，拒绝了阿尔伯特·阿纳斯塔西亚为了救他再次提出的暗杀行动。他最后选择为

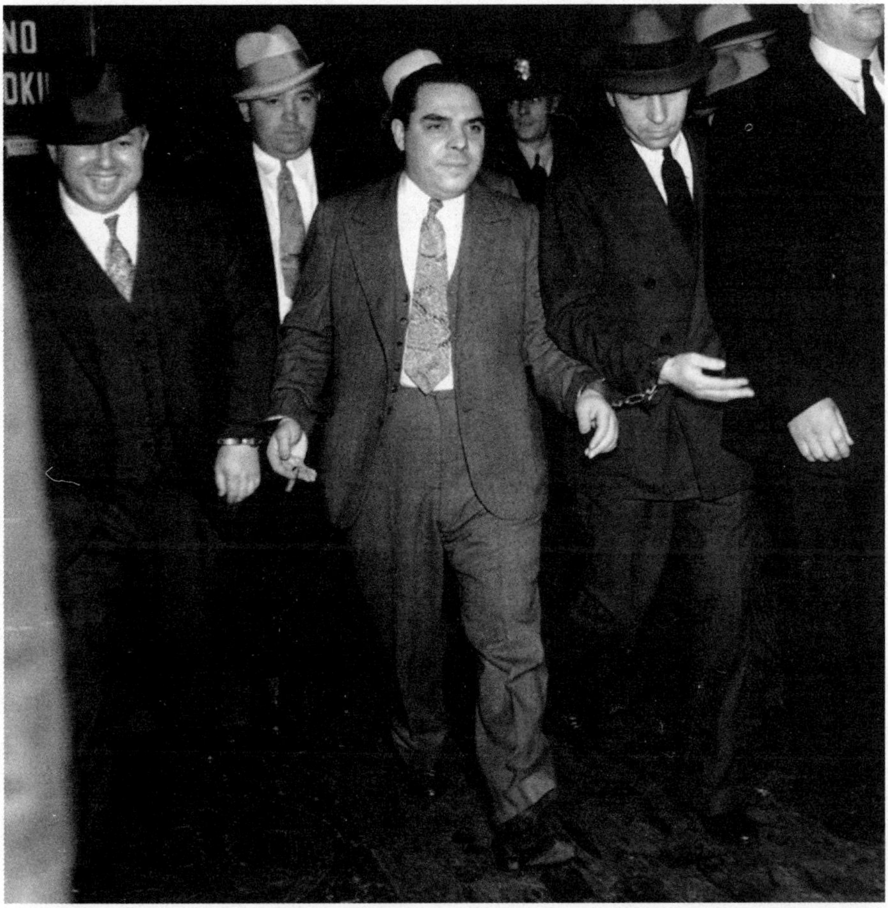

◆ 1936年6月18日，查理·卢西亚诺被指控操纵卖淫，被判处30至50年的监禁

了美国黑帮的集体利益付出了代价。当然他在一开始并没有认为托马斯·杜威有能力扳倒他，但是事实证明这是个错误。

查理·卢西亚诺入狱之后并没有获得太特殊的待遇，这点和他的芝加哥表弟阿尔·卡彭截然不同。不过他也不可能像其他罪犯一样待在肮脏的环境。通过简单的行贿，查理·卢西亚诺获得了图书馆管理员这份还算比较轻松的工作。他一直以来都为自己没能够获得良好的教育而深感遗憾，但他永远也不会想到自己会在监狱这样的地方获得重新受教育的机会。

尽管查理·卢西亚诺已经进入了监狱，但是他不可能放弃自己的犯罪帝国，这个美国黑帮教父在监狱遥控着自己的事业。他把个人财产统统交给了弗兰克·科斯特洛，并让他负责看住一向都不老实的维托·杰诺维斯；犯罪集团的财务被交给了迈耶·兰斯基，这个犹太人精于算计，是最好的财会人员；乔·阿多尼斯作为他的代言人同其他各个黑帮进行交涉。

这些人都会定时来看他，询问一些重要的问题，在查理·卢西亚诺做出决定之后，他们又把查理·卢西亚诺的口信和命令带回来。虽然这种统治和他亲自下达命令有所不同，但是人们还是选择服从，几乎没有人会对他的意见提出质疑。

虽然查理·卢西亚诺的黑帮事业仍然在继续，但是随着时间的推移，他的犯罪组织内部却出现了一些不和谐的声音。首先是本杰明·西格尔，这个帅气的小伙子越来越把自己当成明星，但是他这种张扬的性格和并不聪明的头脑将为他带来灾难。然后是维托·杰诺维斯，这同样是个张扬的家伙，他一直不肯放弃贩毒，而且由于他代管了查理·卢西亚诺的许多事业，导致托马斯·杜威将他作为下一个目标。托马斯·杜威相信如果他不离开美国，那么托马斯·杜威一定会让他坐在电椅上。最后则是迈耶·兰斯基，这个查理·卢西亚诺最信任的朋友开始在其他地方拓展业务，也许他是想要建立自己的帝国，也许他是想要让美国的犯罪事业在其他国度也得到扩张，但不论是哪种情况，一向精明的迈耶·兰斯基却遭遇了滑铁卢。

第五章 跨国犯罪

犹太黑帮的火烈鸟

我们前往此地播洒天主荣光，同时亦为了获得惊人财富。

——西班牙军人及作家贝尔纳·德·卡斯蒂略

美国的黑帮在查理·卢西亚诺等人的努力下终于整合成为一个有组织有纪律的大团体，但是在这个团体之中，占据主导地位的仍然是意大利人。虽然在这个团体之中，有着众多犹太人占据着重要的位置，但是他们不是作为黑帮的打手就是智囊。他们的地位永远没有得到伙伴们的正视。即便人们称他们是犹太帮，但是他们知道自己只是这些黑帮老大的附庸。

虽然犹太黑帮几乎是和意大利黑帮同时进入美国的，但是意大利人始终对这些既聪明又凶狠的家伙抱有警惕的心理，即便犹太黑帮涌现出了不少机敏的人才，但是意大利和爱尔兰等黑帮组织还是没有将其视为平等的交易对象，这种情况在阿诺德·罗斯坦出现之后稍稍有了改变。

阿诺德·罗斯坦是黑帮中的贵族，他富有智慧，是众多黑帮成员的启蒙恩师。阿诺德·罗斯坦教会了许多人为人处世的方法，他的思想也影响了西西里联盟委员会的各项规章制度。但是很不幸，这个犹太人所建立的黑帮组织并没有得到很好的继承。1928 年，阿诺德·罗斯坦不幸被暗杀后，他的遗产更多地被合作伙伴分享，而除了赌博业，他也没有留下更多的东西。

即便阿诺德·罗斯坦英年早逝，但是他的思想极富前瞻性，查理·卢西亚诺正是按照他的思想确立了西西里联盟委员会。而且在他的指导下，犹太人在黑帮之中的作用也越来越重要。其中最为重要的一个人就是迈

◆ 美国黑帮成员迈耶·兰斯基。他充分体现了犹太人的机智，在查理·卢西亚诺成为美国黑帮教父的道路上，他是最合格的军师和伙伴

耶·兰斯基，他可以说是阿诺德·罗斯坦最优秀的继承者。而除了迈耶·兰斯基之外，本杰明·西格尔也是犹太黑帮的领军人物。可以说这两个人一个代表着犹太人的智，一个代表着犹太人的力。他们在美国黑帮中的兴衰也象征着犹太黑帮的兴衰。

迈耶·兰斯基于1902年7月4日出生于当时俄罗斯帝国的格罗德诺。1911年，年仅九岁的迈耶·兰斯基跟随家人来到美国并定居于纽约布鲁克林。犹太人是世界上公认的最聪明的民族之一，迈耶·兰斯基在小时候也证明了这一点。他一直是学校里最聪明的孩子，尤其擅长数学。偶然的机会之下，迈耶·兰斯基发现他能够轻易计算出色子的各种排列组合，这种天赋让年轻的迈耶·兰斯基尝试赌博，但是在失败后他知道赌博只不过是骗局，那些人永远能够控制赌博。从那之后他不再赌博，但是他将会掌控赌博业。

某天，迈耶·兰斯基像往常那样在路边观看别人进行赌博，然而有一个参与者发现自己受骗，他引起了骚乱。在混乱中，有人拿出了手枪，迈耶·兰斯基从这些人中救出了一个比他年轻四岁、长相俊美的小伙子，这个人就是他以后最亲密的伙伴之一——本杰明·西格尔。他们在禁酒时期组成了一个组织，迈耶·兰斯基是大脑，而本杰明·西格尔是肌肉，双方的配合简直是最恰当的。

随后，迈耶·兰斯基又遇到了查理·卢西亚诺和弗兰克·科斯特洛。四个年轻人早期曾经是最亲密的伙伴，他们打家劫舍，成为街头五点帮内赫赫有名的小团体。曾经有一次他们四个想要抢劫河边的仓库，一向冲动的本杰明·西格尔准备按照往常那样冲在最前面，然而迈耶·兰斯基却提出了意见：“你们不能总是让犹太人冲在前面，而意大利人躲在后面。”查理·卢西亚诺狡猾地辩驳，但他不得不重新审视迈耶·兰斯基这样一个犹太人在他们团伙中的地位。

禁酒时期，迈耶·兰斯基和本杰明·西格尔组成了一个犹太人黑帮，他们为运输私酒的黑帮老板提供卡车，通过走私来收敛财富。虽然他们在禁酒时期并没有太直接地进行私酒贩卖，但是凭借他们和其他人的关系，他们既参与走私，却又游离在私酒事业之外。

禁酒时期，迈耶·兰斯基和他的好朋友们发现不论有多少酒，都无法满足人们的欲望，酒永远是不够的。这个时候，迈耶·兰斯基开始阅读经济类的书籍。有天，迈耶·兰斯基拿来一本哈佛大学教授写的《赚钱》给查理·卢西亚诺看。迈耶·兰斯基解释说，如果他们的手上有那些人们必须需要的却又得不到的大量东西，那么他们就可以在这个时候赚取大量的金钱。正是迈耶·兰斯基这种思想的启发，才让查理·卢西亚诺从贩卖私酒中获取了越来越多的利益，也让他们的犯罪集团变得越来越重要。

迈耶·兰斯基就像是阿诺德·罗斯坦的后继者，他永远待人温和，不失礼貌。而他最亲密的朋友本杰明·西格尔却又是另一种极端。本杰明·西格尔于1906年1月28日出生于纽约布鲁克林，他从小就在街头生事，他和迈耶·兰斯基的相遇也是一种命运，可以说如果没有迈耶·兰斯基，他也许早就死在了街头，但是据说他的死也和迈耶·兰斯基脱不了干系。

和迈耶·兰斯基不同，本杰明·西格尔不善于谋划，他更喜欢冲锋陷阵，他是个真正的战士。然而这个战士并不像古代的诺曼人那样浑身伤疤，本杰明·西格尔长相英俊、富有魅力，甚至他是第一个登上报纸头版头条的黑帮成员。查理·卢西亚诺说过：“人人都喜欢本尼。”

然而这个英俊的少年在打仗的时候永远都奋不顾身，以至于别人都叫他“疯子”西格尔，等到他成年之后，身份和地位都不同往日，所以别人也不敢在他面前再叫他“疯子”，而是叫他“虫仔”。本杰明·西格尔在还不到14岁的时候就参与到街头犯罪之中，他向商人收取保护费，并帮助他们烧毁竞争者的货物。本杰明·西格尔在少年时代就有抢劫、强奸以及谋杀的前科。

本杰明·西格尔还和阿尔·卡彭保持着密切的关系，当警方打算以谋杀罪逮捕阿尔·卡彭时，本杰明·西格尔通知了他并让他出去避难。本杰明·西格尔和阿尔·卡彭的性格相似，他们都喜欢对自己的资本进行夸耀。早在本杰明·西格尔21岁的时候，他就戒除了毒品，并且一直依靠毒品赚钱。他向身边的朋友炫耀他的富有，人们认为这个拥有美丽的蓝色眼睛的青年富有魅力并且很可爱。他丝毫不介意别人知道他的富有，他购买了豪华公寓，并且经常穿着华丽的服装游走在纽约的夜间场所中。

禁酒时期，他和迈耶·兰斯基组成的犯罪组织开始在纽约和新泽西

◆ 本杰明·西格尔性格张扬，他喜欢向别人炫耀自己的成功，禁酒时期，他和迈耶·兰斯基组成了犯罪组织

等地从事犯罪活动。迈耶·兰斯基将主要的精力放在走私运输上，这让他们能够和其他的黑帮老大保持良好的关系，而本杰明·西格尔则致力于暴力经营，他负责抢夺敌对势力的酒类饮品，并且负责对那些妨碍了他们的生意的人进行暗杀。

1929年1月，本杰明·西格尔同杀手惠特尼·克拉科夫的姐姐埃斯塔·克拉科夫结婚。本杰明·西格尔享有一代情枭的盛名，和他有关系的女性不计其数，但是真正有名分的也只有埃斯塔·克拉科夫。同年5月，本杰明·西格尔和迈耶·兰斯基到大西洋城参加大西洋城会议。这次会议奠定了日后西西里联盟委员会的基础，而本杰明·西格尔也在会议上体会到了成为一个受人尊敬的黑帮老大是多么重要，并且他和迈耶·兰斯基、查理·卢西亚诺等人共同讨论了建立西西里联盟委员会的相关事宜。

随后，“乔老板”朱塞佩·马塞里亚和“小恺撒”萨尔瓦多·马兰扎诺在纽约展开了激烈的卡斯塔拉马雷战争，这场战争让美国黑帮人人自危，众多黑帮成员死于非命。为了结束这场战争，“幸运小子”查理·卢西亚诺找到了本杰明·西格尔，让他和阿尔伯特·阿纳斯塔西亚、维托·杰诺维斯和乔·阿多尼斯枪杀了“乔老板”朱塞佩·马塞里亚。据说本杰明·西格尔在枪杀过后还将黑桃A放在了“乔老板”的手里。

1931年，查理·卢西亚诺在迈耶·兰斯基等人的帮助下又解决了“小恺撒”萨尔瓦多·马兰扎诺，最终真正建立了西西里联盟委员会，查理·卢西亚诺也被称为全美有组织犯罪之父。本杰明·西格尔难以忘怀刺激的冒险生活，他曾一度在谋杀公司内充当杀手，和阿尔伯特·阿纳斯塔西亚等人从事暗杀活动。后来他将主要的生意转到其他地方，谋杀公司也交给了阿尔伯特·阿纳斯塔西亚。

西西里联盟委员会成立之后，各个黑帮老大之间相安无事，全都按照西西里联盟委员会的规章制度行事。但是阿诺德·罗斯坦曾经的一个助手却有些不安分守己。欧文·韦克斯勒曾经受到阿诺德·罗斯坦的雇用，他本人也在禁酒时期从加拿大走私私酒。但是随着1928年阿诺德·罗斯坦的死亡，欧文·韦克斯勒的地位也开始下降。

欧文·韦克斯勒试图扭转这种局面，但是他目光短浅，选错了目标，他试图抢劫和打压查理·卢西亚诺、路易斯·布查尔特和迈耶·兰斯基等“少壮派”。他曾多次针对迈耶·兰斯基，欧文·韦克斯勒不仅夺取迈耶·兰斯基在赌博业中的利润，还在半路抢劫迈耶·兰斯基运输的私酒。然而他万万没想到，查理·卢西亚诺竟然成为美国黑帮教父。1933年，查理·卢西亚诺和迈耶·兰斯基等人向托马斯·杜威提供线索，导致欧文·韦克斯勒因逃税入狱10年。

随后，本杰明·西格尔开始追杀和欧文·韦克斯勒有生意往来的法布里奇奥兄弟。他们曾受到欧文·韦克斯勒的聘用，并企图暗杀迈耶·兰斯基以及本杰明·西格尔。在两个兄弟都被本杰明·西格尔的手下杀死后，托尼·法布里奇奥开始撰写回忆录，然后准备将回忆录交给律师，作为指证本杰明·西格尔的证据。

在托尼·法布里奇奥的回忆录中，占据篇幅最长的就是以本杰明·西格尔为首的在全国范围内追杀他的杀手组织。可惜在他的计划实施之前，本杰明·西格尔的手下就发现了托尼·法布里奇奥的踪迹。1932年，本杰明·西格尔因病住进了医院，但是他在住院当天夜晚就偷偷离开了医院，并伙同两名杀手来到了托尼·法布里奇奥的家，他们伪装成来调查的侦探，将托尼·法布里奇奥引诱了出来，然后杀了他。由于医院有他在当天的入院记录，因此他有充足的不在场证明，警方根本无法逮捕他。

虽然这次本杰明·西格尔有充足的不在场证明，躲过了警方的指控，但是因为这件事情已经让警方开始调查本杰明·西格尔，大家都认为本杰明·西格尔需要去外地躲躲风头。因为不仅警方想要逮捕他，许多黑帮老大也与他不和。为了保护他，本杰明·西格尔被送到了加利福尼亚。

本杰明·西格尔到加利福尼亚的主要任务是拓展赌博业并与当时掌控加利福尼亚的洛杉矶老大杰克·德拉格纳进行交涉。本杰明·西格尔有查理·卢西亚诺和迈耶·兰斯基作为后盾，因此他到洛杉矶之后想要做的并不只是拓展业务和洽谈合作，本杰明·西格尔想要吞并杰克·德拉格纳的产业。

然而杰克·德拉格纳也算是独霸洛杉矶的黑帮老大，他不可能如此轻易地就交出自己的产业。迈耶·兰斯基在送走本杰明·西格尔的时候也曾警告他，他不可能在短时间内铲除杰克·德拉格纳，为了避免争端并让双方都得到好处，最好的方法就是彼此之间友好合作。

本杰明·西格尔当然不会赞同迈耶·兰斯基的提议，他很快和杰克·德拉格纳见面。作为东道主，杰克·德拉格纳一副居高临下的样子，他劝说本杰明·西格尔不要浪费时间同他谈生意，因为他对彼此的合作毫无兴趣，相反，他还说本杰明·西格尔应该尽情在洛杉矶享几天清福。在交谈之中，杰克·德拉格纳傲慢无礼地显示他对本杰明·西格尔的蔑视。

本杰明·西格尔也懒得和他多说什么，他直接表明了自己的态度："杰克，我知道你曾经是洛杉矶的老大，但是现在你只有两个选择。要么带着你的那些手下跟着我干，这意味着我能让你那个小团伙变成真正具规模的大企业。当然，这并不是没有任何风险的，然而这个风险将由我们承担。同样地，兰斯基、卢西亚诺和我将占据75%的股份，你可以保留剩下的25%，虽然看上去你很吃亏，但我保证这样做的利润将比你现在的收入增加许多倍。而另一个选择就是，你可以用我的枪杀了我，现在，杰克，你只有五秒钟的时间做选择。"

面对本杰明·西格尔如此蛮横无理的态度，杰克·德拉格纳只是笑了笑，但是他身后的保镖则因出言不逊被教训了一番。后来，已经身陷囹圄的查理·卢西亚诺从狱中传话给杰克·德拉格纳，让他听从本杰明·西格尔的意见。杰克·德拉格纳最终知道自己没有能力和本杰明·西格尔作对，而且他不可能违逆美国教父的意愿。于是本杰明·西格尔享有了洛杉矶大部分权益。

在洛杉矶站稳脚跟之后，本杰明·西格尔开始向影视业进军，他凭借自己俊朗的外形，吸引了大量影视明星。当时许多明星都是他的座上宾，而他也为那些明星提供服务。本杰明·西格尔在洛杉矶享受着奢华的待遇，他成了洛杉矶的名人。许多明星和政要开始主动和他联络。

其中有个来自意大利的伯爵夫人也和本杰明·西格尔保持着良好的友谊。通过这个伯爵夫人，本杰明·西格尔在1938年到意大利见到了墨索里尼，本杰明·西格尔试着把武器卖给他。同时，他也见到了法西斯德国的赫尔曼·戈林和约瑟夫·戈培尔。因为他本身是犹太人，所以他差点儿计划要杀死他们，但在伯爵夫人的劝阻下，本杰明·西格尔放弃了这个想法。

1939年，本杰明·西格尔险些被送上电椅。当时路易斯·布查尔特遭到了警方的调查，他手下的杀手哈瑞·格林伯格逃到了加拿大，不久之后，他因为缺钱花，给西西里联盟委员会写信索要5000美元。并且

◆ 本杰明·西格尔和谋杀公司的部分成员。右数第二个就是哈瑞·格林伯格

哈瑞·格林伯格在信中暗示，如果得不到钱的话，他很可能会回国，并在接受警方保护的情况下把自己知道的事情告诉给托马斯·杜威。这种威胁已经让西西里联盟委员会判定他的死刑，并且阿尔伯特·坦南鲍姆受命去杀死他。然而哈瑞·格林伯格很幸运地躲开了阿尔伯特·坦南鲍姆。

1939年，哈瑞·格林伯格在洛杉矶露面，而那里正是本杰明·西格尔的地盘。为了防止哈瑞·格林伯格泄露对查理·卢西亚诺以及迈耶·兰斯基不利的情报，本杰明·西格尔决定亲自动手。1939年11月22日，他和惠特尼·克拉科夫、弗兰基·卡尔博以及一直追杀哈瑞·格林伯格的阿尔伯特·坦南鲍姆实施暗杀。然而不到一年，阿尔伯特·坦南鲍姆为了换取赦免供认了罪行，并且他同意做证指认本杰明·西格尔。

1941年7月30日，本杰明·西格尔的妻舅惠特尼·克拉科夫被人杀害，有人猜测是本杰明·西格尔为了自保所为。9月，本杰明·西格尔接受审讯，他在狱中拒绝吃监狱的食物，并享有女性探监的福利，而且他还可以凭借口腔疾病到医院就诊。最终，在缺少证人的情况下，阿尔伯特·坦南鲍姆的证词被驳回，本杰明·西格尔被释放。1944年5月25日，本杰明·西格尔又因收受赌注而遭到指控，但在年底，他又一次被无罪释放。

随后，本杰明·西格尔意识到作为一个合法商人将对他极其有利，尤其是他现在已经是警方的重点关注对象。本杰明·西格尔准备在内华达州的一片沙漠之中建立起一座世界级的赌城。本杰明·西格尔认为，内华达州的拉斯韦加斯的地理条件完全符合他的期望，他能够在这里大展抱负。其实早在20世纪30年代，本杰明·西格尔就曾和迈耶·兰斯基的手下到这里考察，但是当时迈耶·兰斯基对几乎是沙漠的内华达州毫无兴趣。

1945年，本杰明·西格尔开始把他的事业重心放在了拉斯韦加斯，他只在洛杉矶留了几个心腹去保证洛杉矶赌场的正常运营。本杰明·西格尔认为当时的拉斯韦加斯贫穷落后，他们能够以很低的价格让本地的农夫让出土地。本杰明·西格尔的手下给当地的农夫打电话，约好见面时间之后立刻以8000美元的价格买下他们的土地。随后，本杰明·西格尔这个好莱坞明星就又多了个身份，他是内华达工程公司的总监。

此时的本杰明·西格尔已经被自己的雄心壮志和爱情冲昏了头脑，人们都认为当时的拉斯韦加斯只不过是能够让过往旅客歇脚的地方，旅客在那里需要的只是清水和简单的食物，除此之外，他们只需要为汽车加点汽油和干冰块，以免汽车在穿越沙漠时因得不到有效的降温而烧坏。

但是本杰明·西格尔不这样认为，因为内华达州允许公开赌博，所以本杰明·西格尔认为只要在当地建设金碧辉煌的旅馆，并以奢侈豪华的建设和宾至如归的服务去吸引那些挥金如土的赌客，那么拉斯韦加斯就将成为美国黑帮的天堂，这里能够产生的利润将远远超过贩卖私酒。

本杰明·西格尔在拉斯韦加斯兴建的第一个旅店就是火烈鸟饭店。本杰明·西格尔认为火烈鸟能够带给人好运，他早年曾买过佛罗里达州海利跑马场的股票，这家跑马场内的小湖湖面就栖息着许多火烈鸟。由于他在海利跑马场获利颇丰，因此他认为火烈鸟是幸运的象征。甚至在兴建火烈鸟饭店的时候，本杰明·西格尔还将粉色作为建筑物的主色调。他把火烈鸟饭店装饰得富丽堂皇，并让自己的情妇弗吉尼亚·希尔一手操办。

弗吉尼亚·希尔曾经是乔·阿多尼斯的女友，然而乔·阿多尼斯身材不高，样貌也不算出众，和本杰明·西格尔这样身材高大、相貌英俊又出手阔绰的帅哥相比，实在没有多少优势。然而本杰明·西格尔太看重这个情妇了，他把所有业务都交给了弗吉尼亚·希尔操办，然而事实证明这将是本杰明·西格尔所犯下的最严重的错误。

自从本杰明·西格尔把心思放在了火烈鸟饭店之后，他就对其他事情完全不闻不问。内华达州允许赌博，所以内华达州也对赌博收取税收，但是即便这样，赌博的利润仍然无比巨大。

尽管本杰明·西格尔对拉斯韦加斯怀抱热忱，但他仍然是个理智现实的人。本杰明·西格尔知道，为了让更多的顾客到拉斯韦加斯来，除了赌博，他还必须要提供更多的东西。本杰明·西格尔计划在火烈鸟饭店内提供最精致的菜肴、最高档的美酒、最奢华的环境。并且他利用自己在好莱坞的影响力，找来几个当红影星作为诱饵把顾客吸引过来。除了最全面的服务，本杰明·西格尔还将价格调到最低，让火烈鸟饭店更具有吸引力，他相信没有人不会被低廉的门票所吸引的。

虽然许多人都不看好这项工程，但是碍于本杰明·西格尔在美国黑帮中的影响力，许多人都借钱给他。本杰明·西格尔凭借黑帮的势力，简直如鱼得水，一切应有尽有。由于第二次世界大战刚刚结束，所以许多建筑材料都很难搞到，况且当时的拉斯韦加斯还是荒凉的沙漠。但是在美国黑帮的压迫之下，那些建材商人不得不同意把建筑材料运到沙漠中去。

而且在荒凉地带建造一座富丽堂皇的现代化饭店，又要让其具有世界上最顶尖的赌博设施和娱乐设施，本杰明·西格尔势必要投入大笔资金。随着他对火烈鸟饭店愈加痴狂，他投入的资金也越来越多，已经远远超过了他自己所能承受的上限。

在这种情况之下，本杰明·西格尔已经没有回头的余地，他不得不请求迈耶·兰斯基动用西西里联盟委员会的资金。最初，本杰明·西格尔宣称建造火烈鸟饭店只需要200万美元，然而1946年12月，迈耶·兰斯基在哈瓦那会议上向与会的各地黑帮老大宣布，为了建造火烈鸟饭店，本杰明·西格尔已经花费了600万美元。当时美国经济并不景气，600万美元对美国黑帮来说已经是一笔很大的数目了。如果需要换算的话，其大概相当于如今的6000多万美元。

迈耶·兰斯基还说，火烈鸟饭店已经建造一年了，但是直到现在也

◆ 位于内华达州拉斯韦加斯的火烈鸟饭店。为了建造这座饭店，本杰明·西格尔已经花费了上百万美元

没能够竣工。为了建造火烈鸟饭店，本杰明·西格尔甚至还向非黑帮人员借钱。他甚至向和他关系不错的电影界的朋友借钱，声称他们是在向最大的金矿投资。

这些非黑帮的投资者对火烈鸟饭店迟迟不能开业心存不满，他们开始抱怨本杰明·西格尔，但是碍于他在美国黑帮中的地位和影响力，这些投资者也无处诉苦。由于美国制酒商人协会的理事也曾向本杰明·西格尔投资 25 万美元，所以这些投资者就建议本杰明·西格尔允许外人参与火烈鸟饭店的管理，以保证他们的投资的安全。

本杰明·西格尔迫于无奈，只好宣布将在 1946 年 12 月 26 日开张，而这个时候火烈鸟饭店并没有完全完工。本杰明·西格尔自己也知道，如果火烈鸟饭店不能为他挽回希望的话，那么他很可能被自己人杀死。因为为了他的拉斯韦加斯梦想，西西里联盟委员会已经付出了太多，一旦他失败，那么他就将是另一个“荷兰人”达茨·舒尔茨。而本杰明·西格尔不知道的是，12 月 22 日，美国黑帮主要的老板们已经宣判了他的死刑，而在这群人之中，既有他的多年密友迈耶·兰斯基，也有刚刚逃脱牢狱之灾的查理·卢西亚诺。

教父出逃

神并不是看不到自己选民的苦楚，他已暗中为他们预备一名拯救者，带领他们脱离苦境，这位拯救者就是摩西。

——《圣经·旧约》

1946年12月22日，西西里联盟委员会的主要成员聚集在古巴哈瓦那，举行了哈瓦那会议，其中查理·卢西亚诺在出狱之后首次出现在了公众的视线当中。1936年，美国教父查理·卢西亚诺因强迫卖淫被判有期徒刑30至50年，然而仅仅在他入狱10年后，他就离开了监狱。当然他并不是越狱逃跑的，相反，他是被他最大的敌人托马斯·杜威通过合法程序释放的，而被释放的原因则是查理·卢西亚诺对祖国做出了巨大的贡献。

查理·卢西亚诺被关在纽约州的达内莫拉监狱，这里环境简陋，处于一片荒凉没有人烟的平原上，监狱的四周都是厚厚的灰色砖石墙，显得格外阴森可怕。查理·卢西亚诺不可能永远待在监狱里。

1940年，查理·卢西亚诺开始和迈耶·兰斯基等人策划让他重获自由的行动。当时托马斯·杜威正准备竞选纽约州长，查理·卢西亚诺给迈耶·兰斯基带去口信，让他全力支持托马斯·杜威竞选。随后，当时宣判查理·卢西亚诺有罪的法官菲利普·麦库克也转变了自己对查理·卢西亚诺的态度，本来查理·卢西亚诺大可以利用这个契机想办法出狱，但是这个时候西西里联盟委员会手中的屠刀——谋杀公司却遭到了调查，这种氛围很不利于查理·卢西亚诺的获释。

但是很幸运，在不久之后，查理·卢西亚诺的另一个机会来了。1941年12月8日，美国总统富兰克林·罗斯福向日本宣战。第二次世界大战给了查理·卢西亚诺机会，他认为大战当前，又有谁会去在乎一个曾因为强迫卖淫而入狱的罪犯呢？

查理·卢西亚诺把迈耶·兰斯基和弗兰克·科斯特洛叫到了监狱，他们就接下来的计划进行了商讨。他们认为，让查理·卢西亚诺获得保释的唯一方法就是同纽约州州长建立起直接、有力的联系，而只有托马斯·杜威当选纽约州州长之后才能够释放他。因为托马斯·杜威正是凭借把查理·卢西亚诺关进监狱才声名显赫。

并且托马斯·杜威并不是完全正大光明的人，从他买通那些妓女来做假证就可以看出，托马斯·杜威只不过是个合法的流氓，他能够用法律的名义去说谎话，去诬陷别人。查理·卢西亚诺明白，只要给托马斯·杜威足够大的好处，那么托马斯·杜威就会为他所用。

由于第二次世界大战的主战场在欧洲，所以导致曾经出庭做证的那些人不得不从欧洲回到美国，而查理·卢西亚诺的人可以收买他们，胁迫他们，让他们修改口供，承认是托马斯·杜威强迫他们说谎诬陷查理·卢西亚诺的。

而商讨到这一步，弗兰克·科斯特洛又有了新的问题，如果纽约州州长不是托马斯·杜威的话，又该怎么办？查理·卢西亚诺转过头去问迈耶·兰斯基，迈耶·兰斯基很快就回答他们："我估计他将有八成把握竞选成功，如果他没有出任何意外，又有我们在暗中支持的话，那么他是一定可以当上纽约州州长的。共和党人没有别的更好的选择了，不过如果没有我们的支持，那么托马斯·杜威只能够在北边的地区获得优势，但是有了我们的帮助，他在纽约也可以得到足够的票数。"

查理·卢西亚诺已经明白托马斯·杜威在他们的帮助之下是一定可以竞选成功的，接下来就是另一个难题，如何让托马斯·杜威用大众能够接受的理由释放查理·卢西亚诺。要知道托马斯·杜威的目标并不只是成为纽约州州长那么简单，他真正想要的是成为美国的总统。而如果随意释放查理·卢西亚诺，那么即便他当上了纽约州州长，也会遭到弹劾，从而无法获得竞选总统的资格。

幸好查理·卢西亚诺自己也想到了一个办法，当时维托·杰诺维斯已经逃到了意大利，他和墨索里尼等掌权人物的关系很好，并且当时维托·杰诺维斯还对查理·卢西亚诺唯唯诺诺，他从意大利送回信息，在当地，查理·卢西亚诺的名字获得了足够的尊重。也许这是维托·杰诺维斯的夸张之词，也许这是约翰尼·托里奥当初回到意大利之后为查理·卢西亚诺营造的局面。但无论是何种情况，这对现在的查理·卢西亚诺而言都很有利。

当时美国的海军面临着巨大的难题，法西斯德国的潜艇是当时世界上最具有威胁性的海上武器之一，而且美国的海军基地还曾遭到日本的偷袭。所以美国人在这时候尤其担心他们的港口会遭到法西斯德国潜艇的袭击。美国海军指挥官们尤其担心东海岸的安危，看来已经有间谍潜入了纽约，这里已经成为潜在危险分子的破坏活动最猖獗的地方。

而查理·卢西亚诺等人可以通过抓住这些间谍来保护纽约等港口的安全，这样的话日后当上纽约州州长的托马斯·杜威就有充足的理由释放查理·卢西亚诺。并且他的理由也难以被质疑，谁会拒绝释放一位爱国英雄呢？

商议到最后，查理·卢西亚诺、迈耶·兰斯基和弗兰克·科斯特洛决定了计划实行的顺序，首先先帮助托马斯·杜威当上纽约州州长，然后对港口进行保护，最好能够抓到几个法西斯德国的间谍。最后，托马斯·杜威可以以查理·卢西亚诺对国家做出杰出贡献为借口将他释放。

要让托马斯·杜威当上纽约州州长并不困难，但是想要抓到法西斯德国的间谍并不如查理·卢西亚诺想象中那么轻松。1942 年 1 月份，阿尔伯特·阿纳斯塔西亚听说查理·卢西亚诺急需一个能够成为头条的新闻事件，以便突出破坏的威胁性，从而让查理·卢西亚诺高调出场，成为解决危机的英雄。他向查理·卢西亚诺建议，既然找不到间谍去搞破坏，他们可以自己去搞破坏。

当时有一条豪华的法国客轮正停靠在曼哈顿西面的港口，这条船是法国的客轮，美国海军想要接收过来将其改造成运输船。阿尔伯特·阿纳斯塔西亚认为，如果这条船出了意外，那么一定会在美国当局内引起恐慌。查理·卢西亚诺很赞成这个主意，因为破坏“诺曼底号”足以引起大众的关注，并且这条船还没有改造完成，上面并没有美国的士兵或者水手，所以并不会影响美国的战争行为。

很快，阿尔伯特·阿纳斯塔西亚就展开了行动，这艘曾经是法国高级客船队骄傲的“诺曼底号”，已经被烧得只剩下残骸了。报纸也报道了“诺曼底号”的不幸遭遇，人们纷纷猜测，引起火灾的原因可能是电焊的火花，也可能是人为的破坏。且不论人们究竟是如何猜测的，单单就其效果而言，这次行动是合格的。“诺曼底号”失火引起了人们对港口安全的忧虑，人们开始呼吁加强港口的安全措施，以免类似的事情再

◆ 为了救出查理·卢西亚诺，阿尔伯特·阿纳斯塔西亚提议烧毁了这艘船，从而让美国当局意识到他们不可能严格看管所有港口。图为停靠在纽约港口被大火笼罩的“诺曼底号”客船

次发生。除了要避免船只发生火灾，美国海军还积极防范，防止港口船只堵塞航道或者航运情况被泄露等情况的发生。

虽然美国海军已经感到事情并没有那么简单，也在港口积极防范，但是当时纽约各个港口遍布着西西里人，可以说美国的码头工人大多数都是意大利移民。美国海军并不能确信他们对美国是否绝对忠诚，甚至美国海军还担心这些人会参与罢工或者进行影响战局的行动。毕竟当时意大利也是美国的敌人，如果这些意大利移民借助在码头工作的便利，破坏美国海军设施，甚至是乘坐渔船向停泊在浅海附近的法西斯德国潜艇提供补给，这些都会对美国造成很严重的潜在威胁。

当然美国海军的这种忧虑也在查理·卢西亚诺等人的意料之中，针对这种忧虑，有“黑道首相”称呼的弗兰克·科斯特洛开始联络他的朋友们。美国各地的意大利裔政治名流都开始四处活动，他们为意大利移民进行辩护，他们宣称，虽然意大利人或者说西西里人之中有众多的罪犯和流氓，但是即便如此，他们也是热爱美国的美国人。他们虽然身处低位，有的只是工人，但是他们还是愿意在国家危难的时候出力的。美

◆ 正在纽约港口装卸货物的码头工人。也许他们自己都不知道，其实他们是在为美国黑帮服务

国各个港口几乎都被意大利人的黑帮势力掌控着，因此，如果美国海军愿意向他们求助，那么这些意大利人也一定会答应的。

接下来，被人们戏称为“黑帮行动”的计划就这样开始了。美国政府批准了这个计划，允许黑帮人士为了美国而战斗。为了响应这个计划，美国海军开始搜寻控制港口的黑帮踪迹，但是这些黑帮老大每个都隐藏极深，那些港口工人甚至都不知道自己在为美国黑帮的老大干活，更不要想从他们口中获取有效的情报了。

经过寻找与劝说，美国海军获知了一个十分重要的信息，那些小的黑帮老大只能够在有限的区域内和美国海军合作，而想要让全体在美国生活的意大利人或者西西里人帮忙，则只能通过一个人才可以办到。只有说服了那个人，美国黑帮才有可能和美国海军通力合作。而这个人自然就是查理·卢西亚诺，这一切都是按照他们的脚本进行的。

美国海军的代表同弗兰克·科斯特洛、迈耶·兰斯基等人见面了，他们就合作的相关事项进行了协商，由于弗兰克·科斯特洛有着爱国的思想，所以他很乐意撮合双方。会谈过后，弗兰克·科斯特洛给查理·卢西亚诺打电话，告诉他政府准备和他合作，并且问他可不可以让政府的人和他面谈。

查理·卢西亚诺很得意，一切都在按照他们设想的进行，不过他必须要保持很高的姿态去面对这些美国人，因为此时他们有求于他。在电话中，查理·卢西亚诺这样对弗兰克·科斯特洛说："科斯特洛，听着，我不想和任何人谈论合作帮助的事情，如果他们想要见到我，那就把我弄到纽约去，这里是什么样子他们应该清楚，我是不会在这种鬼地方答应帮助他们的。"

几天之后，已经被查理·卢西亚诺收买的菲利普·麦库克很干脆地同意把查理·卢西亚诺换到条件更好的监狱去。和达内莫拉监狱相比，新的监狱简直就是天堂，查理·卢西亚诺在这里拥有一间单独的牢房，牢房内很干净，并且还有热水龙头。

调换到更好的监狱之后，美国海军就派人来希望和查理·卢西亚诺详谈合作的事情。当天下午，查理·卢西亚诺被带到了托马斯·杜威的办公室，托马斯·杜威、迈耶·兰斯基和弗兰克·科斯特洛都在办公室里。除了他们之外，自然还有美国海军的代表。办公室的桌子上摆满了查理·卢西亚诺最喜欢吃的食物。查理·卢西亚诺已经有六年多没有吃到这些东西了，他当场就毫无风范地扑了过去。

办公室里的人一直等到查理·卢西亚诺吃完，他们才开始介绍现在的形势。目前的形势很紧迫，政府准备在纽约的各个港口、各个工会中间执行一项安保计划，这个计划需要全体美国的意大利裔公民参与其中，然而要做到这一点就必须要得到查理·卢西亚诺的帮助，只有他对港口和工会施加影响，才能够让这些人愿意为美国服务。

查理·卢西亚诺早就知道对方为了什么而来，他故意做出沉思的样子，再让人觉得他已经考虑了很久之后，查理·卢西亚诺才问美国海军代表，他们凭什么认为查理·卢西亚诺愿意在被关进监狱之后还能够对外界发号施令。美国海军的代表很坦率地说，他从可靠的消息获知，即便查理·卢西亚诺正在监狱服刑，但是只要是他的命令，美国的意大利人都会对此表示服从并予以执行。

查理·卢西亚诺知道事情接下来该如何进展，所以他只是坐在一边，让托马斯·杜威的手下和美国海军的代表进行谈判。双方开始展开暗藏机锋的对话，而他们所谈论的重点也不是那些意大利人该如何去帮助美国，他们谈话的主要内容是查理·卢西亚诺等人如何才能帮助托马斯·杜威在政界步步高升。当然，美国海军的代表根本不明白他们在说什么，他只是安静地等着，知道查理·卢西亚诺最后同意帮助美国海军，美国海军的代表才心满意足地离开了。

随后，查理·卢西亚诺、弗兰克·科斯特洛和迈耶·兰斯基知道最重要的时刻来临了，他们开诚布公地说出自己的想法。查理·卢西亚诺认为，1940年，托马斯·杜威差点就成为共和党的总统候选人，所以托马斯·杜威的机会还是很大的。为了让托马斯·杜威获得共和党的总统候选人资格，首先就要让他得到纽约州州长的职务。不过托马斯·杜威在竞选纽约州州长的时候曾承诺在两年内不竞选总统，但是这并不是他能够做出决定的。不过弗兰克·科斯特洛通过他在美国政坛内的朋友得到消息，那些共和党的大人物已经决定推荐托马斯·杜威在1944年作为共和党的总统候选人去竞选总统。

在交谈中，查理·卢西亚诺再次申明，西西里联盟委员会保证全力支持托马斯·杜威。查理·卢西亚诺承诺，他们可以在11月让整个曼哈顿的选民都把选票投给托马斯·杜威，这将意味着托马斯·杜威成为纽约州州长已经是确定的事情了。而后，托马斯·杜威上任之后就需要把查理·卢西亚诺吹捧成美国的民族英雄。只不过，正常的英雄将获得民众的爱戴和奖章，而查理·卢西亚诺则会获得自由。

查理·卢西亚诺强烈表明，如果托马斯·杜威不同意这样做，他就会转过来反对他，阻止选民把选票投给他。托马斯·杜威知道查理·卢西亚诺要做到这种事情很容易，毕竟当年的民主党“坦慕尼厅”派就是这样利用爱尔兰黑帮去控制选票的。

即便托马斯·杜威能够克服黑帮的阻碍成为纽约州州长，查理·卢西亚诺也保证，他会在1943年要求重新审理他的案子。现在查理·卢西亚诺控制住了法官菲利普·麦库克以及一帮拥有重大影响力的证人。因此一旦查理·卢西亚诺申请重新审理案件，必然会对托马斯·杜威的声誉造成影响。此外，查理·卢西亚诺还会命令报刊在托马斯·杜威竞选总统的时候，将托马斯·杜威如何利用当年的检察官身份威胁、诱惑证人做伪证的事情抖出来，虽然现在这些报纸也许不会愿意刊登这样的新闻，但是一旦托马斯·杜威宣布竞选，这些报纸一定很乐意刊登共和党的总统候选人的丑闻。

查理·卢西亚诺传话给托马斯·杜威："踩在一个犯罪集团成员的背上爬到纽约州州长的宝座上是一回事，但是如果我还让他踩着我的背当上总统却不给我一点好处，我就不是人养的！事情就是这样。"

托马斯·杜威的助手离开了，他们准备把查理·卢西亚诺的话转述给托马斯·杜威。随后，查理·卢西亚诺、弗兰克·科斯特洛和迈耶·兰斯基开始商量他们自己的犯罪事业。当时还处于战争阶段，肉类和汽油的需求量非常高，并且"三指布朗"汤姆·卢切斯已经接管了过去"荷兰人"达茨·舒尔茨负责的各个饭馆。所以查理·卢西亚诺的犯罪帝国不仅能提供肉类，还能提供各种食品。弗兰克·科斯特洛向教父汇报了他们所掌控的汽油的情况，他们拥有从纽约到路易斯安那的400多个加油站的股票，他们能够控制这些加油站的汽油，这在战争时期是一笔十分巨大的财富。

与此同时，美国宣称在进攻西西里岛的时候得到了当地黑帮的协助，许多人认为是查理·卢西亚诺在其中作为中间人才促成了双方的合作。但这其实并不准确，查理·卢西亚诺在九岁左右就离开了意大利，他根本不认识任何土生土长的意大利人，当然，除了逃难到意大利的维托·杰诺维斯，不过维托·杰诺维斯并不是西西里人。要知道在西西里黑手党中很看重血缘，他们不会让不是西西里人的黑帮成员过多参与到黑手党的决定之中。

据说美国在进攻西西里岛的时候确实得到了当地黑帮的帮助，不过这也是情有可原的。墨索里尼掌权期间，曾经花费大力气剿灭西西里黑手党，甚至西西里黑手党教父维托·卡希奥·费尔罗也被抓到监狱并被困死在那里。可以说黑手党和墨索里尼的意大利政府势如水火，他们帮助美国对抗当时的意大利政府也是很合理的。

不过查理·卢西亚诺何必去纠正这个错误呢？人们都知道他的名字的确在意大利有些影响力，也正是这些影响力才促使查理·卢西亚诺决定用爱国英雄来包装自己，从而获得自由。既然如此，何不让民众去误会，并让他的影响力更大呢？这样做的话，查理·卢西亚诺获释的理由就越发充足了。

在同托马斯·杜威的助手交换意见之后，查理·卢西亚诺安心在监狱等待托马斯·杜威的答复。不久之后，托马斯·杜威表示在原则上同意查理·卢西亚诺的计划，但是托马斯·杜威表示不会接受查理·卢西亚诺提出的无限制的自由，因为一旦查理·卢西亚诺重获自由，他就能够回到纽约，继续执掌西西里联盟委员会，并行使教父的权力。托马斯·杜威表示，一旦他当上了纽约州州长，他就会开始释放查理·卢西亚诺的合法程序，但是释放的同时还有一个条件，查理·卢西亚诺必须同意被驱逐出境，必须被遣送到意大利，并保证永远不再回到美国。

查理·卢西亚诺明白托马斯·杜威的意图，托马斯·杜威是个精明的政客，他想获得查理·卢西亚诺的帮助，为了不让查理·卢西亚诺反对他竞选总统，不在他竞选的过程中搞破坏，托马斯·杜威很乐意和查理·卢西亚诺达成协议，他愿意释放查理·卢西亚诺，但是他希望查理·卢西亚诺离得远远的，不要再给他制造麻烦。这让查理·卢西亚诺很恼火，因为他从小就来到美国，他的父亲已经成为美国公民，所以查理·卢西亚诺可以说是合法的美国公民，现在迫于无奈，查理·卢西亚诺不得不离开他认为的祖国。托马斯·杜威的如意算盘很明确，他要从查理·卢西亚诺这里得到帮助，随后他还要用驱逐查理·卢西亚诺来塑造他的光辉形象，这个抓捕了查理·卢西亚诺的英雄又要为了美国的利益将美国教父赶走了。

最终，为了重获自由，查理·卢西亚诺被迫接受了托马斯·杜威的意见。然而这并不意味着他将马上得到自由，相反，查理·卢西亚诺还必须待在监狱里，直到第二次世界大战结束。因为当时意大利还是敌国，托马斯·杜威不可能在战争还在继续的情况下把他送到意大利去。

这让查理·卢西亚诺很恼火，他自以为自己的计划很周密，而且他们的计划也在一步步执行。然而就因为托马斯·杜威的这一个附加条件，查理·卢西亚诺不得不一直在监狱里空等。查理·卢西亚诺的手下和托马斯·杜威进行交涉，企图迫使托马斯·杜威退让，不过精明的托马斯·杜威明白，如果双方合作失败，托马斯·杜威只不过是当不成总统，但查理·卢西亚诺丧失的则是自由，所以他毫不退让，直到查理·卢西亚诺妥协。

接下来，查理·卢西亚诺和托马斯·杜威谈到了钱的问题，经过谈判，托马斯·杜威最后从查理·卢西亚诺那里获得了9万美元，这笔款项在名义上是对他竞选州长的捐款。查理·卢西亚诺把这笔钱分成了小额的现金，并把这些钱交到了不相干的人手里，直到托马斯·杜威履行他所承诺的条件，这笔钱才会交到他的手里。后来查理·卢西亚诺经过核实，发现这笔钱没有出现在他本人的税收报表上，当然，这笔钱也没有出现在托马斯·杜威的竞选基金表上。

一切都敲定之后，查理·卢西亚诺只需要等待战争结束了。第二次世界大战一直持续到1945年，随后查理·卢西亚诺还要面对那些繁复的文件和手续，直到1946年，查理·卢西亚诺才真正获得自由。由于1943年托马斯·杜威没有足够的胆量释放查理·卢西亚诺，导致查理·卢西亚诺在监狱里多待了三年多。

查理·卢西亚诺在这三年多里几乎成了个军事战略家，因为战争已经和他的个人自由息息相关。查理·卢西亚诺在牢房里挂了一张欧洲战区的大地图，地图上标明了各个战役的路线和进展。眼见同盟国正一步步向轴心国逼近，查理·卢西亚诺显得欣喜若狂。

意大利宣布投降后，第二次世界大战仍然没有结束。一直在意大利依附墨索里尼的维托·杰诺维斯倒戈投奔美国人，他作为美国人的翻译得到了美国人的原谅。而这也变相增加了查理·卢西亚诺在战争中的影响力，虽然维托·杰诺维斯的活动和他并没有关系，但这不影响查理·卢西亚诺持续不断地把自己塑造成民族英雄。

1945年，第二次世界大战结束了，就在同年的5月7日，托马斯·杜威接到了一份请求政府对查理·卢西亚诺宽大处理并允许将其保释的申请书。他立刻把与这相关的事情都转交给纽约州假释委员会，而这个委员会的成员都是托马斯·杜威任命的，所以托马斯·杜威也只是走个流程罢了。

查理·卢西亚诺的律师向纽约州假释委员会证明查理·卢西亚诺在第二次世界大战期间同高级军事当局进行了合作，为战争做出了积极贡献，因此应该让查理·卢西亚诺重获自由。美国海军方面也写信证实查理·卢西亚诺在战争之中对胜利所做出的贡献。信中说查理·卢西亚诺的努力有助于缩短美国军队在西西里和整个意大利的战争。

虽然各方面都宣称查理·卢西亚诺对战争帮助很大，都声称他是个

◆ 1946年，查理·卢西亚诺被释放，但是按照协议，他必须离开美国。图为被释放的查理·卢西亚诺

爱国英雄。但是无论是查理·卢西亚诺的律师还是美国海军都拒绝提供更详细的细节。不过纽约州假释委员会知道托马斯·杜威的想法，自然没有横加刁难。

1946 年 1 月 3 日，纽约州州长托马斯·杜威宣布释放“幸运小子”查理·卢西亚诺，但是查理·卢西亚诺必须离开美国，他将被驱逐到他的故乡西西里。托马斯·杜威说：“美国宣布参战之后，军队就要求查理·卢西亚诺协助劝说某些人提供关于敌人可能发起进攻的情报。看来他的确在这方面进行了合作，虽然我们并不能明确知道他所提供的情报的实际价值，但是据报告，他在狱中的表现完全令人满意。”当然没人会去在意托马斯·杜威这番毫无意义的发言。

1946 年 2 月 2 日，查理·卢西亚诺走出了监狱，他被带到纽约的埃利斯岛，在办理完所有的流放手续之前，他将被关在这里。当他乘坐汽车穿过繁华的曼哈顿时，他只是匆匆看了一眼，他曾在这个城市成长，也在这个城市拼搏，最后他让这个城市的地下黑帮按照他的心意去运营。

查理·卢西亚诺带有感情地回忆他在当时的心情："当车子穿过纽约市的时候，我请求警察们停车，我只是想下车在曼哈顿的大街上走一下，我想再次踩在曼哈顿的土地上。我甚至怀疑我还在监狱里，这一切都只是我的梦境，我需要知道我已经真正回到了纽约，周围再也没有那些铁栏杆围着我了。可是他们并不同意，他们不让我下车，车子穿过了曼哈顿，来到了港口，最后我被关在了埃利斯岛。在岛上，我能够看到纽约的高楼大厦，我能看到昔日我的朋友们奋斗的地方，但是我永远不能够触碰到这些了。"

1946年2月9日上午，查理·卢西亚诺将乘坐"劳拉·金号"自由轮离开美国，前来送别的只有弗兰克·科斯特洛和迈耶·兰斯基等人。在得知查理·卢西亚诺将被流放后，记者们蜂拥而来，准备对他进行采访，但是这些记者都被港口水手拦在门外——查理·卢西亚诺并不希望接受采访或者发表谈话。

临行前，查理·卢西亚诺将他准备在其他南美国家继续从事犯罪事业的计划告诉了迈耶·兰斯基。因为虽然查理·卢西亚诺不能回到美国，但是他可以在意大利用他的本名萨尔瓦多·卢卡尼亚申请签证，自由地到古巴或者墨西哥。

就这样，美国黑帮教父查理·卢西亚诺开始了他的逃亡生活。同年年底，查理·卢西亚诺偷偷前往古巴哈瓦那，在那里和迈耶·兰斯基等人见面，举行了哈瓦那会议，并在会议上商定了美国黑帮在哈瓦那等地的经营事项。而除了这些事情之外，他们谈论的另一个重点就是本杰明·西格尔和他的火烈鸟饭店。

哈瓦那会议

一个统治者必须是一只狐狸，去发现陷阱；也必须是一只狮子，去震慑群狼。

——意大利政治思想家尼科洛·马基雅弗利

查理·卢西亚诺回到意大利之后，先是回到了他的出生地莱尔卡拉

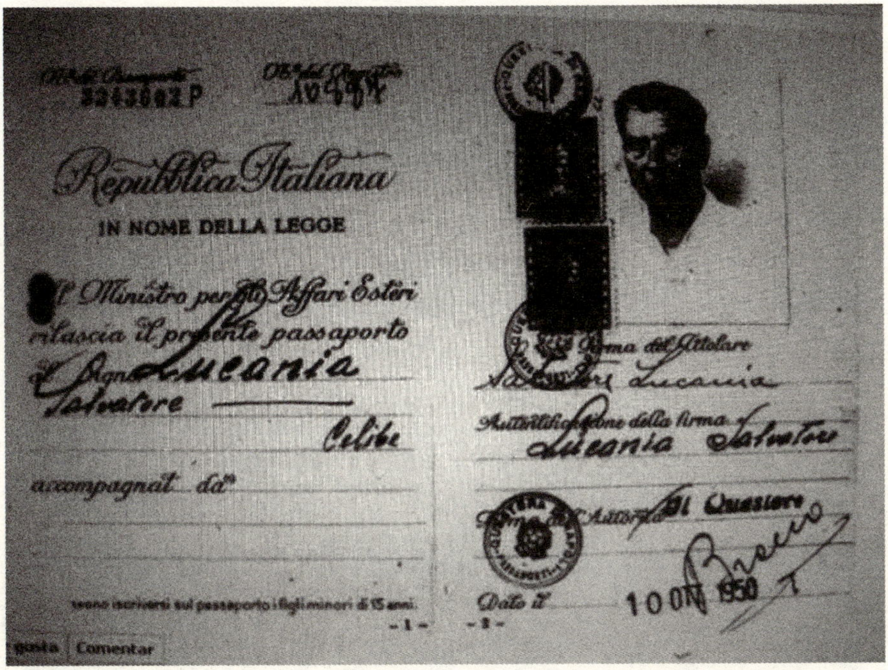

◆ 查理·卢西亚诺在意大利办理的护照。护照上署名为他的原名萨尔瓦多·卢卡尼亚

弗里迪。他在那里受到了隆重的欢迎，对当地人而言，查理·卢西亚诺并不是什么恶棍头头，他是个在莱尔卡拉弗里迪出生并在美国白手起家的成功人士。查理·卢西亚诺毫不吝惜地在家乡挥金如土，他甚至还在这个小镇建设了电影院。

尽管查理·卢西亚诺在家乡的所作所为都像是名流一般，但是他并不愿意在此度过余生，这个小镇并没有他习惯的血雨腥风，这个小镇太过平和，小镇上的人都是最淳朴的农民，他们见到查理·卢西亚诺只会阿谀奉承，这让查理·卢西亚诺觉得很尴尬。查理·卢西亚诺需要找回他曾经的生活，因此他开始接手维托·杰诺维斯遗留下来的犯罪事业。

而远在美国，迈耶·兰斯基早在1937年就开始和古巴的领导人巴蒂斯塔·萨尔迪瓦进行交易。巴蒂斯塔·萨尔迪瓦是在富兰克林·罗斯福的支持下才成为古巴总统的，所以他对来自美国的披着实业家外衣的迈耶·兰斯基表示十分欢迎。迈耶·兰斯基开始在古巴发展自己的势力，他掌控了当地的出口酒的生意，并建设了几家赌场。禁酒时期结束后，美国黑帮老大都意识到赌博将是一种能够带给他们更大利润的事业。

查理·卢西亚诺一直在等迈耶·兰斯基的信号，等到迈耶·兰斯基在古巴的经营顺利后，他自然会通知查理·卢西亚诺。1946年秋天，迈耶·兰斯基终于派人送来了一封简短的信，上面只有一句话："12月，国家饭店。"

1946年9月，查理·卢西亚诺用萨尔瓦多·卢卡尼亚的名字办了两张护照，同时他还办了到古巴、墨西哥等几个南美国家的签证。随后，查理·卢西亚诺从意大利消失了，他将在古巴继续他的事业。

这里离美国并不远，在查理·卢西亚诺的心中，他似乎已经回到了美国。不过为了避免托马斯·杜威等人察觉到他已经到了古巴，查理·卢西亚诺在出发之前就做好了保密的措施，他让意大利方面保持低调，隐藏他离开的消息。到达古巴之后，查理·卢西亚诺让他的私人飞机在机场一个隐蔽的角落着陆，而迈耶·兰斯基则正等在那里。

虽然查理·卢西亚诺一直都小心翼翼，但他知道托马斯·杜威等人迟早会发现他已经到了距离美国如此近的古巴。迈耶·兰斯基告诉他会议将在12月22日召开，在这之前，查理·卢西亚诺务必要保持低调。但即便如此，查理·卢西亚诺仍然可以在古巴享受他在意大利享受不到的自由。

查理·卢西亚诺开始怀念在芝加哥的风光时期，当时他刚刚解决萨尔瓦多·马兰扎诺，人们都希望他能够替代萨尔瓦多·马兰扎诺成为美国黑帮"老板的老板"，但是查理·卢西亚诺拒绝了这样的要求，他认为这个头衔是种祸害，是对其他同伴的不尊重。但是查理·卢西亚诺后来才发觉自己错了，而此次的哈瓦那会议则是弥补这个错误的机会。即便不去承认这个头衔，查理·卢西亚诺也应该让其他的黑帮老大记住他们是因为"幸运小子"才过上了好日子。所以他们不应该忘记查理·卢西亚诺的贡献，他们应该在他困难的时候力所能及地帮助他，并在大环境允许下，听从他的调遣。

哈瓦那会议是自1932年美国黑帮聚集在芝加哥之后的又一次大聚集。为了能长期居住在古巴，查理·卢西亚诺必须在古巴获得合法的身份，迈耶·兰斯基建议查理·卢西亚诺买下国家饭店的部分股权。由于国家饭店是由迈耶·兰斯基和古巴总统巴蒂斯塔·萨尔迪瓦共同管理的，所以该饭店的股权不能白送给查理·卢西亚诺。最终，他们决定让查理·卢西亚诺花费 15 万美元买进股权。

虽然查理·卢西亚诺已经获准在古巴长期居住，但是在他心中还是将美国视作自己的祖国，更何况他的犯罪帝国就在纽约。但是就目前的情况而言，查理·卢西亚诺很难合法地回到美国。他们相信，如果托马斯·杜威能够在 1948 年成功当选美国总统，那么他将优待曾在竞选中为他提供大量资金的美国黑帮。作为交易内容的一部分，托马斯·杜威很可能在当上总统之后就取消查理·卢西亚诺的流放命令。

为了能够保证查理·卢西亚诺可以随时返回美国，迈耶·兰斯基要确保他能在古巴享有优待。因此，迈耶·兰斯基和当时的古巴内政部部长艾尔弗雷德·佩克诺进行了谈判，请他为查理·卢西亚诺办理了延长期为六个月的签证。这样，查理·卢西亚诺就可以随意地居住在古巴。为了进一步向查理·卢西亚诺表示友好，艾尔弗雷德·佩克诺还允许查理·卢西亚诺进口一辆美国轿车，供他私人使用。

除了迈耶·兰斯基，第一个和查理·卢西亚诺见面的是维托·杰诺维斯。1946 年 12 月 20 日，距离哈瓦那会议还有两天，维托·杰诺维斯从迈耶·兰斯基那里要来了查理·卢西亚诺的电话，请求和他见面。维托·杰诺维斯在电话中说他早来了几天，只是为了在海滩上休息几天。然而以查理·卢西亚诺对其的了解，他知道维托·杰诺维斯一定有更为隐秘的事情。因为他从迈耶·兰斯基那里得知，维托·杰诺维斯正试着争夺阿尔伯特·阿纳斯塔西亚在布鲁克林区的生意。

他们将近 10 年没有见面，尽管查理·卢西亚诺一直反对维托·杰诺维斯进行毒品交易，但是双方当时还保持着比较好的关系。维托·杰诺维斯永远保持着邋遢的衣着，他只对金钱和权力感兴趣，他对衣着和建筑等全然不在意。在一阵寒暄之后，维托·杰诺维斯决定开口谈论正事。他说阿尔伯特·阿纳斯塔西亚已经处于失控的地步了，这个外号“疯帽子”的男人热衷于用武力解决问题，他能够毫不手软地杀死任何人。

维托·杰诺维斯说在他来哈瓦那之前，阿尔伯特·阿纳斯塔西亚已经在同其他人商量要除掉美国禁毒局的哈里·安斯林格，因为阿尔伯特·阿纳斯塔西亚的毒品生意遭到了他的阻碍。维托·杰诺维斯提议要制裁阿尔伯特·阿纳斯塔西亚，甚至他还提出了在10年之前，阿尔伯特·阿纳斯塔西亚就曾经考虑杀死托马斯·杜威的旧事。

查理·卢西亚诺承认托马斯·杜威给他们大家都带来了很大的麻烦，他不仅让查理·卢西亚诺锒铛入狱，还因一宗谋杀案对维托·杰诺维斯苦追不放。但是如果当时真的让阿尔伯特·阿纳斯塔西亚杀了托马斯·杜威，那么会引出更大的麻烦。维托·杰诺维斯说阿尔伯特·阿纳斯塔西亚将会在会议上提出谋杀禁毒局的哈里·安斯林格的事情，他希望查理·卢西亚诺能够率领他们提出反对意见。

在得到查理·卢西亚诺的许诺后，维托·杰诺维斯并不结束他们的谈话，他企图让查理·卢西亚诺怀疑阿尔伯特·阿纳斯塔西亚，因为他们在毒品生意上彼此不和。但是查理·卢西亚诺知道阿尔伯特·阿纳斯塔西亚是对他最忠心的打手，他不可能背叛查理·卢西亚诺。

但是维托·杰诺维斯并不知道查理·卢西亚诺如此看重阿尔伯特·阿纳斯塔西亚，他只是为了能够侵占对方的利益，扩大自己的生意。但是西西里联盟委员会不可能毫无理由就通过维托·杰诺维斯的提议，更何况阿尔伯特·阿纳斯塔西亚并没有做出任何对西西里联盟委员会不利的事情，在那之前，他们是不会谈论处决任何自己的同胞的。

维托·杰诺维斯知道查理·卢西亚诺不会赞同自己的提议，随即，他说出了另一番让查理·卢西亚诺愤怒的话语。他说查理·卢西亚诺已经离开美国很久了，事情每天都在发生变化，因此查理·卢西亚诺需要适当做出调整，最为重要的一点就是，查理·卢西亚诺不可能回到美国了，虽然他们都知道查理·卢西亚诺正在想方设法回到纽约，但是所有人都知道这是非常困难的。

所以美国的生意必须有人接管，维托·杰诺维斯认为他可以成为查理·卢西亚诺的继承人。他对查理·卢西亚诺说他能够保证查理·卢西亚诺的利益不受到影响，当生意上有问题的时候，他还是会来请示查理·卢西亚诺的。简单地说，他希望查理·卢西亚诺退位让贤，维托·杰诺维斯希望处理所有事务。

查理·卢西亚诺训斥他，告诉他美国黑帮现在不需要出现高高在上的“老板的老板”，如果有谁想染指这个称号的话，那也只能是查理·卢西亚诺。并且查理·卢西亚诺再次声明，现在查理·卢西亚诺在纽约的所有财产都由弗兰克·科斯特洛管理，现在维托·杰诺维斯只不过是在为家族工作，他现在还没有资格代替查理·卢西亚诺。

此次会议是美国黑帮规模最大的会议之一，到会人员包括了从纽约和新泽西州来的阿尔伯特·阿纳斯塔西亚、乔·阿多尼斯、乔·博南诺、弗兰克·科斯特洛、汤姆·卢切斯、乔·普罗西法、乔·麦格罗科；从布法罗来的史蒂夫·马加迪诺；从芝加哥来的托尼·阿卡多（阿尔·卡彭虽然已经出狱，但由于身体原因，他不得不在迈阿密疗养）；从新奥尔良来的桑托·特拉菲坎特，以及迈耶·兰斯基等没有投票权的犹太人。

为了防止警方突然袭击这次会议，这些黑帮老大对外宣称他们是来庆祝歌星弗兰克·西纳特拉的成功。这位擅长用低音演唱悲伤的歌曲的小伙子已经成为美国少女的偶像。据说，弗兰克·西纳特拉最开始只是在一些小酒馆和赌场唱歌，但是美国黑帮的老大在听到这位意大利裔美国人优美的歌声后，决心帮助他。很多人认为，电影《教父》之中的强尼·方亭就是以弗兰克·西纳特拉为原型的。

弗兰克·西纳特拉并没有介入查理·卢西亚诺等人的犯罪事业中，他只是来到哈瓦那，对那些帮助过他的人表示感谢。当然，他也会送些精致的小礼品，比如烟盒或者手表等。

参加哈瓦那会议的黑帮老大每个人都送来了装满钞票的信封，作为庆祝查理·卢西亚诺重获自由的贺礼。查理·卢西亚诺用这笔钱买下了国家饭店的部分股权。在会议上，查理·卢西亚诺表示他已经准备以合法的身份回到美国，他已经拥有了他在美洲的第一份产业，而且古巴政府也允许他无限期地居住在这里。

不过查理·卢西亚诺还是要提醒他的伙伴们，尽管他回到了美洲，但是以托马斯·杜威为代表的美国官员还是紧紧盯着他不放。因此他要求他的伙伴们在公开场合都以他的原名萨尔瓦多·卢卡尼亚来称呼他，这样可以在短时期内麻痹美国政府。

随后，查理·卢西亚诺再次重申“老板的老板”这个头衔并没有任何实际的意义。说到这里，阿尔伯特·阿纳斯塔西亚突然站起来打断了查理·卢西亚诺的话，他站了起来说：“查理，请原谅我打断你的话，我想就在现在，在会议进行下去之前，当着大家的面阐明我的态度，不管你愿不愿意，但是对我个人来说，你永远是老板。我是这样认为的，如果有人和我有不同的想法，我也愿意听听看。”

◆ 美国歌星弗兰克·西纳特拉。1946年年底，他在哈瓦那庆祝自己的成功，但外界普遍认为，这只是他在为哈瓦那会议做掩护

参加哈瓦那会议的黑帮老大几乎都知道现在维托·杰诺维斯和阿尔伯特·阿纳斯塔西亚之间出现了矛盾，因此他们都能够听出来阿尔伯特·阿纳斯塔西亚所针对的是谁。查理·卢西亚诺接下来说他知道他们之间的矛盾，然后又解释说他们都是朋友，应该努力保持良好的关系。查理·卢西亚诺劝说他们不应该为了微不足道的利益而互相争斗。

随后，查理·卢西亚诺又表示不赞同从事毒品买卖，因为他曾经因为毒品入狱，所以他对毒品颇有忌惮。而且美国在第二次世界大战结束后需要更多的酒、烟和食物，他们完全可以依靠这些去赚钱。或者也有许多正经商人愿意花保护费去获得保护，这些都可以供应黑帮老大日常的花销，所以没必要去从事毒品买卖。

然而毒品已经成为黑帮盈利的主要来源，查理·卢西亚诺并不知道毒品能够获取多大的暴利，即便他在黑帮之中有很大的影响力，但是想要劝说黑帮老大们放弃毒品收益，无异于异想天开。在毒品这件事上，维托·杰诺维斯最为高兴，因为大多数的黑帮老大都赞成贩卖毒品，查理·卢西亚诺无法违逆众人的意见，只好同意他们。

随后，哈瓦那会议上最重要的议题被迈耶·兰斯基提了出来，那就是有关本杰明·西格尔和他的火烈鸟饭店的问题。西西里联盟委员会在举行会议的时候并不会让和议题相关的人到场，这样才能保证决策的公正性。

本杰明·西格尔已经在拉斯韦加斯的火烈鸟饭店投入了上百万美元，但是火烈鸟饭店仍然没有竣工，这让参与投资的黑帮老大们心怀不满。如果本杰明·西格尔的火烈鸟饭店开业大吉，那么这些黑帮老大也许会转怒为喜，不再追究本杰明·西格尔的挥霍无度。

然而迈耶·兰斯基在哈瓦那会议上提到的最新消息却让与会众人怒不可遏。迈耶·兰斯基说，根据他在苏黎世的银行的朋友介绍，本杰明·西格尔的情人弗吉尼亚·希尔经常出国旅游，每次她携带的行李都很多，购买的奢侈品也不少，而且她还在瑞士长期租赁了一套价值不菲的公寓。除此之外，最让人吃惊的消息是弗吉尼亚·希尔已经在苏黎世的银行开了个人户头，并且存入了 30 万美元。

弗吉尼亚·希尔在各个国家挥金如土，而她所花的钱显然是从火烈鸟饭店内挪用的。迈耶·兰斯基认为，弗吉尼亚·希尔存放在银行里的钱很可能是本杰明·西格尔从建造饭店的费用中克扣的。甚至有的人认为，本杰明·西格尔很可能会在饭店经营不善的情况下携款潜逃。美国黑帮对待偷盗朋友钱财的人只有一个处置方法，那就是将其铲除掉。虽然本杰明·西格尔和迈耶·兰斯基拥有几十年的交情，但是身为犹太人的迈耶·兰斯基并没有投票权。经过协商，大家一致决定本杰明·西格尔必死无疑。

迈耶·兰斯基还在为这个老友做最后的争取，他建议不如等到火烈鸟饭店开业之后再执行这项判决，如果火烈鸟饭店取得成功，那么大可以留下本杰明·西格尔的性命，只要让他想办法把挪用的投资金补上就可以了。由于长期以来本杰明·西格尔都是出色的伙伴，他参与过暗杀朱塞佩·马塞里亚，也曾解决了哈瑞·格林伯格这样一个潜在的威胁。因此，美国黑帮的老大们都同意给本杰明·西格尔最后一次机会。

到此为止，哈瓦那会议已经接近尾声，大家所关注的重点不再是查理·卢西亚诺的地位，也不是贩毒是否更对他们有好处。大家所关注的只有本杰明·西格尔和他的火烈鸟饭店。会议结束之后，所有参加会议的人都出席了当晚举行的晚会。这场晚会在名义上是为欢迎弗兰克·西纳特拉而准备的，但是实际上这却是查理·卢西亚诺的欢迎会。

随后，来自各地的美国黑帮老大都在报纸上关注着火烈鸟饭店的新闻。27 日，从拉斯韦加斯传来了讯息，但是汇报给这些老大的情况很不妙。由于拉斯韦加斯位于美国北部，当时又是圣诞节，所以气候很差，而且当时的拉斯韦加斯阴雨绵绵，根本不适合饭店运营。

老天爷似乎在和本杰明·西格尔开着玩笑，拉斯韦加斯出现了如此恶劣的天气，除非出现奇迹，否则火烈鸟饭店在开业当天将遭遇悲惨的境遇。而且很多娱乐界的人都认为在圣诞节开业是最糟糕的点子，圣诞节是美国最盛大的节日，美国人可没有过节出门狂欢的习俗，他们更愿意在家里陪伴家人，因此圣诞节到新年这一周历来都是娱乐场所的淡季。

显然身为好莱坞名流的本杰明·西格尔不可能不知道这件事情，但是他当时无计可施，必须硬着头皮让饭店开始营业。虽然天气和时间都对火烈鸟饭店的开业不利，但是本杰明·西格尔还有最后的救命稻草，他认识好莱坞众多明星，他能够请到许多明星来为他捧场，这些明星就是本杰明·西格尔最后的希望。

◆ 1947年6月20日晚，本杰明·西格尔在贝弗利山庄的别墅内遭到枪杀。图为正在收敛本杰明·西格尔尸体的警察

本杰明·西格尔也的确请来了红极一时的明星来捧场，但是即便是查理·卓别林亲自到场，也无法吸引人们到火烈鸟饭店来。迈耶·兰斯基很快就接到了电话，电话那边通知他火烈鸟饭店开张的时候几乎没有一个顾客，火烈鸟饭店彻底失败了。

当迈耶·兰斯基在会议上报告上述消息时，引起了与会众人的激愤，有人建议立刻杀死本杰明·西格尔。但是迈耶·兰斯基劝说大家保持冷静，他还说他已经让洛杉矶方面的律师宣布火烈鸟饭店为破产产业，这样就可以避免承受更严重的损失。随后，迈耶·兰斯基还建议组成新的经营班底以原价 1% 的低价盘下火烈鸟饭店，并继续经营。

但是很多人都认为这样做无异于继续浪费更多的钱，但是迈耶·兰斯基始终对本杰明·西格尔抱有信心，他认为拉斯韦加斯一定能够被建设成全球瞩目的城市。在迈耶·兰斯基的劝说下，查理·卢西亚诺等人同意了他的提案。

于是西西里联盟委员会开始按迈耶·兰斯基的计划行事，他们先宣布火烈鸟饭店倒闭，然后黑帮重新出资，盘下了火烈鸟饭店，并准备再

◆ 时任古巴总统巴蒂斯塔·萨尔迪瓦。他在统治古巴期间，同迈耶·兰斯基等黑帮成员进行了频繁的交易

次开张。至于本杰明·西格尔，西西里联盟委员会决定暂缓对他的判决。

虽然本杰明·西格尔躲过了西西里联盟委员会的判决，但他却在1947年6月20日晚在贝弗利山庄的别墅内被人枪杀。他的头上中了两枪，身上中了两枪，这四发子弹让“虫仔”本杰明·西格尔当场死亡。随后，弗吉尼亚·希尔主动把银行里的钱交给了迈耶·兰斯基。1966年3月，弗吉尼亚·希尔自杀身亡。

哈瓦那会议即将结束的时候，维托·杰诺维斯又找到了查理·卢西亚诺，后者已经对他的咄咄逼人感到厌倦。但是维托·杰诺维斯很直接，他向查理·卢西亚诺索取半个意大利的生意。查理·卢西亚诺感到很诧异，他声称自己不准备回到意大利去，但是维托·杰诺维斯却说美国当局已经知道了查理·卢西亚诺正在古巴的情报，很快美国就会对古巴施压，迫使他们驱逐查理·卢西亚诺。

查理·卢西亚诺明白了，是维托·杰诺维斯泄露了他的行踪，甚至维托·杰诺维斯为了让美国当局重视这件事情，还可能诬陷查理·卢西亚诺才是美国毒品交易的幕后黑手。很快，哈瓦那的记者就察觉到新闻的焦点所在，他们很快发掘出现在哈瓦那的这个名为萨尔瓦多·卢卡尼亚的中年男人就是美国黑帮教父查理·卢西亚诺。

现在查理·卢西亚诺正在古巴的事情已经尽人皆知，当然那些远在美国的紧盯着查理·卢西亚诺的美国政要自然不会放任查理·卢西亚诺任意妄为。不过迈耶·兰斯基为了让他的朋友放心，特意去了迈阿密，同正在那里的巴蒂斯塔·萨尔迪瓦见面，巴蒂斯塔·萨尔迪瓦保证，只要查理·卢西亚诺仍然持有合法的意大利护照，那么他就有正当的理由留在古巴。

1947年2月，一直认为查理·卢西亚诺是美国毒品交易幕后老板的美国禁毒局的哈里·安斯林格宣布，只要查理·卢西亚诺还留在西半球，那么他就会对美国的安全造成威胁。他正式通知古巴政府，必须将查理·卢西亚诺驱逐出古巴，把他送回意大利。

古巴当局对这种近乎命令的要求表示抗议，因为查理·卢西亚诺并没有违反任何古巴当地的法律，所以没有理由把他驱逐。然而哈里·安斯林格可不会放过查理·卢西亚诺，他告诉当时的美国总统哈里·杜鲁门，正是因为查理·卢西亚诺现在在古巴，所以这几个月来哈瓦那和纽约等地交易的毒品数量激增。

虽然古巴当局和查理·卢西亚诺本人都对美国政府的这种强硬的态度表达不满，但是最终查理·卢西亚诺再次失败。1947年2月22日，查理·卢西亚诺在哈瓦那被逮捕。几天之后，查理·卢西亚诺坐上一艘土耳其货轮离开了古巴。

查理·卢西亚诺离开古巴之后，迈耶·兰斯基又在那里经营了十多年。1960年前后，以菲德尔·卡斯特罗为首的古巴共产党在古巴掀起了革命浪潮，菲德尔·卡斯特罗接管古巴政权之后，国有化了古巴境内的所有酒店，并关闭了非法赌博的赌场。这场革命浪潮让迈耶·兰斯基在古巴的投资血本无归。

第六章

黑帮的耻辱

“唐·维托”

如果你去向维托举报某人犯了错，那么维托会把那个人杀死，然后再杀了你，只是因为你揭发了同伙的错误。

——约瑟夫·沃洛奇

查理·卢西亚诺再次离开了美洲，回到了意大利。虽然他一直在意大利过着国王一样的生活，但是他知道，美国的一切已经不再属于他，甚至他的犯罪家族也在最后落入了他一直厌恶的维托·杰诺维斯手里。

维托·杰诺维斯在年轻的时候就遇到了查理·卢西亚诺，他并不是西西里人，而是那不勒斯人。他和查理·卢西亚诺同岁，并在1917年和查理·卢西亚诺相遇，在随后的30多年里，一直是查理·卢西亚诺的得力助手。

维托·杰诺维斯的个子虽然不高，但是他身体强壮，早期他热衷于在街头从事抢劫、色情等事业。遇到查理·卢西亚诺后，他加入他们的组织，开始走私贩卖私酒。但是维托·杰诺维斯最热衷的事业却是贩毒。

在查理·卢西亚诺入狱之前，维托·杰诺维斯一直以查理·卢西亚诺犯罪组织的二老板的身份活动，在卡斯塔拉马雷战争期间，他站在“乔老板”这边，并曾涉嫌暗杀加埃塔诺·雷纳。随后，他作为查理·卢西亚诺的拥护者也曾参与枪杀“乔老板”朱塞佩·马塞里亚。当查理·卢西亚诺成为美国黑帮教父，他的身份也自然而然地得到了提升。

1934年，维托·杰诺维斯伙同费迪南·波奇亚在纸牌赌博中骗取了一个富商的15万美元。事后，费迪南·波奇亚向维托·杰诺维斯索要35000美元，因为是他把受骗的目标介绍给维托·杰诺维斯的。不过维托·杰诺维斯为了独吞这笔钱而决定杀死费迪南·波奇亚。1934 年 9 月 19 日，维托·杰诺维斯和五个同伙在纽约布鲁克林的一家咖啡厅将费迪南·波奇亚杀死。

1936 年 6 月 18 日，查理·卢西亚诺因强迫卖淫被判处 30 年有期徒刑。维托·杰诺维斯作为家族的二老板，暂时接管了查理·卢西亚诺的犯罪事业，并在同年的 11 月 25 日加入美国国籍，成为合法的公民。

然而 1937 年，由于维托·杰诺维斯一直在代理查理·卢西亚诺犯罪集团的各项事务，所以他引起了把查理·卢西亚诺关进监狱的托马斯·杜威的注意，并且托马斯·杜威也开始调查费迪南·波奇亚的谋杀案。一旦维托·杰诺维斯被证明和这起案件有关，那么维托·杰诺维斯将被放在电椅上处死。

维托·杰诺维斯是个矛盾体，他既野心勃勃，又胆小怕事。他既对危险的事情有所抵触，又热衷于从事风险与利益并存的贩毒事业。虽然查理·卢西亚诺很厌恶他不断地从事贩毒活动，但是维托·杰诺维斯毕竟曾经为西西里联盟委员会做出过贡献。尤其是维托·杰诺维斯在对付朱塞佩·马塞里亚和萨尔瓦多·马兰扎诺等事情上起到过重要的作用，所以查理·卢西亚诺还是同意他出逃的。

不过查理·卢西亚诺不希望维托·杰诺维斯在欧洲再惹是生非，所以他告诉维托·杰诺维斯可以把想带的东西都带走，不过维托·杰诺维斯只能在意大利活动，并且查理·卢西亚诺还告诫他禁止饮酒。

就这样，维托·杰诺维斯在 1937 年带着 200 万美元离开了纽约，逃到了意大利那不勒斯附近的诺拉。他早就和那不勒斯的人有过交易，因此他很快就在当地发展了自己的势力。维托·杰诺维斯走后，弗兰克·科斯特洛接替了他，暂时管理查理·卢西亚诺的财产。

维托·杰诺维斯带着 200 万美元到了意大利，这使他很快在那里过上了贵族般的生活。虽然查理·卢西亚诺并不能预见第二次世界大战的爆发，但是自诩为美国人的查理·卢西亚诺认为，既然维托·杰诺维斯刚刚获取了美国公民的身份，那么在战争爆发的时候，他完全可以回到美国。就算维托·杰诺维斯害怕托马斯·杜威将追究他的谋杀嫌疑，那他也可以到其他国家去。在查理·卢西亚诺看来，维托·杰诺维斯完全没有必要继续待在意大利，因为意大利当时可是美国的敌国。

战争刚开始的时候，维托·杰诺维斯完全有选择的余地，他带了200万美元离开美国，作为有钱人，他可以去任何他想去的地方，对他而言，安全的地方多的是。但是维托·杰诺维斯却偏偏在意大利待着不走了。

维托·杰诺维斯是个无比贪婪的人，他来到意大利之后就着手建设属于他自己的毒品联络网。在意大利可没人管他，他可以大规模地贩毒。维托·杰诺维斯不会放过任何便宜，他锱铢必较，小心翼翼地经营。而且维托·杰诺维斯为了获取利益，不惜出卖任何人，甚至是他的祖国。

维托·杰诺维斯在小的时候就离开了意大利，所以他在意大利也是人生地不熟。不过这不妨碍他在意大利赚钱。他通过各种渠道，接触到了当时掌控意大利的墨索里尼。通过和那些政客来往，维托·杰诺维斯发现墨索里尼的女婿加莱阿佐·齐亚诺在吸食毒品，这对维托·杰诺维斯而言，简直是最好的消息。

很快，维托·杰诺维斯就成为加莱阿佐·齐亚诺的私人毒品供货商，凭借他的毒品贩卖网络为加莱阿佐·齐亚诺提供最优质的毒品。他让加莱阿佐·齐亚诺成为他手中的玩偶，甚至加莱阿佐·齐亚诺已经无法离开维托·杰诺维斯。

意大利已经成为维托·杰诺维斯的毒品帝国，他在欧洲如鱼得水，在和加莱阿佐·齐亚诺搞好关系后，当地的黑市自然也会给维托·杰诺维斯面子，这让他的货物有了销路。而且在战争期间，意大利和德国是盟友，所以维托·杰诺维斯可以通过这层关系用卡车把毒品运送到德国去。

维托·杰诺维斯在欧洲为所欲为，甚至加莱阿佐·齐亚诺曾经用自己的专机把维托·杰诺维斯送到了土耳其的伊斯坦布尔，他要维托·杰诺维斯在土耳其建立一个大的联络点，并且在伊斯坦布尔附近收集毒品，并将这些毒品运回米兰，又在米兰建立了多个加工点用以加工这批毒品。并且在法西斯德国的隆美尔控制北非的时候，意大利的飞行员还用军用飞机把这些毒品运到非洲等地。

维托·杰诺维斯永远离不开毒品，他的眼中只有毒品为他带来的利益，而没有其他的东西。1943年，美国将驻扎在北非的轴心国赶了出去，并且加强了对意大利的攻势。这时候维托·杰诺维斯给查理·卢西亚诺

◆ 维托·杰诺维斯和西西里当地强盗萨尔瓦多·朱利亚诺。经过弗兰克·科斯特洛的介绍，维托·杰诺维斯成为盟军的顾问和翻译

送来封信，他在信中诉苦，说美国人占领了北非，导致维托·杰诺维斯运输毒品的路线被切断，因此他不得不再寻找另外一条新的路线来运输毒品。查理·卢西亚诺觉得哭笑不得，维托·杰诺维斯居然会因为祖国对纳粹分子的严厉打击而怒气冲冲。

就在维托·杰诺维斯运输毒品的路线被切断的同时，美国人正在向意大利进发，导致墨索里尼倒台，并被监禁。不久之后，虽然墨索里尼被希特勒救走，但是维托·杰诺维斯也已经失去了他的靠山，维托·杰诺维斯已经觉得他的日子不好过了。

然而维托·杰诺维斯从来没觉得墨索里尼会失势，所以他根本没有同除了墨索里尼之外的任何人有过接触，更何况替代墨索里尼的巴多格里奥和墨索里尼政见相左。在这种情况下，维托·杰诺维斯已经无能为力，因此他写信给查理·卢西亚诺，寻求帮助。

虽然查理·卢西亚诺此时还在监狱之中，而且他并不是很喜欢维托·杰诺维斯，但是因为查理·卢西亚诺在获得保释后不得不到意大利去，所以为了让自己能够在到达意大利之后快速地站稳脚跟，查理·卢西亚诺还是让弗兰克·科斯特洛想办法去帮助维托·杰诺维斯。

通过弗兰克·科斯特洛的帮助，维托·杰诺维斯成功地在美国军队之中获取了一份还算体面的职务。1943 年 9 月，意大利宣布投降，美国军队需要一名精通英语和意大利语的人来做翻译，维托·杰诺维斯按照查理·卢西亚诺的指示毛遂自荐，成为官方文职翻译。

然而维托·杰诺维斯死性不改，在为美国军队提供服务的同时，维托·杰诺维斯还在美国占领的意大利地区搞起了大规模的黑市活动。他利用自己的职务，收买了一批美国军队的军官、像他一样的文职人员以及一小批普通的士兵。

这些人成为维托·杰诺维斯的手下，他们为维托·杰诺维斯打开陆军仓库的大门，从中运出各种军需品。他们从维托·杰诺维斯那里领钱，然后为他开军车，按照他的指示出售各种军需品。他在美国军队的政治核心集团拥有超然的地位，这让他有行动的自由和时间，也正因为他的职位比较高，所以在短时间内，即便有人发现军队之中有人在倒卖军需品，也没有人怀疑维托·杰诺维斯。

在美国军队军官的眼中，维托·杰诺维斯是个诚实可靠的人，这个狡猾的家伙经常让和他有矛盾的文职人员去顶他的罪。维托·杰诺维斯多次举报文职人员之中有人存在受贿行为和从事黑市活动，而他也正是靠着诬陷那些文职人员而让美国军队军官都认为维托·杰诺维斯是忠于美国的合法公民。

那些美国军队的军官已经被维托·杰诺维斯所迷惑，甚至他们认为维托·杰诺维斯是勤奋无私的，他们以为维托·杰诺维斯放弃领取薪水，义务为祖国服务。他们认为维托·杰诺维斯用自己的费用为祖国工作，他夜以继日地操劳着，向美国政府提供了最为宝贵的帮助，美国政府认为维托·杰诺维斯是可以信赖的、忠诚的。

事实上，维托·杰诺维斯已经通过倒卖各类军需品，赚取了超过100万美元的利润。维托·杰诺维斯知道如何隐藏自己的真实收入，因此这些钱都是无法追查的。维托·杰诺维斯把美国军队的药品、香烟、糖、橄榄油、面粉等军需物资统统卖给了意大利人，而这些东西本可以让美国士兵免遭疾病、饥饿。维托·杰诺维斯的这种做法，导致了许多军营出现军需品极度缺乏的情况，而维托·杰诺维斯则变本加厉，他甚至在隐瞒美国陆军的情况下私自动用军用车辆把军需物资运到了意大利各地的黑市中。

不过这不代表所有人都被维托·杰诺维斯的表演所迷惑，美国陆军刑事罪行调查处的奥林奇·迪基中士开始调查大量军需品丢失的原因。他在调查的过程中多次遇到了维托·杰诺维斯的名字，在货物运输、车辆调配和补给品分配的文件上都有这个名字。奥林奇·迪基开始进一步调查，随后他发现维托·杰诺维斯控制着意大利地区的地下黑市交易。随着调查的深入，奥林奇·迪基还发现了维托·杰诺维斯和加莱阿佐·齐亚诺关系密切，由此他推测维托·杰诺维斯很可能是德国的间谍。

奥林奇·迪基把他的调查结果报告给了上级，但是这些上级军官不是和弗兰克·科斯特洛关系密切，就是被维托·杰诺维斯蒙蔽了双眼，他们命令奥林奇·迪基不要去管维托·杰诺维斯的事情。但是奥林奇·迪基没有放弃，然而在没有任何支援的情况下，他也对维托·杰诺维斯无能为力。

最后，奥林奇·迪基向联邦调查局写信寻求帮助，而纽约布鲁克林当局给出了回应。因为曾经和维托·杰诺维斯共同参与了费迪南·波奇亚谋杀案的共犯在狱中供出了维托·杰诺维斯，而且案件的一个目击者也被布鲁克林当局找到并保护了起来。维托·杰诺维斯被押送回国，面临他的将是谋杀罪的指控。1945年1月，那名目击者因患肠胃疾病而引发了腹痛，他吃下了止痛药后却再也没有醒来。由于缺少有力的证人，维托·杰诺维斯被无罪释放。

维托·杰诺维斯回到了纽约，并继续他的毒品生意，随着时间的推移，越来越多的人开始插手毒品生意。阿尔伯特·阿纳斯塔西亚虽然只是文森特·曼加诺的二老板，但是他的影响力远远超过了文森特·曼加诺，而且他也掌控着纽约布鲁克林的毒品生意。维托·杰诺维斯试图侵占阿尔伯特·阿纳斯塔西亚的生意，但是双方实力几乎均等，他也很难在阿尔伯特·阿纳斯塔西亚手中占到便宜。

1946年，查理·卢西亚诺获得了保释，然而他被限制不得再返回美国。维托·杰诺维斯察觉到这是个机会，虽然他已经返回美国，但是他仍然只是家族内的二老板而已，他急切地想要掌握查理·卢西亚诺犯罪集团的实权。况且查理·卢西亚诺在意大利已经凭借维托·杰诺维斯打下的基础发展出了自己的犯罪事业，这更让维托·杰诺维斯心里不平衡。

于是在1946年的哈瓦那会议上，维托·杰诺维斯偷偷向美国当局通报了查理·卢西亚诺的行踪。并且他在哈瓦那会议上离间阿尔伯特·阿纳斯塔西亚和查理·卢西亚诺，随后他在会议结束后威胁查理·卢西亚诺，劝阻他再次回到美国。

回到美国之后，维托·杰诺维斯开始和阿尔伯特·阿纳斯塔西亚的得力助手卡洛·甘比诺暗中往来。虽然他们在表面上看上去十分合不来，但是在暗中，他们的关系已经超越了一般的合作者。卡洛·甘比诺已经在曼加诺犯罪家族中获得了和曾经的家族老板弗兰克·斯卡莱斯同等的职务，而且他的地位还在不断上升。

至于他的老板阿尔伯特·阿纳斯塔西亚，更是在黑帮之中获得了比家族老板文森特·曼加诺还要好的声誉。但是由于阿尔伯特·阿纳斯塔西亚对查理·卢西亚诺言听计从，所以文森特·曼加诺对他很不满。而且阿尔伯特·阿纳斯塔西亚鲁莽专横，并不把文森特·曼加诺和他的兄弟菲利普·曼加诺放在眼里。

1950年，阿尔伯特·阿纳斯塔西亚提出要在哈瓦那和佛罗里达抽取

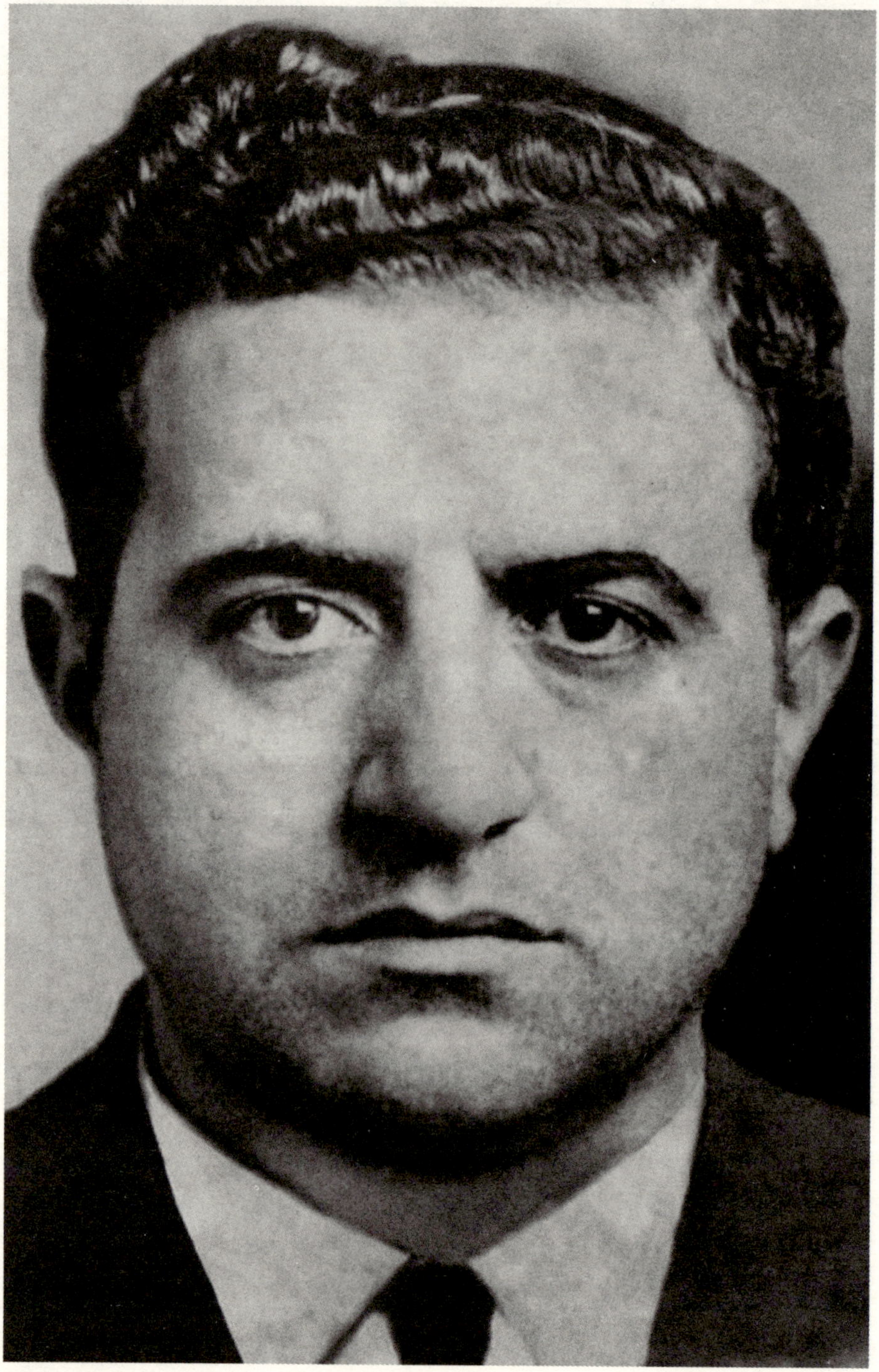

◆ 美国黑帮成员阿尔伯特·阿纳斯塔西亚。他曾经是曼加诺犯罪家族二老板，后来接管曼加诺犯罪家族。他性格暴躁，常因毒品生意和维托·杰诺维斯发生矛盾

一定的利益，但是这里是迈耶·兰斯基掌控的。因为迈耶·兰斯基拒绝了他的提议，所以阿尔伯特·阿纳斯塔西亚开始改善和维托·杰诺维斯的关系。

许多人都认为，文森特·曼加诺和手下阿尔伯特·阿纳斯塔西亚的关系很恶劣。因为他不满意阿尔伯特·阿纳斯塔西亚和查理·卢西亚诺以及弗兰克·科斯特洛的友谊，因为查理·卢西亚诺总是不经过文森特·曼加诺的许可就让阿尔伯特·阿纳斯塔西亚为他办事。

文森特·曼加诺认为这种做法是对他的不尊敬。而且阿尔伯特·阿纳斯塔西亚从1930年开始就一直领导着纽约臭名昭著的杀手团队——谋杀公司。据统计，阿尔伯特·阿纳斯塔西亚掌管着900至1000个杀手。本来家族老板文森特·曼加诺和他的兄弟菲利普·曼加诺就对阿尔伯特·阿纳斯塔西亚不满了，并且后来阿尔伯特·阿纳斯塔西亚总是对文森特·曼加诺冷嘲热讽，这种行为更进一步地激怒了文森特·曼加诺。

1951年4月19日，文森特·曼加诺的兄弟菲利普·曼加诺被人谋杀，而文森特·曼加诺本人也神秘失踪。根据推测，文森特·曼加诺很可能是被阿尔伯特·阿纳斯塔西亚所杀害，但是阿尔伯特·阿纳斯塔西亚本人从来不承认和文森特·曼加诺的失踪有任何关系。因为其他家族的老板不会允许有杀掉自己的老板嫌疑的阿尔伯特·阿纳斯塔西亚继任为新的曼加诺犯罪家族老板，所以在查理·卢西亚诺和弗兰克·科斯特洛的作用下，阿纳斯塔西亚当上了家族大老板，并且任命卡洛·甘比诺为自己的二老板。

尽管在阿尔伯特·阿纳斯塔西亚的领导下，家族收益越来越多，但是其他老板更担心阿尔伯特·阿纳斯塔西亚残暴古怪的性格。维托·杰诺维斯作为当时弗兰克·科斯特洛的二老板，尤其担心阿尔伯特·阿纳斯塔西亚这种脾气将为整个美国黑帮带来灾难。

1952年，阿尔伯特·阿纳斯塔西亚下令杀掉了曾出卖他人的罪犯，但是他这样做也违反了美国黑帮不杀外人的规矩。查理·卢西亚诺和弗兰克·科斯特洛为了限制维托·杰诺维斯的发展，企图利用阿尔伯特·阿纳斯塔西亚去和维托·杰诺维斯相抗衡，所以他们并没有理会这件事，并且在乔·博南诺的作用下，暂时调节了阿尔伯特·阿纳斯塔西亚和维托·杰诺维斯的冲突。但是维托·杰诺维斯处心积虑地要对付阿尔伯特·阿

◆ 弗兰克·科斯特洛在克夫维尔听证会上接受调查

纳斯塔西亚。

与此同时，性格暴躁的阿尔伯特·阿纳斯塔西亚总是打骂、嘲讽卡洛·甘比诺。虽然卡洛·甘比诺在表面上顺从阿尔伯特·阿纳斯塔西亚，但是他其实怀恨在心，只不过在等待机会。而他的盟友维托·杰诺维斯也在等待机会，并且维托·杰诺维斯的机会很快就来了。

1951 年，美国国内举行了针对美国黑帮的克夫维尔听证会，许多和黑帮有接触的人都在听证会上指控黑帮成员，甚至许多黑帮老大的情妇也加入指证的行列之中。弗兰克·科斯特洛就因为在此听证会上被指控而短暂地在监狱里住了一阵。

弗兰克·科斯特洛是查理·卢西亚诺钦定的接班人，但是他又因逃税而被抓捕入狱。1957 年 5 月 2 日，刚出狱的弗兰克·科斯特洛正走在他在曼哈顿的公寓大楼里，有人从他背后大叫，当他回头后维托·杰诺维斯的杀手文森特·吉甘特向他开枪。但是幸运的是，弗兰克·科斯特洛只是被子弹擦伤了头皮。随后，维托·杰诺维斯又派人将阿尔伯特·阿纳斯塔西亚家族中的弗兰克·斯卡莱斯暗杀。这证明维托·杰诺维斯已

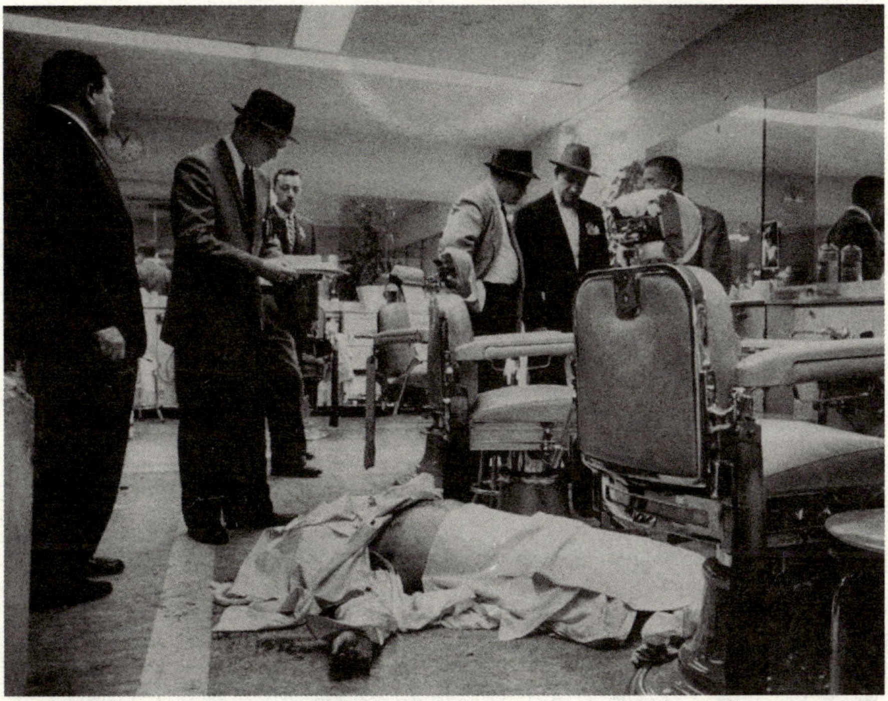

◆ 阿尔伯特·阿纳斯塔西亚在理发店被枪杀

经准备对阿尔伯特·阿纳斯塔西亚动手了。

这个时候，阿尔伯特·阿纳斯塔西亚也准备对维托·杰诺维斯采取行动，然而这个谋杀公司的杀手居然亲自驱车追踪维托·杰诺维斯，因此维托·杰诺维斯可以轻易派人跟踪，并确定阿尔伯特·阿纳斯塔西亚的行踪。并且此时阿尔伯特·阿纳斯塔西亚的二老板卡洛·甘比诺也和维托·杰诺维斯达成了协议，他们准备联手铲除阿尔伯特·阿纳斯塔西亚。

1957 年 10 月 25 日上午，阿尔伯特·阿纳斯塔西亚走进了纽约谢拉顿饭店的理发室，他的司机把车停在了地下车库，然后就到外面散步。由于阿尔伯特·阿纳斯塔西亚在理发的时候用围巾挡住了脸，所以当两名杀手冲进理发店的时候，阿尔伯特·阿纳斯塔西亚并没有做出最及时的反应。他们向阿尔伯特·阿纳斯塔西亚开枪，将这个才当上家族老板没多久的“刽子手”枪杀。据说执行暗杀的是普罗法西家族的加洛兄弟。

阿尔伯特·阿纳斯塔西亚并没有弗兰克·科斯特洛这样幸运，虽然他在察觉到危险的时候掏出手枪，但是他居然在恍惚之间冲向了镜子。

谋杀公司的阿尔伯特·阿纳斯塔西亚最终难逃被人谋杀的结局，在尸检的时候，法医从他尸体的私处还取出了子弹，足见他死亡的时候该有多么惨烈。

阿尔伯特·阿纳斯塔西亚死后，弗兰克·科斯特洛心灰意冷，他被迫把家族交给了维托·杰诺维斯。从此开始，这个犯罪家族就被人称为“杰诺维斯犯罪家族”，而它的老板就是“唐·维托”——维托·杰诺维斯。虽然维托·杰诺维斯没有成功地暗杀弗兰克·科斯特洛，但是他仍然成功接管了查理·卢西亚诺留在纽约的各个产业。

阿尔伯特·阿纳斯塔西亚在生前已经得罪了不少人，他还妄图染指迈耶·兰斯基在古巴等地的生意。因此暗杀阿尔伯特·阿纳斯塔西亚的计划方案很可能是由阿尔伯特·阿纳斯塔西亚的二老板卡洛·甘比诺、杰诺维斯犯罪家族新任族长维托·杰诺维斯、迈耶·兰斯基以及卢切斯犯罪家族的老板“三指布朗”汤姆·卢切斯共同想出来的。

在阿尔伯特·阿纳斯塔西亚死后，卡洛·甘比诺接手了他的犯罪组织。在当时，卡洛·甘比诺所继承的犯罪家族在纽约五大家族中的地位并不高，其影响力远不能和曾经由朱塞佩·马塞里亚和查理·卢西亚诺所创立的杰诺维斯犯罪家族或者继承了萨尔瓦多·马兰扎诺的博南诺犯罪家族相提并论。

阿巴拉钦会议

通过组织这次会议，维托·杰诺维斯暴露了自己的愚蠢，这是他最大的弱点。

——查理·卢西亚诺

维托·杰诺维斯终于得偿所愿，接管了查理·卢西亚诺的犯罪事业。随后，维托·杰诺维斯命令家族中的其他人都要支持他。虽然弗兰克·科斯特洛的盟友威利·莫雷蒂在1951年被谋杀；乔·阿多尼斯也在1956年被流放，但是他的威望还是要高于维托·杰诺维斯。为了保证自己在家族之中的威望，维托·杰诺维斯开始打压或者暗杀弗兰克·科斯特洛的支持者。甚至维托·杰诺维斯在成功创立杰诺维斯犯罪家族后还曾派出杀手暗杀查理·卢西亚诺。

由于维托·杰诺维斯在短时间内策划了众多的暗杀事件，造成了美国黑帮的恐慌，所以各个黑帮老大人人自危，这令纽约的黑帮陷入了混乱之中。弗兰克·科斯特洛和阿尔伯特·阿纳斯塔西亚相继遭到暗杀，影响了纽约五大家族的势力平衡，甚至芝加哥犯罪组织和其他地区的黑帮都遭到了很大的冲击。

如果放任这种混乱，那么维托·杰诺维斯很可能成为美国黑帮的公敌。因此，为了平息这场混乱，并且维托·杰诺维斯希望巩固他作为新的犯罪家族老板的地位，所以他迫切需要一个机会向西西里联盟委员会解释自己引发这一系列事件的动机，并说服西西里联盟委员会支持他。

在西西里联盟委员会中，支持维托·杰诺维斯的人已经占据大多数，他们都被维托·杰诺维斯掀起的腥风血雨吓住了，只要能够停止纽约的骚乱，他们并不在意谁来掌控查理·卢西亚诺留下来的犯罪事业。为了证明自己已经有资格成为美国黑帮的新任教父，维托·杰诺维斯向美国各地的黑帮老大发去通知，准备于 11 月中旬在美国纽约附近的阿巴拉钦召开西西里联盟委员会全体会议。

这是西西里联盟委员会首次在纽约附近举行会议，事实将证明这个想法是多么愚蠢，因为美国黑帮老大们从来没有如此明目张胆地召开会议。迄今为止，美国黑帮总共也只召开了三次会议：1929 年，他们在伊诺克·路易斯·约翰逊的庇护下在大西洋城召开大西洋城会议，那次会议的保密措施做得非常完善；1932 年，他们在芝加哥确立了西西里联盟委员会的成立，当时会议时间很短，而且当时的芝加哥也由阿尔·卡彭掌控；1946 年，西西里联盟委员会在古巴召开哈瓦那会议，那次会议的召开地点位于古巴，那里远离美国，并且当时的古巴总统还和迈耶·兰斯基等人关系融洽。

维托·杰诺维斯并没有考虑到这些，他只是迫不及待地要在会议上宣告自己理应成为继查理·卢西亚诺之后美国黑帮的新任教父。1957 年 11 月 14 日，超过 100 名黑帮老大聚集在纽约东南方的阿巴拉钦。然而并不是所有身居高位的黑帮老大都会来奉迎维托·杰诺维斯。险些被他暗杀的弗兰克·科斯特洛表示他已经和黑帮活动脱离了关系；迈耶·兰

◆ 杰诺维斯犯罪家族老板维托·杰诺维斯。在暗杀弗兰克·科斯特洛未遂之后，他终于如愿当上了家族老板，为了巩固自己的地位，他又第一时间召开了阿巴拉钦会议

斯基的借口更直接，他说自己得了喉炎，必须在11月待在气候适宜的佛罗里达州。

会议的地点位于宾夕法尼亚州黑帮老大约瑟夫·巴拉拉的乡村小屋。这里与宾夕法尼亚州接壤，维托·杰诺维斯也想到了在纽约附近召开西西里联盟委员会会吸引警方的注意，因此他才选择这样一个位于交界线上的地区来开会。为了招待这些来自全国各地的黑帮老大，约瑟夫·巴拉拉特意从芝加哥订购了最好的牛排，他准备在阿巴拉钦会议上搞一个大规模的烤肉野餐。

在阿巴拉钦会议上，美国黑帮老大们对毒品运营进行了讨论，现在纽约最大的黑帮老大已经是维托·杰诺维斯了，他和其他人不同，他对毒品的热衷由来已久，因此他自然允许各个黑帮在纽约贩卖毒品。除了毒品，各个黑帮老大还对美国以及海外的赌场进行了商谈，但是由于各个赌场的主要负责人并没有到场，所以这方面问题谈得不是很深入。

随后，到场的各个黑帮老大开始讨论最近纽约发生的多起谋杀事件。作为这些事情的始作俑者，维托·杰诺维斯公开表示阿尔伯特·阿纳斯塔西亚已经冒犯了西西里联盟委员会的利益。因为阿尔伯特·阿纳斯塔西亚做事不经考虑，他曾多次表示要对美国禁毒局的哈里·安斯林格等人动手，一旦他真的那么做了，将令西西里联盟委员会陷入与整个国家为敌的困境。

而且阿尔伯特·阿纳斯塔西亚做过的最愚蠢的事就是他居然以5万美元的价格公开出售美国黑帮正式成员的身份。虽然美国黑帮在体制上已经和意大利黑手党很不一样，但是一些重要的传统还是被保留了下来。比如在传统中，只有纯正的西西里人才被允许加入犯罪家族，其他的人无论对家族做出了多么巨大的贡献，也只能被视为外围成员。而西西里人加入犯罪家族的这个过程则被称为“made man”，这个词语在美国黑帮之中也有着巨大的荣誉。然而阿尔伯特·阿纳斯塔西亚因在赌马比赛中输掉了大笔赌金，从而无视了这条被黑帮老板们十分重视的戒条。

并且维托·杰诺维斯还指出，阿尔伯特·阿纳斯塔西亚不仅在纽约滥用暴力，并对其他的黑帮老板构成了威胁（其实他所指的只是他本人和阿尔伯特·阿纳斯塔西亚之间的纷争而已）之外，阿尔伯特·阿纳斯塔西亚还企图侵占迈耶·兰斯基在古巴和拉斯韦加斯的赌场的利益。而按照最开始的规定，这些赌场的利益应该是属于全体西西里联盟委员会成员的。虽然迈耶·兰斯基是犹太人，在西西里联盟委员会内没有投票权，但是大家都很尊敬这个能给大家带来无数金钱的聪明人。

维托·杰诺维斯声称，由于阿尔伯特·阿纳斯塔西亚脾气怪异，贪得无厌，已经对西西里联盟委员会造成了威胁，所以他暗中将其除掉是在西西里联盟委员会允许范围之内的。几句话的时间，维托·杰诺维斯就从使用不正当手段谋杀同伴的恶人变成了为整个美国黑帮惩奸除恶的英雄。

但是即便维托·杰诺维斯巧舌如簧地否认了他出于私心才谋杀阿尔伯特·阿纳斯塔西亚的真相，他也无法解释他派人暗杀弗兰克·科斯特洛的事情。而且弗兰克·科斯特洛的忠实拥戴者安东尼·卡拉诺也在阿巴拉钦会议上公然质问维托·杰诺维斯。而维托·杰诺维斯直接否认他和弗兰克·科斯特洛被谋杀的事情有关。1959年，安东尼·卡拉诺在纽约的拉瓜迪亚机场附近被人枪杀。

解决了这些问题之后，维托·杰诺维斯的地位已经被所有人承认。他们开始谈论纽约的其他各项生意，他们开始分配各自在运输业、服装业、建筑业等行业的利益配额。在一切都谈拢之后，这些黑帮老大准备享用约瑟夫·巴拉拉为他们准备的烤肉大餐。

但是在这个时候却发生了意外。由于这么多衣着华贵的人出现在阿巴拉钦这样一个不大的镇子，所以引起了当地警察的注意，他们明显感到有什么事情正在这里发生。早在会议开始之前，一名名为埃德加·科洛斯威尔的警察就在调查约瑟夫·巴拉拉的乡村小屋时遭到了博南诺犯罪家族二老板卡米洛·加兰特的阻挠。他随后就让人对卡米洛·加兰特进行了调查，通过车牌号的信息，他发现卡米洛·加兰特曾在纽约无证驾驶，并且身上有多次犯罪的指控记录。

埃德加·科洛斯威尔开始派人严密监控约瑟夫·巴拉拉的乡村小屋。随后他了解到，约瑟夫·巴拉拉已经订购了大量的牛肉，从中他推测这里将举行一场规模庞大的会议。这更让埃德加·科洛斯威尔起疑，他立刻向上级汇报并加强了监控。当纽约的警察发现越来越多的豪车停在了约瑟夫·巴拉拉的家门口时，他们开始抄录这些豪车的车牌号码。通过调查这些车牌号码，纽约警察发现这些车的车主多为在纽约赫赫有名的大罪犯。因此他们开始寻求帮助，大量警力开始集结，并在一切可能逃跑的道路上设置了路障。

阿巴拉钦会议结束后，正当这些黑帮老大准备品尝烤肉大餐的时候，埃德加·科洛斯威尔和另外三名警察对约瑟夫·巴拉拉的乡村小屋进行了突击检查。这四个警察把在座的黑帮老大们吓得落荒而逃。他们有的冲进了停在门口的汽车里，有的不顾形象地冲进了灌木丛生的树林中。并且为了防止警方可能对他们提出的指控，他们在逃难的同时将身上携带的钞票、手枪和其他能够指控他们的犯罪证据统统丢掉。在几天之后，当地人报告说在路上经常能见到许多高额美钞。

不过即便他们如此大费周章，他们身上高贵的名牌服饰还是出卖了他们，警察能够轻易在树林中抓捕这些黑帮老大，他们的衣服成为最显眼的标志。那些试图开车逃离的黑帮老大也被路障拦了下来。

警察在这次行动之中大获全胜，虽然有将近 50 人逃了出去，但是被警方抓捕的足有 58 人，而在这些人之中只有九人没有犯罪记录。这些黑帮老大携带的现金加起来超过了 30 万美元，他们分别掌控了纽约、费城、克利夫兰……可以说，他们就是美国犯罪的源头。在这次行动之中，美国警察抓到了美国黑帮最重要的组成人员，其中既有纽约五大家族的维托·杰诺维斯、卡洛·甘比诺、乔·普罗法西，也有布法罗的约翰·蒙大拿。然而警方对这个结果却多有疑虑，因为约翰·蒙大拿在当地只是个出租车公司老板，甚至去年布法罗当地的警察还表彰过他，相信如果不是因为他在阿巴拉钦被抓，没人会相信他是布法罗的黑帮老大。

虽然警察抓到了 58 名黑帮成员，但是由于证据不足，警察只能在羁押了他们一段时间之后就放了他们。当警察问他们来到阿巴拉钦做什么的时候，他们统一口径，都说是来看望约瑟夫·巴拉拉，因为约瑟夫·巴拉拉刚刚得了心脏病。

可以说阿巴拉钦会议是美国黑帮有史以来最大的耻辱，众多黑帮老大不得不像一群小学生一样向警察述说蹩脚的借口。甚至这次事件还打破了美国黑帮一直与政府建立的良好关系。由于阿巴拉钦会议被公众所知，美国当局再也无法隐瞒西西里联盟委员会的存在了，而在此之前，美国联邦调查局一直否认美国存在犯罪组织。

其实美国联邦调查局早就知道美国有组织犯罪组织的存在，但是在

1920年之后的30多年里，美国联邦调查局局长埃德加·胡佛的主要任务是对付当时更凶悍的暴力匪徒以及越来越强大的苏联。在美国联邦调查局的疏忽之下，美国的犯罪组织从走私贩卖私酒起家，逐渐发展成了跨国际的犯罪组织。

虽然在阿巴拉钦会议之前美国民众并不知道在美国已经有如此成规模的犯罪组织，但是美国联邦调查局早已经对各地的犯罪分子予以监管。早在禁酒时期，联邦调查局就为那些被怀疑参与犯罪事业的嫌疑人建立了档案。甚至美国联邦调查局的档案之中还收录着莫雷洛犯罪家族、阿尔·卡彭、伊诺克·路易斯·约翰逊等人的详细犯罪记录。早在1946年，美国联邦调查局就在芝加哥犯罪组织的总部内安放了窃听器，进行窃听。

然而即便美国联邦调查局对美国黑帮了如指掌，但是他们一直没有对黑帮成员采取任何严厉的措施，甚至埃德加·胡佛一直否认美国存在类似意大利黑手党这样的组织。直到1963年，约瑟夫·沃洛奇公开揭露了美国黑帮的一些内幕。当时约瑟夫·沃洛奇用意思为“我们的事业”的单词“科萨·诺斯特拉”来指代纽约五大家族的势力。没想到埃德加·胡佛以此来狡辩，他说美国联邦调查局一直掌握着科萨·诺斯特拉的犯罪证据，但是美国的确没有黑手党。

人们对其言行表示疑惑，埃德加·胡佛在对待苏联的问题上显得非常积极主动，常常会对一些简单的线索紧追不放，恨不得掘地三尺也要挖出潜伏在美国的苏联间谍。但是一旦遇到了美国黑帮的问题，埃德加·胡佛却显得视而不见。

有人认为，埃德加·胡佛知道美国黑帮一直和托马斯·杜威之类的上层政客保持着良好的关系，所以不敢去深究他们的违法行为；另一种人认为，埃德加·胡佛直接从美国黑帮手中获得了实惠，所以才网开一面；还有人认为，埃德加·胡佛是在像第二次世界大战中那样利用并和美国黑帮进行合作。

且不管埃德加·胡佛到底是因为什么原因一直否认美国黑帮的存在，阿巴拉钦会议被公之于众之后，那些曾经否认美国黑帮存在的人都已经没有借口再去掩饰。虽然埃德加·胡佛一生都没有承认这个事实，但是美国民众都已经知道在他们身边永远有一群恶棍在活动。

对于维托·杰诺维斯而言，阿巴拉钦会议的失败所导致的后果是最为严重的。多年以来，维托·杰诺维斯一直谨慎小心地在暗地里从事他的犯罪事业，而且由于他一直不是犯罪集团中具有代表性的人物，所以很多灾难都没有落到他的头上，这也导致了他骄傲自负、野心勃勃。维托·杰诺维斯一直希望自己能悄无声息地掌控一切，此时公众的眼里只有查理·卢西亚诺等影响力较大的黑帮老大。

然而阿巴拉钦会议的失败让维托·杰诺维斯暴露在光天化日之下，一向喜欢躲在阴影里谋害别人的维托·杰诺维斯成了众矢之的。现在维托·杰诺维斯再也不能像以前那样过上安宁平和的日子了，而更让他难堪的是，由于他是阿巴拉钦会议的倡导者，所以他的责任最大，也正因此，维托·杰诺维斯几乎成了美国黑帮的笑柄。

通过这次狂妄的会议，维托·杰诺维斯暴露了自己的愚蠢，虽然他像毒蛇一样贪得无厌、谨慎小心，但是他此时志得意满，已经忘记了美国黑帮行事的准则。犯罪分子最忌讳吸引太多人的注意，而维托·杰诺维斯却把这么多人都叫到了一起。这些身穿盛装、驾驶着凯迪拉克等豪车的富豪从全国各地到阿巴拉钦这样一个农业地区来聚会，这种做法简直就是在检阅军队，简直是在挑衅当地的警察。

维托·杰诺维斯刚执掌家族就出了洋相，很难相信这里没有查理·卢西亚诺等人的推波助澜。毕竟查理·卢西亚诺还在世，当时他仍然是美国黑帮名义上的教父，而且迈耶·兰斯基等人也适时地用各种借口没有出席会议，甚至一些和查理·卢西亚诺、迈耶·兰斯基私交甚笃的黑帮老大也没有到阿巴拉钦去。事后查理·卢西亚诺透露说，埃德加·科洛斯威尔其实早已经获得了线报，这次的行动的主要目的就是为了羞辱维托·杰诺维斯。

当然，维托·杰诺维斯今后的日子也不会好过，在西西里联盟委员会全体成员面前丢人现眼之后，他再也别想取代查理·卢西亚诺的地位了。而且他很快就将面临更大的灾难。和维托·杰诺维斯仇怨已深的查理·卢西亚诺想要直接把维托·杰诺维斯送进监狱，查理·卢西亚诺已经对这个窃取了自己的犯罪帝国的家伙恨之入骨，但是杀了他又于事无补，既然这样，不如把他送到监狱里去最为妥当。

查理·卢西亚诺在这些年了解到，想要整治一个人，最好的办法就是让他的下半生都在监狱里度过。但是如果把维托·杰诺维斯送进州监狱，那是没有任何效果的，不出一个星期，维托·杰诺维斯就能够获得自由。所以为了严厉报复维托·杰诺维斯，查理·卢西亚诺需要完善的计划直接把维托·杰诺维斯扔到联邦监狱去。

让维托·杰诺维斯入狱的最好方法就是把他贩毒的直接罪证交给美国禁毒局。查理·卢西亚诺曾经多次和美国禁毒局的哈里·安斯林格等人打过交道，他知道这些禁毒局官员绝不是善良之辈，一旦他们掌握了足够的罪证，那么维托·杰诺维斯的好日子就到头了。查理·卢西亚诺等人计划，最好是能够让美国禁毒局的官员在维托·杰诺维斯亲自贩卖毒品的时候将他抓获，这样证据确凿，维托·杰诺维斯至少要在监狱待15年。

有了想法之后，查理·卢西亚诺和弗兰克·科斯特洛、迈耶·兰斯基共同商量计划的细节。用什么方法才能引诱维托·杰诺维斯亲自去贩卖或者运输毒品，这将是整个计划之中最为关键的环节。而就在这时候，卡洛·甘比诺也传来讯息，他无法接受对维托·杰诺维斯俯首称臣，卡洛·甘比诺想要借助其他人的力量消耗维托·杰诺维斯的实力，从而开始壮大自己。

卡洛·甘比诺也认为维托·杰诺维斯是不会满足他本身的贪心的，只要他还控制着杰诺维斯犯罪家族，那么他就早晚会和其他家族发生争斗，那样的话势必会出现另一个阿尔伯特·阿纳斯塔西亚。不过卡洛·甘比诺也赞同不能杀死维托·杰诺维斯，他同意借助美国禁毒局的铁腕政策去收拾维托·杰诺维斯。因为一旦维托·杰诺维斯被杀害，那么报纸一定会对这个在阿巴拉钦出尽洋相的家伙大加报道，这对西西里联盟委员会是十分不利的。

而且卡洛·甘比诺还补充说，如果只有维托·杰诺维斯入狱，那么他剩下的手下一定会在调查清楚他们陷害维托·杰诺维斯的真相之后开始报复，最好的办法就是把维托·杰诺维斯的得力助手一起送到监狱去，而这个被选去和维托·杰诺维斯做伴的最佳人选，自然就是曾经差点儿杀了弗兰克·科斯特洛的文森特·吉甘特。

卡洛·甘比诺在纽约找到了足以信赖的帮手，托尼·本德曾经是维托·杰诺维斯手下的打手，他曾经在维托·杰诺维斯掌权的过程中执行暗杀任务。托尼·本德向卡洛·甘比诺投诚，他认为卡洛·甘比诺在未

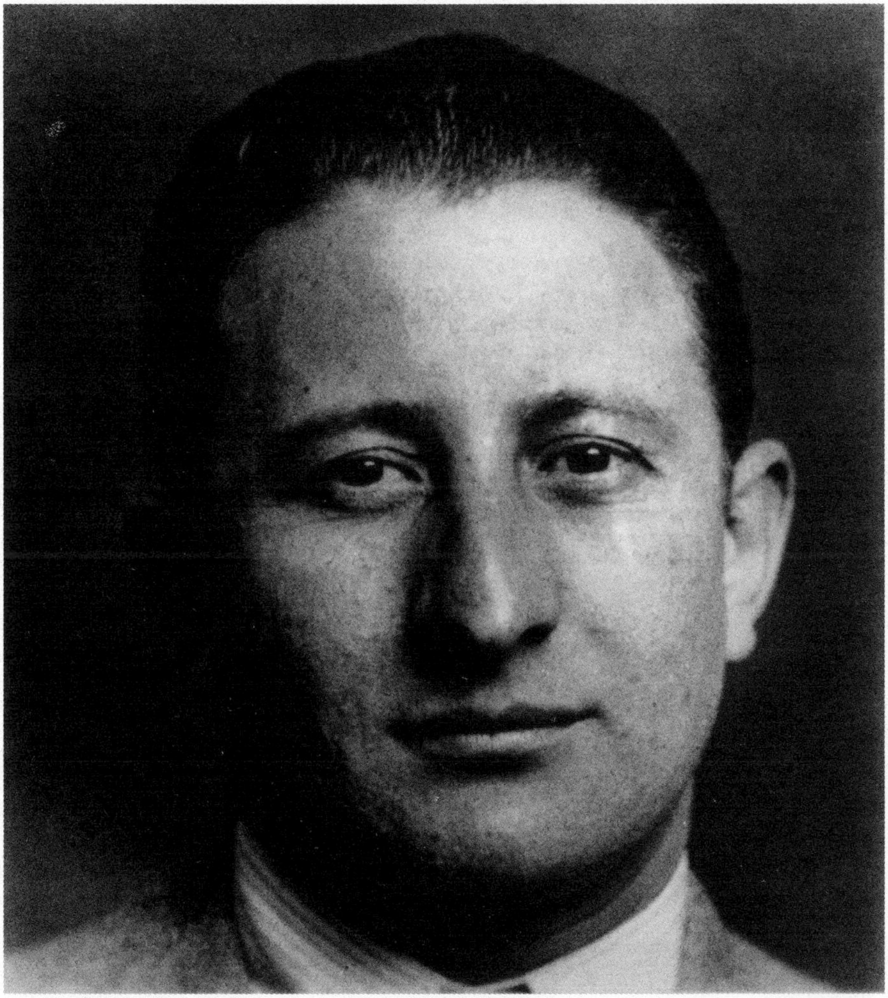

◆ 年轻的卡洛·甘比诺。他曾经是阿尔伯特·阿纳斯塔西亚的二老板，后来伙同维托·杰诺维斯谋杀了阿尔伯特，接管了家族。据查理·卢西亚诺回忆，卡洛·甘比诺设计了陷害维托·杰诺维斯的计划

来会获得远比维托·杰诺维斯更辉煌的成就。不过托尼·本德的名声不是很好，许多人认为托尼·本德就是另一个“疯狗”科尔，他从来不会真正向任何人效忠，谁给他的酬金多他才会替谁卖命。

即便如此，卡洛·甘比诺还是选择让托尼·本德参与到陷害维托·杰诺维斯的计划中来。按照卡洛·甘比诺的计划，他们先让一个几乎从不参与贩毒的黑帮成员去联络维托·杰诺维斯，声称想以10万美元的价

格出手一批纯度很高的毒品。美国黑帮已经对这种引诱他人的手法驾轻就熟，阿尔·卡彭在当年的情人节大屠杀中也是以私酒贩子引出了乔治·摩兰。

维托·杰诺维斯在毒品的面前丝毫没有抵抗力，尽管他在阿巴拉钦会议上成为美国黑帮的耻辱，但维托·杰诺维斯仍然自信心膨胀，而且他的贪婪从来没有消减过，维托·杰诺维斯毫不犹豫地前往交易地点。按照计划，托尼·本德将在指定的时间到指定地点等待维托·杰诺维斯，并当面和他进行交易，而早已经接到线报的美国禁毒局则会在维托·杰诺维斯和托尼·本德交易结束后把他们抓捕归案。这样，在人赃并获的情况下，维托·杰诺维斯势必要面临长时间的监禁。

但是维托·杰诺维斯很走运地躲过了这次灾难，美国禁毒局的官员们居然没有相信这条情报。在交易的时候，维托·杰诺维斯兴高采烈地拿走了这批毒品，据说他在短时间内用这批毒品赚取了超过 70 万美元。

卡洛·甘比诺的第一次尝试可谓是赔了夫人又折兵，在付出大量毒品的同时没能用这些证据让维托·杰诺维斯入狱，反而让对方大发横财。不过卡洛·甘比诺还有计划。当时有个名为尼尔森·坎特帕斯的小流氓正在监狱服刑，这个来自波多黎各的西班牙流氓曾经在芝加哥犯罪组织内从事犯罪活动，也曾经充当过迈耶·兰斯基的信使。

卡洛·甘比诺提出要给他提供10万美元，让他去举报维托·杰诺维斯。当然，这次的资金并不完全由卡洛·甘比诺支付，他只支付了其中的一半，而另一半则由查理·卢西亚诺和弗兰克·科斯特洛支付。弗兰克·科斯特洛还提出了一个附加条件，最好能让文森特·吉甘特也入狱。

于是美国禁毒局收到了匿名信，信中说尼尔森·坎特帕斯为了争取缓刑，愿意提供纽约黑帮贩卖毒品的相关情报。美国禁毒局自然很看重这条讯息，他们接见了尼尔森·坎特帕斯，并向他询问了他想要提供的情报。尼尔森·坎特帕斯声称，他曾经亲眼看见维托·杰诺维斯在贩卖毒品，并且包括文森特·吉甘特在内的多名维托·杰诺维斯的手下也曾参与贩卖毒品。

就这样，卡洛·甘比诺利用尼尔森·坎特帕斯陷害了维托·杰诺维斯和他手下 24 名得力的助手。由于尼尔森·坎特帕斯的举报，1959 年，被他举报的人都被判为有罪。其中维托·杰诺维斯被判刑 15 年。在最

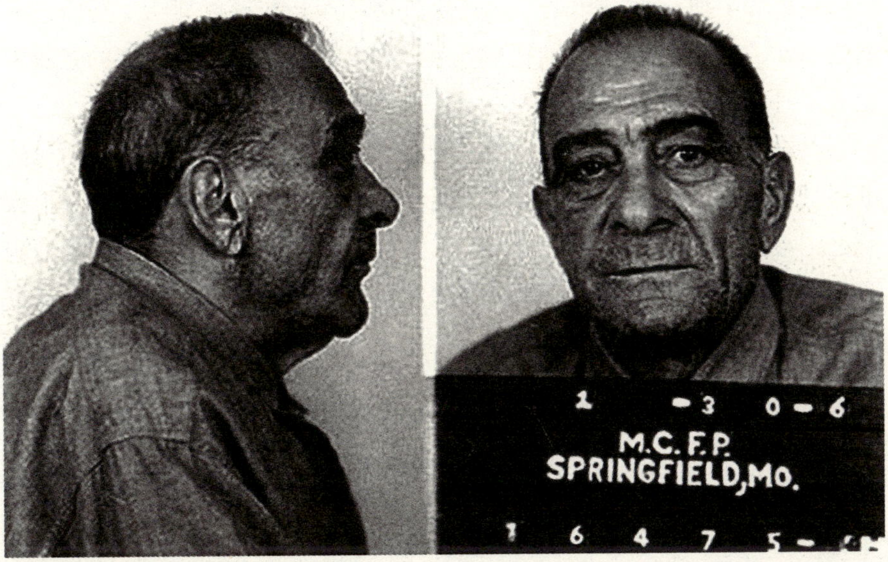

◆ 维托·杰诺维斯因贩毒而被捕入狱，他被判处15年有期徒刑。1969年2月14日，维托·杰诺维斯由于心脏病发作而死在了密苏里州斯普林菲尔德的囚犯疗养中心

开始的几年，维托·杰诺维斯被关在了亚特兰大，1969 年 2 月 14 日，维托·杰诺维斯由于心脏病发作而死在了密苏里州斯普林菲尔德的囚犯疗养中心。比较讽刺的是，他被埋葬在了皇后区的圣约翰公墓，埋在他的旁边的就是他的仇敌查理·卢西亚诺。

在维托·杰诺维斯死后，托马斯·埃博利成为杰诺维斯犯罪家族的老板，他曾经是维托·杰诺维斯的得力手下，并且由于维托·杰诺维斯被诬陷，他和卡洛·甘比诺的关系很不好，最终，他也死在了卡洛·甘比诺派来的杀手手中。卡洛·甘比诺害死托马斯·埃博利之后，又扶持弗兰克·蒂里成为杰诺维斯犯罪家族的老板。

弗兰克·蒂里死后，“胖托尼”安东尼·萨勒诺继任。但是 1983 年，鲁迪·朱利安尼雄心勃勃来到了纽约，他将所有能用的手段统统用上，最终在 1985 年把当时的五大家族老板统统判罪。安东尼·萨勒诺也在 1987 年被捕入狱。随后文森特·吉甘特终于接管了他的老板维托·杰诺维斯的犯罪家族。他从 1987 年开始执掌家族事务，1997 年，他因勒索和谋杀被判入狱 12 年，并于 2006 年死于狱中。

文森特·吉甘特入狱之后，多米尼克·西莱罗只当了一年的老板，随后他就因心脏病而宣布退位，并把杰诺维斯犯罪家族交给了马修·莱纳托。2005 年，马修·莱纳托被起诉入狱，杰诺维斯犯罪家族的老板又变成了丹尼尔·里昂。

在维托·杰诺维斯之后，杰诺维斯犯罪家族一直在走下坡路，已经不再具备查理·卢西亚诺掌权时的话语权，而这个犯罪家族也从五大家族之中最具实力的家族沦落为中等实力的犯罪家族。而就在杰诺维斯犯罪家族衰败的同时，本来只能算是二流犯罪家族的甘比诺犯罪家族却摇身一变成为五大家族的领军人物。

第七章

美国家族

五大家族

坚强有力的同伴是事业成功的基石，他们既可以把你的事业推向更高峰，也可能导致集团的分裂，而使你元气大伤，甚至倾家荡产。

——约翰·洛克菲勒

卡洛·甘比诺在接替阿尔伯特·阿纳斯塔西亚成为家族的老板之后，他的家族就被称为甘比诺犯罪家族，本来这个家族的实力非常弱小，如果从这个家族的渊源来讲，它在最开始的时期属于莫雷洛犯罪家族。1920年朱塞佩·莫雷洛入狱之后，萨尔瓦多·德拉奎拉另起炉灶，在纽约布鲁克林地区建立了他自己的犯罪家族。1928年，朱塞佩·马塞里亚在朱塞佩·莫雷洛的帮助下打压了萨尔瓦多·德拉奎拉，并将其杀死。

随后其家族继承者曼弗雷迪·米内奥在朱塞佩·莫雷洛死后成为朱塞佩·马塞里亚的智囊。但是在1932年，曼弗雷迪·米内奥被萨尔瓦多·马兰扎诺手下枪手所杀。后来弗兰克·斯卡莱斯继承了这个犯罪家族，但与此同时他也立刻倒戈到了萨尔瓦多·马兰扎诺的阵营。查理·卢西亚诺暗杀朱塞佩·马塞里亚之后，萨尔瓦多·马兰扎诺让弗兰克·斯卡莱斯所控制的犯罪家族成为五大家族之一。

然而不久之后，萨尔瓦多·马兰扎诺也被查理·卢西亚诺所杀，随后查理·卢西亚诺让文森特·曼加诺代替了弗兰克·斯卡莱斯，并让阿尔伯特·阿纳斯塔西亚成为曼加诺犯罪家族的二老板。1951年，和阿尔伯特·阿纳斯塔西亚关系不好的文森特·曼加诺失踪，阿尔伯特·阿纳斯塔西亚顺理成章地继承了家族事业。不过他的胃口越来越大，不仅破坏了美国黑帮的传统，还企图染指迈耶·兰斯基的赌场份额。1957年，在维托·杰诺维斯和卡洛·甘比诺等人的设计下，阿尔伯特·阿纳斯塔西亚被暗杀，卡洛·甘比诺成为家族老板。

卡洛·甘比诺是个犯罪天才，他拥有查理·卢西亚诺一般的运气，以及迈耶·兰斯基那样的智力。他知道他的家族目前是五大家族里实力最弱小的，所以他对内实行高压政策，任何违背他命令的手下都只有死路一条。而对外，他则是个深藏不露的阴谋家。

1962年，卡洛·甘比诺的儿子托马斯·甘比诺娶了当时已经成为犯罪家族老板的汤姆·卢切斯的女儿弗朗西斯·卢切斯，这桩类似政治联姻的婚姻为卡洛·甘比诺的犯罪家族带来了更大的荣耀。

汤姆·卢切斯曾经是美国教父查理·卢西亚诺最亲密的伙伴之一，而他在美国黑帮之中的声誉也一直很好。汤姆·卢切斯原先是加埃塔诺·雷纳的手下，加埃塔诺·雷纳被维托·杰诺维斯等人杀害后，汤姆·加利亚诺接管了加埃塔诺·雷纳的犯罪家族，继承了布鲁克林地区的制冰业等犯罪事业。1946年，查理·卢西亚诺被迫离开美国，和他关系不错但是实力较弱的汤姆·加利亚诺的处境堪忧。1951年左右，汤姆·加利亚诺在几乎不被任何人知道的情况下悄然去世，而汤姆·卢切斯则接管了犯罪家族的事务，从此，加利亚诺犯罪家族就变成了卢切斯犯罪家族。

汤姆·卢切斯一直保持低调，但是他的名声很好，和他合作的人都会感到安心。而且他继承了汤姆·加利亚诺的事业，把卢切斯犯罪家族的主要精力都放在了赚钱上，这个低调的犯罪家族在其他犯罪家族争斗不休的时候悄然成为最有钱的犯罪家族。并且汤姆·卢切斯还暗中对其他家族的事务推波助澜，他曾经和维托·杰诺维斯、卡洛·甘比诺共同策划了对阿尔伯特·阿纳斯塔西亚的刺杀。卡洛·甘比诺和这样的人联姻，无疑会增加自己在五大家族之中的分量。

卡洛·甘比诺和汤姆·卢切斯的联盟慢慢形成，双方互相帮助，为彼此带来了更大的经济利益。当时卢切斯犯罪家族掌握着约翰·肯尼迪国际机场，机场的工会、运输团队都要听从汤姆·卢切斯的指挥，同时他也控制着机场周围的犯罪事件。汤姆·卢切斯同卡洛·甘比诺分享约翰·肯尼迪国际机场所带来的利润，为彼此的犯罪家族的成长提供了便利。

但与此同时，其他的几个犯罪家族就没这么幸福了。杰诺维斯犯罪家族的老板维托·杰诺维斯在1959年被卡洛·甘比诺等人陷害入狱，虽然他仍然在监狱里掌控杰诺维斯犯罪家族，但是他在亲自掌权的时候就没有经营好，更不要说他现在已经入狱了。

而实力最弱小的普罗法西犯罪家族更惨，这个犯罪家族几乎要面临被分裂的厄运。1931年卡斯塔拉马雷战争结束之后，萨尔瓦多·马兰扎诺在纽约建立了五大家族，让他们分管纽约各个地区的犯罪活动。

其中乔·普罗法西的犯罪家族是最为传统的西西里黑手党家族，乔·普罗法西也继承了西西里黑手党的传统，他是美国黑帮之中唯一一个要求手下每个月向他缴纳供奉的黑帮老板，虽然每个月的供奉只有25美元，但是年轻的美国黑帮成员们对乔·普罗法西的这种做法十分不满。要知道他们可不是生活在西西里岛，他们现在可是在自由的美国。既然他们都是美国的黑帮成员，那么还有什么理由按照西西里黑手党的规章制度去做事呢？

而且普罗法西犯罪家族在五大家族之中实力最弱，很多时候都被其他强大的犯罪家族当作打手。据说1957年枪杀阿尔伯特·阿纳斯塔西亚的就是普罗法西犯罪家族的加洛兄弟。加洛兄弟是三个浑身充满血腥的暴徒，他们之中的老大乔·加洛拥有“乔疯子”的绰号，他的两个弟弟莱利·加洛和阿尔伯特·加洛也都是亡命徒。

加洛兄弟对于他们杀死阿尔伯特·阿纳斯塔西亚之后一直没有获得任何酬劳而耿耿于怀，他们开始策划与普罗法西犯罪家族彻底决裂。但是他们觉得自己理应从乔·普罗法西手里要回自己应得的酬金。

1961年，加洛兄弟绑架了普罗法西犯罪家族中的二老板乔·麦克罗格、乔·普罗法西的弟弟弗兰克·普罗法西以及四个普罗法西犯罪家族的其他成员，乔·加洛希望用这些人与乔·普罗法西进行谈判。在谈判之前，乔·加洛传递出威胁的讯息，他曾经试图在谈判之前先杀死一名人质，随后再向乔·普罗法西索要10万美元。但是他的弟弟莱利·加洛不赞同他的方法。在经过了几个星期的谈判之后，乔·普罗法西暂时同意了乔·加洛的提议。

但是乔·普罗法西实际上只是暂时缓解了危机，他正在忙着策划报复行动，他偷偷收买了加洛兄弟的伙伴卡迈恩·佩西科，并准备对加洛兄弟实施反击。1961年8月20日，乔·普罗法西让人把莱利·加洛引

◆ 乔·普罗法西。这个黑帮老板还保持着西西里的作风，每个月要求手下缴纳供奉

诱到布鲁克林的一家俱乐部内，随后，包括卡迈恩·佩西科在内的普罗法西犯罪家族的枪手准备将他射杀。幸好当时执勤路过的警察出现，这才救了莱利·加洛一命。随着时间推移，加洛兄弟慢慢处于下风。1961年11月，乔·加洛因勒索罪被警察逮捕;12月21日，乔·加洛被判处7至14年的监禁。

1962年6月6日，乔·普罗法西因肝癌去世，乔·麦克罗格成为普罗法西犯罪家族的老板。由于乔·麦克罗格被视为软弱无能的家族老板，所以已经与其结成联盟的卡洛·甘比诺和汤姆·卢切斯开始慢慢蚕食普罗法西犯罪家族的利益。

这个时候，乔·博南诺正开始他的扩张计划，他主动和乔·麦克罗格接触，并和他商定了清除卡洛·甘比诺、汤姆·卢切斯以及芝加哥犯罪组织老板的计划。乔·麦克罗格把暗杀卡洛·甘比诺和汤姆·卢切斯的任务交给了普罗法西犯罪家族执法队中的乔·科伦坡。不过他没想到，乔·科伦坡并不只是个简单的杀手，他精明地判断出，把这条情报卖给卡洛·甘比诺等人的话，他所获得的好处会更大。

在知道了乔·麦克罗格和乔·博南诺的计划之后，西西里联盟委员会强迫乔·麦克罗格辞去普罗法西犯罪家族老板的职务，他也成为第一个被迫退位的五大家族老板。同时，他的盟友乔·博南诺拒绝接受西西里联盟委员会的制裁。乔·科伦坡顺利接管了普罗法西犯罪家族，从此这个犯罪家族成为“科伦坡犯罪家族”。

乔·博南诺的宏大计划就此破产，而他想要成为“老板的老板”的宏愿也没有实现。乔·博南诺来自西西里岛，他的家族在西西里具有一定的地位，因此萨尔瓦多·马兰扎诺来到美国之后，乔·博南诺也成为萨尔瓦多·马兰扎诺的得力助手。卡斯塔拉马雷战争结束后，乔·博南诺只获得了有限的地盘，但在萨尔瓦多·马兰扎诺死后，他则合理地继承了萨尔瓦多·马兰扎诺留下来的大部分遗产，一跃成为仅次于查理·卢西亚诺的黑帮老大。

然而乔·博南诺拥有不亚于维托·杰诺维斯的野心，在维托·杰诺维斯入狱之后、卡洛·甘比诺崛起之前，博南诺犯罪家族可以说是五大家族之中实力最强大的一个。然而乔·博南诺的野心并不止于此，他开始向周围发起兼并战争，不断从盟友和朋友手里夺取地盘。他通过兼并

◆ 博南诺犯罪家族老板乔·博南诺。他不甘心只掌控一个犯罪家族，他希望能成为美国黑帮的教父

战争，已经把自己的势力扩张到了美国西海岸甚至加勒比一带。

1962 年乔·普罗法西去世，乔·博南诺认为这是一次绝佳的一举统领整个美国黑帮的机会，于是他和乔·麦克罗格策划实施对其他五大家族老板的暗杀行动。可惜在行动开始之前，乔·麦克罗格派出的杀手乔·科伦坡就泄露了他们的计划，因此他的野心随着计划付诸东流。

西西里联盟委员会通知乔·博南诺接受制裁，但是乔·博南诺不予理睬，于是西西里联盟委员会取消了他在委员会的职务，转而让加斯帕·迪格雷戈里奥取代了乔·博南诺。乔·博南诺对此十分不满，因为这个决定让博南诺犯罪家族产生了分裂。

1964 年 10 月，乔·博南诺被他的表弟斯特凡诺·马加迪诺关在了布法罗。外界并不知道乔·博南诺被囚禁了起来，为了保证父亲的家业不被其他人夺走，乔·博南诺的儿子萨尔瓦多·博南诺率领忠于乔·博南诺的家族成员同加斯帕·迪格雷戈里奥展开了殊死搏斗。

萨尔瓦多·博南诺和加斯帕·迪格雷戈里奥一直交战到 1964 年，直到博南诺犯罪家族因“博南诺战争”而受到严重耗损，卡洛·甘比诺才出面充当和事佬，他推举乔·博南诺和加斯帕·迪格雷戈里奥都赞同的保罗·夏卡来执掌家族大权。而乔·博南诺也在 1968 年因心脏病而不得不宣布正式退休。他回到了亚利桑那，并在那里像查理·卢西亚诺一样凭借书写回忆录来炫耀自己的一生。

虽然乔·博南诺所写的《荣誉成员》之中有很多夸张的地方，但是这本书很快成为年轻人了解美国黑帮的途径。然而乔·博南诺的朋友们却很生气，尤其是卡洛·甘比诺，因为在乔·博南诺的书中，卡洛·甘比诺被写成了一个奸诈的阴谋家。而且美国政府也以这本书作为证据，成功将他起诉，并判处他监禁。2002 年，乔·博南诺去世。

同博南诺犯罪家族类似，科伦坡犯罪家族也一直处于内战之中。虽然乔·科伦坡通过出卖乔·麦克罗格一跃而上成为家族老板，但是他接下来的所作所为却证明了他不适合去当黑帮老板，他更适合去当个政客或者社区委员。乔·科伦坡在美国成立了一个叫作“意大利和美国公民权联合会”的组织，这个组织主要的责任是向公众展示意大利裔美国人对美国的帮助，乔·科伦坡希望通过他的组织改变公众和媒体对意大利裔美国人的观念。

在媒体看来，从意大利来的家伙几乎都是地痞无赖，所以乔·科伦坡才决心改变美国公众对意大利移民的恶劣印象。1970年，他甚至还在纽约组织了一次5万人参加的大游行。1971年，美国派拉蒙影业公司开始拍摄和美国黑帮相关的电影《教父》，但是乔·科伦坡认为这部电影有丑化意大利裔美国人的嫌疑，因此他公然发出威胁，要让电影公司停止拍摄。后来派拉蒙影业公司做出妥协，允诺不会在电影中出现“黑手党”“科萨·诺斯特拉”等字样。

1971年，乔·科伦坡想要再次举行大规模的游行，卡洛·甘比诺劝说他不要再这样高调行事，这样频繁地在公众面前露面并不是什么好事。但是乔·科伦坡到底是偶然才成为犯罪家族老板的人，他没有卡洛·甘比诺那样丰富的经验，也不知道身为一个犯罪家族的老板应该低调内敛。所以乔·科伦坡拒绝了卡洛·甘比诺善意的提醒，他依然坚持举行游行。

同样是1971年，“乔疯子”乔·加洛获得释放，但他发现美国经过10年的发展已经和他横行霸道的时候大不相同了。以前由意大利人控制的一些小地盘现在已经被西班牙人和黑人控制，于是乔·加洛把这些势力收买。乔·加洛出狱之后才知道，昔日的普罗法西犯罪家族已经变成了如今的科伦坡犯罪家族。他对乔·科伦坡展现出了难以抑制的憎恨，尤其是当他知道乔·科伦坡上位的经过之后，他简直无法抑制自己的愤怒。

10年之前他和兄弟绑架了普罗法西犯罪家族的高层人员，掀起了家族战争，经过了如此轰轰烈烈的战争之后，他被扔进了监狱。而现在他得知乔·科伦坡仅仅是举报了他的上司就成为科伦坡犯罪家族的老板，这让他内心极度不平衡。出狱之后，乔·加洛向科伦坡犯罪家族索要10万美元以达成和解，然而科伦坡犯罪家族的成员拒绝了乔·加洛的要求，并下令要杀死乔·加洛。

但是乔·加洛这个疯子的动作明显快人一步，1971年6月28日，在举行游行的时候，一名黑人枪手杰罗姆·约翰逊靠近了乔·科伦坡，并在非常近的距离向他的头部开枪。虽然乔·科伦坡没有当场死亡，但是他头中的子弹让他变成了植物人，并且他在病床上煎熬了七年之后才去世。在他去世之后，科伦坡犯罪家族先后有过三个代理老板，但最后，曾经在乔·加洛手下的卡迈恩·佩西科成为科伦坡犯罪家族的新老板。

由于暗杀乔·科伦坡的杀手杰罗姆·约翰逊是名黑人，所以科伦坡犯罪家族的人认为他是乔·加洛的手下。

1972年4月7日，乔·加洛在曼哈顿桑树街132号的翁贝托的蛤蜊屋海鲜餐厅遭到枪杀。当时乔·加洛正和他的家人一起享受海鲜大餐，突然有四名枪手冲进了餐厅。乔·加洛边还击边向大街逃跑，想要把杀手引到远离他的家人的位置。

20世纪60至70年代，纽约五大家族之中的杰诺维斯犯罪家族、博南诺犯罪家族和科伦坡犯罪家族都遭遇了剧变，而卢切斯犯罪家族一直韬光养晦，没有兴趣和其他犯罪家族争权夺利。因此，卡洛·甘比诺在那个年代横空出世，本来在禁酒时期毫不显眼的卡洛·甘比诺苦苦等待了数十年，在掌握了甘比诺犯罪家族的大权之后，恰逢各个犯罪家族都发生动乱，他在其中或是幕后推动，或是静观其变。

终于，卡洛·甘比诺成为继查理·卢西亚诺之后的美国黑帮教父，虽然美国黑帮并没有“老板的老板”这种头衔，但是那个年代的卡洛·甘比诺已经成为美国黑帮默认的“老板的老板”。

卡洛·甘比诺善于隐藏自己，他的成功秘诀在于他曾跟在众多黑帮老大的身边学习，他知道如何做会引来不必要的麻烦，如何做能带来最大的利益。卡洛·甘比诺从来不因为偏激的思想而大动干戈，除非有人侵犯了他的犯罪家族的利益，否则他更愿意用谈判的方式去交流。当然，如果他不想谈判，那么他就会变成比阿尔·卡彭更凶残的黑帮老大。

他从查理·卢西亚诺的经历之中得出了一种经验，无论做什么事情，都要和政府搞好关系，都不能在掌权者之中树敌。卡洛·甘比诺真正做到了一个政客才会做的事情，美国政府之中几乎到处都是他的朋友，有传言说美国中央情报局曾和他合伙经营毒品，更有传言说在猪湾事件中美国中央情报局曾经请求甘比诺犯罪家族参与谋杀古巴领导人菲德尔·卡斯特罗。

卡洛·甘比诺面对敌人残忍无情，面对朋友温和大方。即便是他的敌人也不得不承认，你永远无法抓到卡洛·甘比诺的破绽，即便是迈耶·兰斯基这样聪明的匪徒也会遭到执法机关的骚扰，但是卡洛·甘比诺是唯一让执法机关束手无策的犯罪家族老板。而且，卡洛·甘比诺还是少有的安然死于任期内的犯罪家族老板。虽然查理·卢西亚诺和弗兰克·科

◆ 1976年10月15日，卡洛·甘比诺因心脏病发作去世，他被安葬在了圣约翰公墓，超过2000人参加他的葬礼

斯特洛等人也是安然去世，但是他们早已被迫离开了自己的犯罪事业。

1976 年 10 月 15 日，卡洛·甘比诺因心脏病发作去世，他和他的前辈查理·卢西亚诺等人一样，被安葬在了圣约翰公墓。据说有超过 2000 人参加他的葬礼，到场来宾既有美国黑帮的犯罪分子，也有美国政府的政客、警察、法官，加长的黑色林肯汽车和奔驰汽车排成了长长的送葬车队。在悼词中，卡洛·甘比诺被形容为一个爱国者和慈善家，一个为了祖国无私奉献的守法的美国公民。这场规模盛大的葬礼曾被全球 100 家电视台转播。然而在卡洛·甘比诺去世后，甘比诺犯罪家族也像其他家族一样走向了没落。

家族的衰败

暴力之树无法培育出任何善果。

——马丁·路德

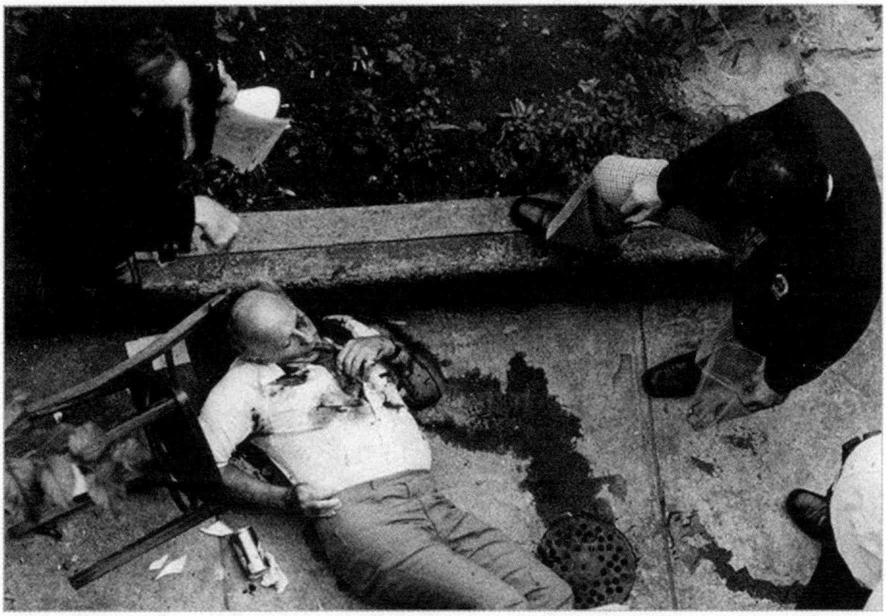

◆ 1979年7月12日，博南诺犯罪家族老板卡米洛·加兰特在布鲁克林一家餐厅遭到枪杀

时至今日，纽约五大家族已经拥有近百年的历史，他们有的浴火重生，有的濒临灭亡。随着美国政府对犯罪组织的大力打击，五大家族已经难以恢复昔日的辉煌。最开始衰落的当属杰诺维斯犯罪家族，维托·杰诺维斯实现了自己的抱负，但紧随其后的是，这个几乎把所有人都背叛了的家伙也遭到了报应。

随后，博南诺犯罪家族险些被分割成两个家族，在乔·博南诺不情愿地宣布退休之后，这个家族也面临着层出不穷的问题。"博南诺战争"结束后，乔·博南诺被迫同意保罗·夏卡担当博南诺犯罪家族的老板。1971 年，乔·博南诺的心腹卡米洛·加兰特成为博南诺犯罪家族的老板，他曾经在意大利组织过小规模的贩毒，也曾经带着他的贩毒组织"拉链帮"杀回美国，并分割各个家族在贩毒事业中的利益。

然而正因为卡米洛·加兰特手下的"拉链帮"的加入，所以美国本来就已混乱不堪的毒品生意变得更加混乱，而伴随着混乱，博南诺犯罪家族也是风雨飘摇。1979 年 7 月 12 日，卡米洛·加兰特正在布鲁克林的一家餐厅内用餐。吃完饭，卡米洛·加兰特惬意地抽着雪茄，雪茄永远是陪伴卡米洛·加兰特的事物，因此其他黑帮成员都叫他“雪茄”。但是这次，这根雪茄将是他最后的雪茄。就在他抽着雪茄的时候，他的两个保镖悄然离开了自己的岗位，随后三个蒙面杀手枪杀了卡米洛·加兰特。

卡米洛·加兰特死了，继位者是菲利普·拉斯泰利。但是当时这个毒枭还在监狱服刑，于是博南诺犯罪家族的许多人都反对让菲利普·拉斯泰利成为老板。一番争斗过后，菲利普·拉斯泰利赢得了内战，坐稳了博南诺犯罪家族老板的位置。在论功行赏的时候，一个名叫唐尼·布拉斯科的功臣却突然投靠了警方，并向警方提供了大量博南诺犯罪家族的犯罪证据。原来唐尼·布拉斯科原名叫作乔·皮斯托内，他本来就是美国联邦调查局的特工。博南诺犯罪家族出现内鬼这种事情再一次严重打击了博南诺犯罪家族在美国黑帮中的地位。

然而祸不单行，就在几年之后，博南诺犯罪家族的老板约瑟夫·马瑟诺为了寻求庇护，居然率先打破了不和警察合作的规矩。现在博南诺犯罪家族真的成为美国黑帮之中最丢人的犯罪家族，不仅家族内部出现了内鬼，甚至连家族的老板都和警察开始了合作。

在五大家族之中实力最弱小的科伦坡犯罪家族的命运则更悲惨，乔·科伦坡被暗杀之后，卡迈恩·佩西科接替他成为犯罪家族的老板，但是此时科伦坡犯罪家族和加洛兄弟之间的争斗还没有结束。1975 年，加洛兄弟和科伦坡犯罪家族达成和解，阿尔伯特·加洛同意回归科伦坡犯罪家族，双方也终于停止了交战。

1973 年，卡迈恩·佩西科成为科伦坡犯罪家族的老板，他也是当时纽约最年轻的犯罪家族老板。然而他还没有成功地让科伦坡犯罪家族从衰败之中获得新生，就在 1985 年遭到了指控。在鲁迪·朱利安尼发起的黑手党委员会审判上，卡迈恩·佩西科被判处 39 年有期徒刑。在他入狱之前，他曾经想要让自己的儿子阿方斯·佩西科成为自己的接班人，但是阿方斯·佩西科也在 1986 年遭到了起诉。

鲁迪·朱利安尼是继托马斯·杜威之后，又一个令美国黑帮遭遇重大挫败的检察官。但是和托马斯·杜威不同，鲁迪·朱利安尼并没有其他私心，他只是在履行自己的职责，所以他的所作所为比托马斯·杜威更彻底。1985 年，鲁迪·朱利安尼利用窃听、跟踪、布置内线等手段，收集到了足够的证据，随后，他成功起诉了当时杰诺维斯犯罪家族老板安东尼·萨勒诺、甘比诺犯罪家族老板保罗·卡斯特拉诺、卢切斯犯罪家族老板安东尼·卢切斯、科伦坡犯罪家族老板卡迈恩·佩西科、博南诺犯罪家族老板菲利普·拉斯泰利以及五大家族的其他成员。

在接下来的10年间，科伦坡犯罪家族陷入了长久的内战之中，在这期间共有六人先后担任了科伦坡犯罪家族的代理老板。本来科伦坡犯罪家族就是五大家族之中实力最弱的，经过这一连串变故，科伦坡犯罪家族差点儿就消失在美国黑帮的历史中了。

剩下的两个犯罪家族也在历史的变迁之中慢慢走向了衰败，其中最大的变故就发生在甘比诺犯罪家族。卡洛·甘比诺在死之前就考虑过让谁来做他的接班人，当时甘比诺犯罪家族的所有生意都处于卡洛·甘比诺的二老板“尼尔先生”安尼罗·德拉克罗什的掌管中，而且安尼罗·德拉克罗什还控制着整个甘比诺犯罪家族之中最难对付的街头犯罪团伙。如果卡洛·甘比诺死后家族内部发生了争斗，那么安尼罗·德拉克罗什绝对会以碾轧的姿态成功当上甘比诺犯罪家族新的老板。

不过卡洛·甘比诺认为安尼罗·德拉克罗什并不是最合适的继承人选，因为执法机关太熟悉安尼罗·德拉克罗什了，而卡洛·甘比诺并不喜欢太过高调的人。而且当时安尼罗·德拉克罗什正在监狱里，他自然没有能力在监狱里遥控甘比诺犯罪家族。因此，卡洛·甘比诺把甘比诺犯罪家族交给了保罗·卡斯特拉诺。值得一提的是，保罗·卡斯特拉诺的侄子理查德·卡斯特拉诺是名演员，他曾在电影《教父》中出演角色。

虽然保罗·卡斯特拉诺是卡洛·甘比诺钦定的继承人，但是并不是所有人都对此表示服从。安尼罗·德拉克罗什的手下约翰·高蒂就对其很不满，在他看来，保罗·卡斯特拉诺无非就是卡洛·甘比诺的堂弟并且妹妹也嫁给了卡洛·甘比诺，所以约翰·高蒂觉得保罗·卡斯特拉诺只不过是和卡洛·甘比诺有亲缘关系罢了。

但在外界看来，在保罗·卡斯特拉诺担任甘比诺犯罪家族的老板的九年里，甘比诺犯罪家族处于相对繁荣稳定的时期，因此人们都称保罗·卡斯特拉诺为“大保罗”。

不过在1985年的黑手党委员会审判上，保罗·卡斯特拉诺因操控盗车集团和谋杀罪被鲁迪·朱利安尼起诉。约翰·高蒂认为，如果保罗·卡

◆ 甘比诺犯罪家族老板保罗·卡斯特拉诺被人谋杀

斯特拉诺被起诉，那么他很可能会和警察进行合作。因为保罗·卡斯特拉诺当时已经是个70岁的老人了，对于他这个年纪的人来说，什么都比不上多活一阵子更重要，所以如果他被判刑，他很可能会用家族内幕来与警察做交换。

因此对那些很可能因保罗·卡斯特拉诺招供而受到牵连的人来说，保罗·卡斯塔拉诺已经是个极其危险的存在。因此他们认为将保罗·卡斯特拉诺杀死将是最直接的避免麻烦的方法。1985年12月16日，保罗·卡斯特拉诺在纽约曼哈顿繁华的街道上被约翰·高蒂的手下暗杀。

此次谋杀并不是甘比诺犯罪家族或者其他的任何帮派所发起的叛乱，这次谋杀是当时纽约五大家族所共同决定的，当时西西里联盟委员会已经名存实亡，早已丧失了它的功能，因此纽约的五大家族拥有绝对的自主决策权力。

1985年12月16日晚上，保罗·卡斯特拉诺在他经常去的牛排馆享用了他最后的晚餐，他正在吃着上等牛肉，但是他根本不知道他已经被纽约五大家族出卖。晚餐过后，保罗·卡斯特拉诺的司机把他载到了路边，他们刚在路口出现，埋伏在附近的三名杀手立刻跑过去，用藏在风衣下面的半自动步枪近距离对他们扫射。保罗·卡斯特拉诺身中六枪。

约翰·高蒂成功夺取了甘比诺犯罪家族的老板的职位，但是他太过

◆ 约翰·高蒂在法庭上的照片，1992年，甘比诺犯罪家族二老板“公牛萨米”的出卖，导致他入狱

招摇。约翰·高蒂出行的时候总是把自己打扮得像个成功人士，他永远穿着价值2000美元的衣服，显得他超凡出众。约翰·高蒂总是戴着淡红色的钻戒，头上也一直用一丝不乱的假发来修饰自己。甚至约翰·高蒂还是纽约所有最高级俱乐部、宾馆、餐厅的座上宾。和约翰·高蒂接触的人都被他极具魅力的微笑所感染，而忘记了微笑背后隐藏的是罪恶、欺骗、血腥和杀戮。也正因为他这样精致的梳妆打扮，所以他获得了“精装教父”的雅号。

不过约翰·高蒂并没有甘比诺犯罪家族教父卡洛·甘比诺那样的眼光，而且这个时髦的教父居然以阿尔伯特·阿纳斯塔西亚为榜样，也在暗中出售自己家族“made man”的名额。这是极其愚蠢的做法。

而且当时甘比诺犯罪家族的二老板“公牛萨米”萨尔瓦多·特拉诺瓦违反了美国黑帮的“缄默原则”，他成为警察的证人，他用大量外人难以窥视的内幕情报把自己的老板“精装教父”约翰·高蒂送进了监狱。随后，甘比诺犯罪家族也像其他犯罪家族一样无法恢复自己鼎盛时期的实力。

而五大家族之中最低调的卢切斯犯罪家族则比较幸运，这个家族仅仅在黑手党委员会审判中受到波及，但是在美国政府打击犯罪的力度逐年增强的情况下，这个犯罪家族也不可能像过去那样为所欲为。最简单的例子，美国政府已经切断了卢切斯犯罪家族一直控制的约翰·肯尼迪国际机场和这个家族的任何关联。

虽然美国黑帮曾经在美国历史上写下浓重的一笔，但是黑帮代表着犯罪，如果他们不将生意转向正道，那么他们永远不会被人们接纳。在历史长河的洗涤中，黑帮已然没有生存空间，他们只能够小规模地活动，而且他们再也不能像过去那样嚣张跋扈，现在的美国黑帮已经不具备咆哮怒吼的20年代那个时期的黑帮所具备的底蕴。

参考书目

[1]迈克·达什. 美国黑手党第一家族. 彭长江，译. 长沙：湖南文艺出版社，2011 .

[2]詹姆斯·B. 杰克布斯，科林·弗里尔，罗伯特·拉迪克. 被解缚的哥特城:纽约黑帮兴衰史. 时延安，译. 北京：北京大学出版社，2009.

[3]保罗·兰德. 有组织犯罪大揭秘. 欧阳柏青，译. 北京：中国旅游出版社，2005.

[4]马丁·戈斯克，理查德·哈默. 最后的遗言——美国黑手党首领卢西亚诺的一生. 王海涵，骆莹，张志明，译. 北京：北京出版社，1982.

本书在编写的过程中，参考、借鉴并引用了一部分优秀的文章、作品与精美的图片资料，以期达到图文并茂的效果，在此特向各位被引用图文作品的优秀作者表示衷心的谢意，并真诚地感谢他们为本书所做出的贡献。